*Collection dirigée par le professeur Roger Brunet,
assisté de Suzanne Agnely et Henri Serres-Cousiné.*

© 1977. Librairie Larousse. Dépôt légal 1977-1er — N° de série Éditeur 7903.
Imprimé en France par l'imprimerie Jean Didier (Printed in France).
Librairie Larousse (Canada) limitée, propriétaire pour le Canada
des droits d'auteur et des marques de commerce Larousse.
Distributeur exclusif pour le Canada : les Éditions françaises Inc.,
licencié quant aux droits d'auteur et usager inscrit des marques pour le Canada.

*Iconographie : tous droits réservés à A.D.A.G.P. et S.P.A.D.E.M.
pour les œuvres artistiques de leurs adhérents, 1977.*
ISBN 2-03-013918-1

beautés de la France

LA CÔTE D'AZUR & LA HAUTE PROVENCE

Librairie Larousse
17, rue du Montparnasse, 75006 Paris.

Sommaire

Dans chaque chapitre figure une carte originale de Roger Brunet.

Les numéros entre parenthèses renvoient aux folios placés en bas de page avec les titres abrégés des chapitres (1. La Riviera — 2. Cannes et l'Esterel — 3. Côte des Maures — 4. Iles de la Méditerranée — 5. Villages azuréens — 6. Canyon du Verdon — 7. Alpes du Sud).

1. La Riviera, empire du soleil

Naissance de la Côte d'Azur (12)
Nice, reine de la Côte (12-16)
Villefranche et Saint-Jean-Cap-Ferrat (16-17)
Beaulieu et les corniches (17-18)
Monaco et Monte-Carlo (18-19)
Roquebrune et Menton (19-20)

Textes en haut de page

Le carnaval (13-14)
La pignata (14)
La Turbie et le Trophée (15-16)
Comment Catherine Ségurane fit perdre la face aux Turcs (16-18)
Jeux et sports à Monte-Carlo (18-20)
rédigé par Ange Bastiani

Le reportage photographique a été réalisé par
Gérard Loucel-Fotogram,
à l'exception des photos
pp. 2, 18-19 (bas), Guillard-Top;
pp. 4 (haut), 16, 19, P. Tétrel;
pp. 10-11, Reichel-Top;
p. 17 (bas), Jalain-Cedri.

2. L'Esterel, Cannes et l'arrière-pays azuréen

Cannes et la Croisette (12-13)
Vallauril et Antibes (14)
Biot (14)
Cagnes, Saint-Paul et Vence (15-17)
Grasse et les villes des fleurs (17-18)
Les belles plages et les ports de plaisance (19-20)
La Corniche d'Or et l'Esterel (20)

Textes en haut de page

Fleurs et parfums (13-14)
La poterie de Vallauris (15-16)
La fondation Maeght (16-17)
Le domaine des Colettes (18)
La verrerie à Biot (19)
Les festivités (19-20)
rédigé par Ange Bastiani

Le reportage photographique a été réalisé par
Claude Rives-Cedri,
à l'exception des photos
p. 2, Jalain-Cedri;
p. 5, Guillard-Top;
p. 13 (haut), Loirat-C. D. Tétrel;
p. 16 (haut), Adant-Rapho.

3. Saint-Tropez et la côte des Maures

Saint-Tropez : vieille ville, port et plages (12-14)
Les Maures avec Grimaud, La Garde-Freinet et Collobrières (14-16)
La corniche des Maures de La Croix-Valmer à Bormes-les-Mimosas (16)
Hyères et Giens (16-18)
Toulon, sa rade et ses rochers (18)
La côte, de Six-Fours aux Lecques (19)
Sainte-Maxime, Fréjus et Saint-Raphaël (19-20)

Textes en haut de page

Les bravades tropéziennes (13-14)
La peinture à Saint-Tropez (15)
Saint-Maximin et la Sainte-Baume (15-18)
Brégançon (18-19)
De Marseille à Saint-Raphaël par les cimes (19)
rédigé par Gilles Lambert

Le reportage photographique a été réalisé par
Bruno Barbey-Magnum,
à l'exception des photos
pp. 3, 12-13 (bas), 13 (haut), Marmounier-Cedri;
p. 5 (bas), Simon-Gamma;
p. 16, C. Vénézia;
p. 17 (haut), Jalain-Cedri;
p. 17 (bas), P. Tétrel.

Notre couverture :

Pins et rochers, mer et soleil : l'île Sainte-Marguerite.

Phot. Marc Garanger.

4. En Méditerranée, les îles du soleil

    Les îles d'Hyères (12-16)
      avec Porquerolles (14)
     Port-Cros (15-16)
     et l'île du Levant (16)
    Les îles de Lérins (16-19)
    L'île et le château d'If (19)
    Bendor et les Embiez (19-20)

    Textes en haut de page

    Le Parc national de Port-Cros (13)
    Quand les îles d'Hyères et de Lérins
     furent turques, anglaises et espagnoles (14-15)
    L'amandier de Sainte-Marguerite (15)
    Départ pour les îles (16)
    Les îles de Marseille, de Tiboulen à la Verte (17-18)
    Pomègues et Ratonneau (19)
    Le rhinocéros d'If (19)
    rédigé par Pierre Gallerey

Le reportage photographique a été réalisé par **Marc Garanger**, à l'exception des photos
p. 4 (bas), Durel-Fotogram;
p. 7 (bas), Loïc-Jahan;
p. 13 (bas), Binois-Pitch;
p. 17 (bas), Geay-Aéro;
p. 18 (bas), Ruyant Production-Aérovision;
p. 19, vu du ciel par Alain Perceval.

5. Nids d'aigle en terre azuréenne

    L'arrière-pays niçois (12)
    Èze (12-13)
    La Madone de Laghet (13)
    Peille et Peillon (13-14)
    Castellar et les villages du Mentonnais (14-15)
    Les villages des Paillons,
     avec L'Escarène, Lucéram, Peïra-Cava,
     Sospel, Châteauneuf, Coaraze et Berre (15-17)
    La Vésubie, Levens, Utelle,
     Lantosque, Roquebillière, Venanson
     et Saint-Martin (17-19)
    La Roya, Breil, Saorge, La Brigue et Tende (19-20)

    Textes en haut de page

    Les peintures de l'école de Nice (13-14)
    La vallée des Merveilles (14-15)
    Gastronomie azuréenne (16)
    Les pénitents (17-19)
    Auron et la neige (19-20)
    Routes et sentiers (20)
    rédigé par Ange Bastiani

Le reportage photographique a été réalisé par **Francis Jalain-Cedri**, à l'exception des photos
p. 9, Kalicanin-C. D. Tétrel;
p. 13 (haut), Lorenzo;
p. 15 (haut), Silvester-Rapho.

6. Gorges du Verdon et clues de haute Provence

    Le pays du Verdon (12)
    Les gorges du Verdon (12-15)
     avec le Point Sublime (13)
     la Mescla, le Fayet et les Cavaliers (13)
     la Corniche Sublime (13-14)
     le sentier Martel (14)
    Moustiers-Sainte-Marie (14)
    Le plateau de Valensole (15)
    Les clues de haute Provence (15-20)
     avec Daluis, Entrevaux et Puget-Théniers (16)
     les gorges du Cians (16-17)
     les Hautes Clues vers Gréolières (17-18)
     les gorges du Loup et de la Siagne (18-19)
     les clues du pays de Draguignan (20)

    Textes en haut de page

    La Route Napoléon, avec Digne et Sisteron (13-14)
    Les faïences de Moustiers (14-15)

Les photographies sont signées :
pp. 1, 2 (haut), 2 (bas), 3, 4, 5 (à gauche), 5 (à droite), 6-7, 8, 9, 13 (haut), 13 (bas), 15 (haut), 15 (bas), Willy Ronis-Rapho;
pp. 10-11, 16 (haut), 16-17 (bas), 17 (haut), 18 (haut), 18 (bas), 19 (haut), Milan Kalicanin-C. D. Tétrel;
p. 12, Briolle-Rapho;
p. 14, Jalain-Cedri;
p. 19 (bas), Rives-Cedri.

Le canyon de l'Artuby (16-17)
L'aïgo boulido (17-18)
L'aménagement du Verdon, les lacs de Castillon
 et de Sainte-Croix (18-20)
rédigé par Monique Fauré

7. Du Queyras au Mercantour, les Alpes du soleil

Le Queyras (13-17)
 avec Saint-Véran (14)
Briançon et le Briançonnais (17-19)
 avec la Guisane et la Clarée (18)
 Montgenèvre et Serre-Chevalier (18)
 la Vallouise (18)
 et ses glaciers (19)
Gap et l'Embrunais (19)
L'Ubaye et Barcelonnette (20)

Textes en haut de page

Le Dévoluy (13)
 et le Bochaîne (14)
Le Mercantour (15-16)
 et sa vallée des Merveilles (16)
Les citadelles de Château-Queyras (17)
 et Mont-Dauphin (18)
Le lac de Serre-Ponçon (18-19)
Les sentiers de randonnée (20)
rédigé par André Séverac

Le reportage photographique a été réalisé par
Hans Silvester-Rapho,
à l'exception des photos
pp. 2-3 (haut), Weiss-Explorer;
pp. 5, 13 (haut), Marmounier-Cedri;
p. 13 (bas), Pujebet-Explorer;
p. 17 (haut), M. Blanchard;
p. 19 (haut), Charbonnier-Top;
p. 19 (bas), Ramade-Explorer.

Côte d'Azur et haute Provence.

BIEN AVANT qu'on ne se batte à coup de noms de baptême en forme de pierres précieuses et autres séductions — de la jade à l'opale, de l'amour à la beauté, de la nacre à l'argent —, il y avait déjà une Côte d'Azur, qui a inspiré les autres et dont le prestige reste inégalé.

C'est là, ou à peu près, que furent inventées les vacances d'hiver pour aristocrates frileux, du côté des palmiers, des aloès et des mimosas. Somme toute, il reste assez peu de chose de cette époque : un nom de promenade, des hôtels rococo aux salons chargés de dorures, un carnaval et une séduction justifiée sur les retraités point trop démunis. En réalité, la Côte d'Azur vit beaucoup plus intensément l'été.

Alors, on s'y serre, on s'y tasse. On s'y agrippe aux rochers, mû par l'assurance du soleil et de la chaleur, par la tiédeur d'une mer débonnaire et toujours à portée du pied puisque sans marée, par l'incontestable beauté des sites et par tous les snobismes successifs : il faut avoir été là où furent princes vrais et faux, souverains et potentats, stars et starlettes, écrivains et écrivaillons, artistes et barbouilleurs, les uns attirant les autres et la troupe de leurs courtisans, et tous attirant les badauds, même en leur absence : ils ont sanctifié ces lieux, où l'on va s'imprégner de cette odeur de sainteté.

C'est la côte où s'étale impudemment — imprudemment parfois — la richesse. Où changent de mains, dans le chapelet des casinos, des fortunes qui venaient du froid et qui viennent maintenant du désert — l'or aussi a changé de couleur. Où se balancent des yachts démesurés, dont certains n'ont jamais quitté leur amarre. Où cette ostentation attire des millions de papillons éblouis, qui ailleurs la trouveraient insupportable.

C'est la côte des festivals, Miami et Los Angeles à la fois, où règnent le cinéma et ses célébrités; avec, un tout petit peu en retrait, comme sur un deuxième front, les bastions des autres arts : les Vallauris, les Saint-Paul, les Vence, les Cimiez. Devant tant de talent, si ce n'est de génie, les têtes tournent et magnifient l'image des vieux villages aux rues étroites, montantes et toutes fraîches d'ombre. Les mirages de la côte ont ainsi de longs échos à l'intérieur : quel estivant, fût-il le plus paresseux plagiste, n'a pas fait son pèlerinage à Gassin ou à Ramatuelle, à Cogolin ou à Gourdon, à Coaraze ou à Sospel?

Des foyers originels niçois et cannois, la Côte d'Azur a bien étendu son domaine. Entre Menton et Cannes, il n'y a plus de lacune : au-delà du Var, la Riviera ne laissait que peu de place entre deux promontoires; en deçà du Var, sur la côte antiboise et cannoise, plus basse, les dernières vues d'eau sont aveuglées par les blocs et barrières des immeubles-à-balcons-et-vue-imprenable, ces solymars qui font des vagues là où des promoteurs, mal inspirés par le nom de la plus célèbre des baies, voulant faire l'ange ont fait la bête.

Le rouge Esterel plonge si brusquement dans l'eau qu'il en est tout frangé par l'écume des pavillons blancs qui monte, monte, monte sur ses flancs, jusqu'à Saint-Raphaël et Fréjus, où la plaine n'a plus figure naturelle. Faut-il continuer à appeler Côte d'Azur tout le reste, au long des Maures, du côté d'Hyères et de Toulon? Certains le font, puisque le nom est prestigieux. Mais il s'agit d'autre chose : un littoral moins anciennement occupé, qui n'a guère connu sa saison d'hiver en dépit des palmiers d'Hyères, et où des modes plus récentes ont relayé la vieille et vraie Côte d'Azur; une côte au moins aussi belle, plus variée en fait, qui a su inspirer des architectes heureux, à Port-la-Galère ou à Port-Grimaud; et qui est précédée par des îles aux séductions non moins diverses; une jeune sœur plus fougueuse et changeante, moins « installée » : non plus Grace, mais plutôt Brigitte.

Cette côte varoise passe pour être le lieu le plus ensoleillé de France. Comme son arrière-pays des Plans de Provence : un ensemble fort accidenté qui sent bon la garrigue et la lavande et où se cache ce bijou de pureté qu'est l'abbaye du Thoronet; tout un large escalier qui vous hisse peu à peu jusqu'en haute Provence, immense fond de décor bien digne de son avant-scène azuréenne. Le pays est rude et n'est pas très peuplé; mais ses villages sont presque tous célèbres et revivent maintenant. Ils sont tassés en des sites escarpés, dans un enchevêtrement de crêtes et de pacages à moutons, de clues et de gorges, qui vont du simple ravin à l'immense défilé du Verdon. Sur les plus élevés des sommets on a équipé des stations de neige — il y en a même une dans le Var — : un avant-goût des Alpes qui, dans la haute Provence de l'Ubaye, du Queyras et même du Briançonnais, demeurent méditerranéennes par leur climat. Ce sont les Alpes des mélèzes et des pins, des demoiselles coiffées et des éboulis — on dit casses ou clapiers —, les Alpes du calme et du soleil : les Alpes pour l'été.

ROGER BRUNET.

la Riviera
empire du soleil

◀ *Grand Casino de Monte-Carlo :
le bâtiment le plus ancien,
construit par Charles Garnier,
architecte de l'Opéra de Paris,
se dresse face à la mer.*

*U*n climat privilégié,
une mer tiède,
des baies et des caps,
des rocs et des pinèdes,
du sable et des galets,
telle est la Riviera.
Malgré un tourisme
souvent dévorant,
elle a su garder
une part de ses traditions,
dans le secret
de quartiers vétustes,
derrière le linge bigarré
suspendu aux fenêtres,
à l'ombre des persiennes.

Environs de Beausoleil : ▶
*villas et immeubles étagés
sur les pentes du mont Agel
semblent noyés dans la verdure.*

Façades colorées ▶▶
*et inondées de soleil,
tout le charme
du vieux Villefranche.*

De Nice à la frontière italienne,
la côte méditerranéenne déroule, au fil des saisons,
un long parterre de plantes et de fleurs.
Orangers, citronniers, mimosas
colorent l'hiver.
Bougainvillées, jasmins et lauriers-roses
agrémentent l'été.

◄ Sur la Riviera poussent
les plantes les plus fragiles
comme les plus étranges.

◄ Au bord de la baie
de Garavan
s'étend
la vieille ville
de Menton,
dominée
par le clocher
baroque
de l'église
Saint-Michel.

Le Jardin exotique ▶
de Monaco :
un fascinant
labyrinthe
de cactées
gigantesques.

▲ *Sur la colline de Cimiez,
une résidence
d'un charme suranné.*

Promenade des Anglais : ▲
*un étonnant et précieux témoin
du style Belle Époque.*

*De nombreux hôtels particuliers,
érigés à l'aube de ce siècle
par une génération fortunée et éprise de baroque,
rappellent les fastes d'une époque révolue.*

6. La Riviera

▲ Somptueux et abondant décor
pour le plafond d'une des salles
du Grand Casino de Monte-Carlo.

◀ Joies de l'eau
et plaisirs de la flânerie,
au bord du rivage niçois.

La Riviera. 7

▲ Palmiers et grands hôtels
font un riche cortège
à la Promenade des Anglais.

▲ Dans la solennelle salle à manger
de l'hôtel de Paris,
à Monte-Carlo…

8. La Riviera

Les vastes résidences au décor chargé de dorures et de glaces ont été adaptées aux exigences du confort moderne, et le luxe demeure ici l'« image de marque ».

*Principauté de Monaco : ▶
les installations modernes du Larvotto,
la riche cité de Monte-Carlo
et le rocher de Monaco à l'arrière-plan.*

▲ *Entre la plate-forme du Château
et le mont Boron,
le port qui assure la liaison
entre Nice et la Corse.*

Lorsque le poète Stéphen Liégeard intitula *Côte d'Azur* l'un de ses ouvrages, il ne se doutait sûrement pas qu'il venait de fournir un incomparable nom de baptême à cette portion du littoral méditerranéen que Léopold II, roi des Belges, qualifiait, quant à lui, de « section terrestre du paradis ». On ne parle plus, aujourd'hui, de « Côte d'Azur », mais de « Riviera » française, pour évoquer cet empire du soleil qui s'étend de la baie des Anges à Menton. Voici d'ailleurs le maître de la région, le dieu-soleil Phoebus, Apollon, fils de Zeus, triomphant au-dessus de jets d'eau et de chevaux de bronze au cœur de Nice la Belle, capitale de la Côte d'Azur, reine de la Riviera. Nice ainsi chantée par André Gide : « La victoire est son nom. L'argile rouge, son blason. La montagne, son appui. La mer, sa parure. Le ciel, sa gloire. »

Étrange destin que celui de cette terre dont les hommes de la préhistoire occupent les cavernes du Château et du mont Boron, qui voit les Ligures s'installer à Cimiez et, au IVe siècle av. J.-C., les Phocéens de Marseille implanter un comptoir à l'emplacement du Château. Plus tard, c'est encore sur la colline de Cimiez que les Romains prennent racine. Toujours Cimiez que les Saxons dévastent au VIe siècle, les Sarrasins au IXe. Un bond dans l'histoire et Nice, fief des comtes de Provence, tombe en 1388 sous la suzeraineté d'Amédée VII, comte de Savoie. Se déroule ensuite une longue série d'affrontements et de rivalités. La cité pâtit des démêlés sanglants entre François Ier et Charles Quint, et subit diverses occupations. Une première fois réunie à la France par Louis XIV pendant la guerre de la ligue d'Augsbourg (1691), elle est rendue cinq années plus tard à la Savoie. Nouvelle conquête française en 1706, lors de la guerre de la Succession d'Espagne. Puis Nice passe aux mains des Sardes en 1707, revient une fois encore aux Français et est rendue à la Savoie en 1748. En 1792, revoici les Français, sous le commandement du général Anselme. Nice exprime son désir d'être rattachée à la France, et la Convention vote sa réunion à la République. Mais, à la Restauration, le comté retombe sous la coupe du roi de Sardaigne, et cela jusqu'en 1860, année où, à une quasi-unanimité, les Niçois manifestent par plébiscite leur volonté de redevenir français.

Terre de tourisme

« Nice est une déesse vivante sortie des flots d'écume sous un baiser du soleil. On vient à Nice pour une semaine et on y reste toute la vie » (Théodore de Banville). Dès 1860, Nice est une capitale touristique grâce à la clémence de son climat et à la beauté de son site — sur la baie des Anges, là où le Paillon vient se mêler à la mer —, mais la naissance de cette vocation remonte plus loin. Peut-être à ce jour de l'an 1389 où le sieur Corbini ouvrit en ces lieux ensoleillés la première auberge. En fait à l'année 1763, où les Anglais découvrent Nice. Dès lors, en dépit des difficultés de voyage — trois jours de Calais à Paris avec 27 relais, treize jours de Calais à Nice, avec 80 relais —, les hôtes affluent, tous visiteurs de marque. Les guerres de la Révolution et de l'Empire interrompent ce bel essor, qui ne reprend qu'en 1815, après le rattachement du comté à la Sardaigne. Les Britanniques affluent de nouveau et s'installent en nombre dans le quartier de la Croix-de-Marbre. Parmi eux, le révérend Lewis Way, qui imagine d'embaucher miséreux et chômeurs pour édifier un chemin carrossable longeant le rivage, alors marécageux et planté de roseaux, jusqu'aux abords du Paillon. Chemin vite baptisé, dans le patois local, « lou Camin dei Anglés »; on sait la célébrité qu'il connaît depuis, sous le nom de « Promenade des Anglais ».

Dès cette époque, grands hôtels, villas somptueuses, châteaux et palaces s'édifient. La présence britannique s'intensifie. Des colonies russes s'établissent, sur la colline de Cimiez notamment, où des sanctuaires orthodoxes sont élevés, dont une cathédrale, près du boulevard... du Tsarévitch. Artistes, aristocrates et têtes couronnées s'y retrouvent. L'annexion à la France précipite le mouvement, d'autant qu'en 1865 le chemin de fer atteint Nice. Et c'est l'apothéose avec les séjours de la reine Victoria d'Angleterre. Sur le livre d'or de l'antique Nikaia s'inscrivent bien des noms illustres du Gotha international : Louis Ier, roi de Bavière, le prince de Galles, futur Édouard VII, Léopold Ier de Belgique, l'impératrice Eugénie, les musiciens Berlioz, Meyerbeer et Paganini, la tragédienne Rachel, des écrivains comme Alexandre Dumas, Alphonse de Lamartine, Victor Hugo, le peintre Marie Bashkirtseff...

Autour de Sainte-Réparate

« On construit quand on veut, avec de bons architectes, des palais et des jardins, mais des villes comme Nice naissent d'elles-mêmes, d'après des lois inconnues. Le charme qui les a créées les fait vivre, et il ne dépend de personne qu'un entassement de pierres arrive ainsi à se mêler avec les lis, les palmiers et les étoiles. À Nice, la Cité et la Nature s'entendent. Elles ont fait un pacte secret » (Théodore de Banville).

Nice, étendue telle une odalisque tout au long de la baie, est abritée des vents par les Alpes proches et par ces collines parfumées des senteurs de mille plantes, nimbées de lumière fauve aux heures chaudes, teintées d'ocre, de rose ou de mauve à la naissance et à la tombée du jour. Le *mont Boron* dresse, à l'est de la ville, ses rochers gris et rouges, sa forêt de pins maritimes et son foisonnement de

S. M. Carnaval

« Sur la chaussée, tout le monde est acteur. Populaire unique, qui sait être gai sans molester personne, qui sait faire ripaille sans choir dans la basse ivresse et qui stupéfie toujours l'étranger par le sens de la politesse qui ne le quitte jamais au cours de ses réjouissances et de son tumulte doré. Pas de chienlits! Ce sont les fils du soleil qui ne sont soûls que de la lumière du jour. » Ainsi Gaston Leroux vécut-il le traditionnel carnaval de Nice. L'une des coutumes les plus vivaces du pays niçois. Aujourd'hui encore, dans la cité des œillets, on célèbre le retour du printemps par un gigantesque carnaval, occasion de faire resurgir les gais costumes : robes à rayures ou semis de fleurettes, corselets, châles, capelines et autres parures.

▲ *Débauche de couleurs, débordement de gaieté : le traditionnel carnaval niçois.*

On date les débuts de cette fête de 1294, du temps où Charles II d'Anjou, comte de Provence, vint à Nice assister à ces festivités. C'est alors une manifestation populaire licencieuse, suite de festins, d'occasions de se déguiser, de danser au son de musiques déchaînées, dans la droite ligne des réjouissances païennes de l'Antiquité (fête d'Isis chez les Égyptiens, bacchanales grecques, lupercales, ...). Au XVIe siècle, mention en est faite comme de bals masqués où intervient la notion de classes sociales. À chaque classe, sa fête.

Mais le premier grand carnaval est plus récent. Il fut organisé en l'honneur de Victor-Emmanuel Ier, souverain du comté, séjournant à Nice l'hiver de 1821-22. À cette même époque se déroula le tout

En bordure du quai des États-Unis,
▼ *la plage populaire de Nice.*

genêts, de cystes, de figuiers, d'agaves, d'oliviers, de citronniers, d'œillets et de roses. Le *mont Alban,* auquel on peut accéder aussi par la route de Villefranche, est couronné par une forteresse trapue, datant du XVIe siècle. Naguère, les Niçois disaient : « Quand les Français prendront le mont Alban, le lièvre prendra le chien. » Les Français finirent pourtant par désarmer la place en 1744, ce qui permet de contempler, par les embrasures des canons disparus, d'admirables vues sur la rade de Villefranche, le cap Ferrat, le mont Agel et le fort de la Tête-de-Chien, qui domine la principauté. *Cimiez* enfin, l'aristocratique, offre, à côté de ses constructions résidentielles et de ses palaces d'un autre âge, d'intéressants vestiges de l'époque romaine : arènes, vastes de 67 m sur 56, qui pouvaient accueillir 5 000 à 6 000 spectateurs, thermes du IIIe siècle s'étalant sur plus de 100 m. À ces souvenirs antiques, Cimiez joint un calvaire en marbre blanc du XVe siècle et un couvent franciscain dont l'église renferme trois remarquables peintures sur bois, œuvres des frères Brea, célèbres peintres de l'école de Nice (école inspirée de la Renaissance italienne qui fleurit entre le XVe et le XVIe siècle dans la région).

Au pied de ces collines s'étale la cité aux cent visages. Avant toute autre visite, il faut faire celle de la vieille ville, *Babazouk,* comme on dit dans le patois niçart. S'entrecroisant entre le lit du Paillon (aujourd'hui recouvert) et le front de mer, grimpant à l'assaut de la butte que domine le Château, c'est un lacis de ruelles, d'impasses, de placettes ombreuses, aux fenêtres pavoisées de linge, aux trottoirs encombrés d'étalages de fruits, de légumes, de fleurs. Dans des parfums d'épices et des odeurs de friture, de minuscules restaurants offrent à déguster pissaladières, tartes aux oignons, févettes crues ou « pan bagnat », ce pain imprégné d'huile d'olive et accompagné de tomates, de poivrons, de radis, d'œufs durs, d'olives noires et d'oignons. Ailleurs figurent au menu la socca, gâteau de farine de pois chiches, les fleurs de courgettes farcies, la soupe au pistou, les gnocchi, la ratatouille. Quant à la boisson, y pourvoient des buvettes regorgeant de tonneaux, où le vin frais se débite à la tireuse.

Après avoir flâné au hasard de ces étroites rues coupées d'escaliers, un arrêt s'impose place Rossetti, où s'élève l'église principale de l'ancienne Nice, la cathédrale Sainte-Réparate, imposant édifice de style classique, qui abrite de belles œuvres d'art. Puis, de la place Rossetti, la rue Droite conduit à l'église du Gesù, consacrée à saint Jacques. Ce sanctuaire du XVIIe siècle fut bâti par les Jésuites sur le modèle du Gesù de Rome. Non loin de là est une riche demeure seigneuriale de conception génoise, le palais Lascaris (XVIIe s.), aux plafonds décorés de fresques que l'on attribue à Carlone de Gênes.

Avant d'attaquer les venelles escarpées montant vers le château, il ne faut pas hésiter à faire une incursion sur le cours Saleya, qui fut longtemps lieu de promenade. Le Corso de Carnaval y fit ses débuts.

La Riviera. 13

premier corso, au cours duquel les assistants masqués s'affrontaient en des batailles de fleurs et aussi de bonbons en sucre candi, dragées dans le parler français, « confetti » pour les Italiens. Cette dernière appellation prévalut. Mais avant que ces confettis fussent de papier, des années durant, les joyeux participants aux cortèges carnavalesques se lancèrent à la tête boulettes de plâtre, haricots secs et pois chiches. Les prudents et les timorés protégeaient leur visage avec des masques d'escrime peinturlurés de couleurs vives.

C'est en 1892 seulement que naissent les confettis tels que nous les connaissons, à peu de chose près. Détail curieux, ils sont fabriqués à Paris et dus à l'esprit inventif d'un ingénieur de Modane qui imagine de les découper dans des cartons ayant été utilisés pour l'élevage des vers à soie. Et, non moins curieusement, c'est au Casino de Paris qu'ils déferlent en pluie pour la première fois.

À l'heure actuelle, le rituel demeure. Durant l'hiver, une foule d'artisans participent à la préparation du carnaval (charpentiers, peintres, forgerons, costumiers...). Les réjouissances, sur des thèmes imposés (différents chaque année), commencent douze jours avant le mardi gras : en avant-première, des illuminations générales, puis l'arrivée de S. M. Carnaval, un grand défilé carnavalesque qui parcourt plus de 2 km, une bataille de fleurs sur la Promenade des Anglais, et encore des défilés carnavalesques et corsos avant le jour fatidique. En ce mardi gras tant attendu se succèdent un corso particulièrement éblouissant et le grand défilé d'incinération où l'on brûle, dans un somptueux feu d'artifice, S. M. Carnaval. Enfin, tout s'achève par une bataille de fleurs.

L'exhibition, les allées et venues et enfin l'incinération du dieu de carton-pâte au milieu de la foule en liesse, jamais lassée d'un spectacle chaque année renouvelé, les masques, les chars, les fanfares, tout cela témoigne d'une belle gaieté qui jamais ne manque au rendez-vous. ■

La pignata

Dans le langage populaire niçois, le mot *pignata* revient fréquemment à l'occasion d'énoncés de recettes culinaires. Autant que l'étranger sache à quoi s'en tenir sur ce point. La pignata est une marmite en terre qui fait merveille pour la confection de ragoûts, daubes, coulis et autres plats que l'on fait mitonner. Un mets préparé dans ledit récipient prend une exceptionnelle saveur.

Par ailleurs, une tradition locale à Berre et à l'Escarène veut que, lors d'un mariage, les demoiselles d'honneur de la jeune épousée brisent, sur le parvis de l'église où s'est déroulée la cérémonie, une pignata neuve, ornée de rubans multicolores et de fleurs. Celle-ci est devenue, pour la circonstance, symbole de la virginité de la mariée.

Enfin, pour les amateurs d'instruments de musique insolites, il n'est peut-être pas sans intérêt de leur signaler qu'une « pignata » à queue, couverte d'une peau de tambour, est parfois utilisée dans certaines formations folkloriques. ■

Aujourd'hui s'y tient un marché aux fleurs, émerveillement pour l'œil et l'odorat. Sur la place Pierre-Gauthier, qui jouxte ce cours animé, s'élève la chapelle de la Miséricorde, ou des Pénitents-Noirs (1736), à l'élégant vaisseau de plan elliptique.

La tombe de Léon Gambetta

Le Château, c'est l'Acropole de Nice. Ancienne forteresse au temps des batailles entre Provençaux, Turcs, Espagnols et Français, il fut pris en 1691 par Catinat, qui en fit sauter la poudrière, puis, en 1706, par le maréchal de Berwick, qui, sur l'ordre de Louis XIV, le détruisit de fond en comble. Ne subsiste que la tour Bellanda (XVe s.), restaurée par Charles-Félix de Sardaigne et où séjourna Hector Berlioz. Celui-ci écrivit avec exaltation : « Je suis à Nice, j'en aspire l'air tiède et embaumé à pleins poumons. Voilà la vie et la joie qui accourent à tire-d'aile et la musique qui m'embrase et l'avenir qui me sourit, et je suis à Nice à errer dans les bois d'orangers, à me plonger dans la mer, à dormir sur les bruyères de la route de Villefranche [...]. » Aujourd'hui, un musée naval occupe ces lieux historiques. Le nom de « Château » est, malgré tout, resté à cette colline feuillue qui domine à l'ouest la vieille ville du haut de ses 92 m. Parc, lieu de promenade au milieu des pins, des lauriers-roses et des caroubiers. De la terrasse supérieure, pavée de galets, où se vendent souvenirs et cougourdons, on embrasse un exceptionnel panorama sur la ville, la baie des Anges, l'Esterel et les Alpes. Au nord, en contrebas, un cimetière s'ordonne en terrasses : des sépultures de notables voisinent avec le tombeau du politicien Léon Gambetta et celui d'Anita Garibaldi, la première femme du célèbre patriote italien.

On accède à la plate-forme du Château soit en voiture à partir de la place Garibaldi, en empruntant la montée Eberlé bordée de cyprès; soit à pied en grimpant à flanc de butte côté mer, par l'escalier Lesage, qui s'élève du bout du quai des États-Unis, aux abords de l'avancée rocheuse ayant nom « Rauba Capéu » (« Vole-Chapeau »), — cela en raison des coups de vent qui y soufflent; soit, en ultime ressource, par un ascenseur.

À l'est du rocher du Château se trouve le port. Ce grand bassin, où s'amarrent aussi les bateaux de plaisance, est le cœur de la Nice maritime. Creusé au milieu du XVIIIe siècle, sur l'initiative de Charles-Emmanuel III, duc de Savoie, il fut ultérieurement protégé par un avant-port de 160 m qui, lui-même, s'abrite derrière deux jetées. Port Lympia (port aux eaux pures), tel est son véritable nom. Les façades colorées à l'italienne de la place Île-de-Beauté, qui le borde au fond, ses quais où règne une activité intense, particulièrement dans les cafés et restaurants d'où l'on peut assister au départ

Un immense palace transformé en appartements, souvenir de l'âge d'or
▼ *de l'aristocratique Cimiez.*

des paquebots pour la Corse (pour Ajaccio, Bastia et Calvi), tout cela constitue un spectacle des plus attrayants.

Mais peut-être le visiteur choisira-t-il d'arpenter la Promenade des Anglais universellement renommée. Agrandie et améliorée depuis sa création en 1932, elle étire, sur quelque 4 km, sa double chaussée bordée de massifs de fleurs et de palmiers, des abords de la vieille ville jusqu'à l'aéroport, tout au long de cette baie « qui vaut celle de Naples dans un style plus grand et plus simple » (Jules Romains).

Sans trop s'attarder sur les hôtels-palaces, les grands cafés et les restaurants, signalons, au fil de cette promenade, le Palais de la Méditerranée, prestigieux casino élevé en 1928, le Centre universitaire méditerranéen, créé en 1933 et dont Paul Valéry fut le premier

14. La Riviera

Le Trophée des Alpes

Au pied du mont Agel, une étape est de rigueur dans le vieux village de *La Turbie*, bâti sur l'arête qui s'avance, par le promontoire de la Tête-de-Chien, au-dessus de la principauté de Monaco, à une altitude de 484 m. C'était là, jadis, la frontière de la Gaule, sur les derniers contreforts des Alpes, là même où le mont Agel adoucit ses pentes, offrant le passage aux chemins venant d'Italie. *« Huc usque Italia, abhinc Gallia »*, nota Antonin dans son « Itinéraire », sorte de guide à l'usage des légions romaines.

Dans un paysage de rochers, de falaises et de précipices, au milieu d'une campagne odorante, La Turbie serre autour d'un donjon des demeures médiévales trapues, des écuries ornées d'ogives ou d'arceaux romans, des rues tortueuses baignées d'une ombre fraîche. De beaux vestiges de remparts et deux portes fortifiées protègent ce vieux bourg que Dante chanta dans « la Divine Comédie ». Quant à l'église Saint-Michel-Archange, de style baroque niçois (XVIIIe s.), elle apporte, au milieu de cette sévérité architecturale, une note plus exubérante.

En ce lieu, selon Plutarque, César observa devant ses compagnons qu'il y préférerait être le premier, plutôt que le second à Rome. En fait de souvenirs antiques, le plus beau monument romain des Alpes-Maritimes se dresse ici. Il s'agit de l'admirable Trophée des Alpes (ou Tour d'Auguste), auquel l'on parvient par la porte ouest après une courte montée à pied. Érigé en l'honneur d'Auguste, pacificateur

▲ *Une des compositions de Marc Chagall, appartenant au « message biblique » présenté au Musée national de Cimiez.*

Avec ses maisons crépies de teintes chaudes, ses rues étroites où jouent l'ombre et la lumière,
▼ *le vieux Nice garde son cachet d'antan.*

administrateur, et, sur la partie orientale, lorsque la promenade prend le nom de « quai des États-Unis », après le beau jardin Albert-Ier, l'Opéra, édifié sur l'emplacement du vieux théâtre niçois Maccarini.

La ville aux musées

« Arrête voyageur! Cette ville est aussi une ville des Muses », écrivit un jour Henri Bosco à propos de Nice. Elle est également celle des musées. Voici le mémorial Chagall, musée du Message biblique, construit en 1973 pour le 86e anniversaire de l'artiste. C'est sans conteste l'un des plus nouveaux, et certainement le plus singulier des musées nationaux de France. André Hermant, qui a construit cette vaste maison-musée de plain-pied sur les eucalyptus, les oliviers et les palmiers de Cimiez, a parfaitement respecté la volonté de Marc Chagall, qui tenait à en faire un lieu de recueillement. Les œuvres du maître qui y sont rassemblées ont en effet pour thème unique la Bible.

Quittant les anges, les ânes, les coqs et les chèvres de Chagall, on peut gagner sur la Promenade des Anglais la villa Masséna, élevée au début du siècle par le petit-fils du maréchal. Devenue musée, elle contient de somptueux salons aux meubles premier Empire, des primitifs niçois et des peintures modernes (deux salles sont consacrées à Raoul Dufy et une aux impressionnistes). Le second étage est réservé à l'histoire et au folklore niçois.

▲ *À demi ruiné mais encore imposant, le Trophée des Alpes veille sur le vieux bourg ensoleillé de La Turbie.*

des Alpes, en l'an 6 av. J.-C., il était haut de 46 m. Un soubassement de 38,40 m de côté, un étage également carré, mais en retrait, puis une colonnade circulaire de style dorique abritant des trophées, enfin une architecture conique portant une statue colossale de l'empereur, le tout accessible par des escaliers, ainsi se présentait cet imposant monument que l'histoire ne ménagea guère.

Ravagé par les Barbares à la chute de l'Empire, dégradé par saint Honorat, volontiers iconoclaste, transformé en forteresse au XIIIe siècle, démantelé pendant la guerre de la Succession d'Espagne par ordre de Louis XIV, restauré en 1935 grâce à l'aide financière de l'Américain Edward Tuck, il s'élève actuellement à 35 m de hauteur. Un pan de muraille écroulé à l'est, restauré à l'ouest, son socle où se peuvent lire les noms des tribus alpines soumises par Auguste et sa tour circulaire flanquée de colonnes attestent une patiente restauration. Au pied du Trophée, un musée évoque son histoire.

Par ailleurs, des terrasses qui se trouvent près du monument, se découvre au regard une vue merveilleuse sur la côte. ■

Une audacieuse lavandière

Au pied du Château, entre la place Garibaldi et la rue de Foresta, une artère bordée de marronniers évoque par son nom la mémoire de la truculente Catherine Ségurane, qui, par une belle journée de l'an 1543, conquit la célébrité en s'illustrant contre les Turcs... et aussi contre les

Avenue des Baumettes, au musée Jules-Chéret (ou musée des Beaux-Arts), est installée une exposition d'art ancien et moderne. Au rez-de-chaussée voisinent des œuvres de l'école française des XVIIIe et XIXe siècles (Vanloo, Fragonard, Hubert Robert) et des primitifs italiens et flamands. Au premier, des Carpeaux, des Van Dongen, des Brayer, des Signac, des Bonnard, des Marquet, des Vuillard, des Mac Avoy et, bien entendu, de nombreuses œuvres de Jules Chéret, peintre et affichiste, mort à Nice en 1932. Par ailleurs, une salle conte, à travers images et maquettes, l'histoire du célèbre Carnaval.

Après la peinture, l'archéologie. Sur les lieux de la cité romaine de *Cemenelum* (la Cimiez actuelle), chef-lieu de la province des Alpes-Maritimes, créée par Auguste en 14 av. J.-C., un musée est consacré à l'histoire antique de la région. Pourtant, dans cette villa des Arènes (ancienne villa Garin de Cocconato), cernée d'oliviers et dominant les fouilles où s'abrite le musée archéologique, le premier étage est le domaine exclusif du musée Matisse. L'artiste s'établit à Nice en 1917 et mourut à Cimiez en 1954; cette exposition, qui couvre plus d'un demi-siècle de création (1890-1953), perpétue son souvenir.

Parler des musées de Nice, c'est aussi évoquer le musée du Vieux-Logis, prieuré qui est consacré aux meubles et objets d'art régionaux des XVe et XVIe siècles, le musée d'histoire naturelle Barla, qui possède des collections de moulages de champignons (plus de 7 000 pièces) et d'oiseaux (environ 3 000).

Et maintenant, avant de quitter Nikaia la victorieuse, pourquoi ne pas prendre date pour le carnaval, la plus populaire et la plus exubérante des traditions niçoises? Elle est indissociable de cette «terre amoureuse où fleurit l'oranger» (Théodore de Banville) et à laquelle la vie moderne a apporté une dimension internationale, accrue par le développement d'un aéroport qui, devenu le deuxième de France, la met à la portée de tous les pays du monde.

Les anges de Cocteau

Quittant Nice vers l'est et empruntant la corniche du littoral, après quelques kilomètres, on découvre en vue plongeante l'admirable rade de Villefranche, enserrée entre le mont Boron et le cap Ferrat. Un joyau azur et or, serti de collines boisées, sur 346 ha. Sans conteste, le plus beau spectacle de la Riviera française.

Au fond de la baie s'étale en amphithéâtre *Villefranche-sur-Mer*. Elle semble tout droit surgie du passé, avec les murailles de sa citadelle, bâtie au milieu du XVIe siècle, avec les ruelles et les escaliers de pierre de sa vieille ville. Celle-ci monte à l'assaut de la pente presque jusqu'à la Moyenne Corniche. Ses artères voûtées, comme celle de la rue Obscure, semblent ignorer la cohue touristique.

Villefranche, c'est encore une cité qui passe de main en main, au cours des siècles. À l'origine, il y a la présence romaine, puis l'occupation sarrasine au Xe siècle. Au XIVe siècle, Charles II d'Anjou, comte de Provence et roi de Sicile, en fait un port franc sous son nom actuel (*Cieuta franca*, «ville franche»).

Depuis la construction du «cuirassé» *Sainte-Anne* (en 1523 pour le compte des chevaliers de Rhodes), la vocation maritime de Villefranche ne s'est jamais démentie : ce havre bien abrité peut être considéré comme le véritable port de tourisme de Nice.

Pour jouir de la vue sur la rade, il est conseillé de prendre table dans l'un des nombreux restaurants du quai Amiral-Courbet, bordé de vieilles maisons roses et jaunes à volets de bois. Mais, si l'on tient à découvrir le site dans toute sa splendeur, c'est sur le chemin de ronde de la citadelle qu'il faut se rendre. De là, l'œil balaie, au sud, le port de la Darse réservé aux yachts et aux canots de plaisance, et, au nord, le port où se situent la gare maritime et l'embarcadère pour les paquebots des lignes d'Amérique du Sud.

De retour sur le port, une halte s'impose parmi les anges. Les anges nés des mains de Jean Cocteau, qui, en 1956, décora la chapelle Saint-Pierre, petit sanctuaire de style roman transformé en hangar à filets par les pêcheurs de Villefranche. L'artiste fit renaître les Évangiles sur les murs de cet édifice, revenu au culte en 1957. Et puisque la mer est partout présente, que le voyageur n'oublie pas de prévoir une escale à Villefranche la veille du mardi gras, pour assister à la fête nautique annuelle dans la darse.

Un saut de puce conduit à *Saint-Jean-Cap-Ferrat*, bâtie sur la presqu'île de Saint-Jean, qui pousse son nez dans la Méditerranée entre la rade de Villefranche et la baie de Beaulieu et dont le cap Ferrat et la pointe de Saint-Hospice jalonnent les contours. Partant du port Saint-Jean, en faisant le tour complet de la presqu'île, on découvre, nichées dans les pinèdes ou accrochées à flanc de rochers, de ravissantes villas et des résidences de luxe, environnées de jardins secrets, parmi lesquelles la propriété «les Cèdres», ayant appartenu au roi des Belges Léopold II. Le vieux village de Saint-Jean, qui a de beaux aperçus sur la côte de Beaulieu et du cap d'Ail, le sentier qui contourne la pointe de Saint-Hospice sont des buts de promenade qui ne manquent pas de charme. Et, du phare situé à l'extrême pointe du cap, la vue s'étend de l'Esterel à l'Italie.

L'été, on peut voir des Vénus surgissant des flots par myriades sur les plages de Passable et de Paloma; mais, en toute saison, il faut aller visiter le vivarium du cap Ferrat à l'ouest de la presqu'île. Une autre halte plus longue s'impose à la Fondation Ephrussi de Rothschild (ou musée Île-de-France), qui appartient aujourd'hui à l'Institut de France. Dans le cadre d'une villa Belle Époque, située sur la langue de terre qui relie Saint-Jean au continent, sont exposées de

Français, leurs alliés du moment.

Nice était à l'époque fief de la maison de Savoie. Mais François Ier n'oubliait pas que le comté avait jusqu'en 1388 appartenu à la Provence. Aussi décida-t-il de le reprendre et, pour ce faire, il n'hésita pas à solliciter l'appui militaire du sultan Soliman II.

Le 7 août, une flotte franco-ottomane de 200 galères effectua donc une entrée impressionnante dans la rade de Villefranche. L'amiral Khayr al-Dīn Barberousse débarqua ses canons sur la plage de Barri-Viei et, dans un bel élan, franchit le Paillon, pour investir Cimiez, le mont Boron et le mont Gros. Fuyant le feu de ses batteries, nombre de Niçois gagnèrent l'arrière-pays pour retrouver le calme à l'ombre des oliviers et des mimosas. Cependant, le gouverneur de la ville, retranché au Château, se prépara à résister et renvoya sans ambages les parlementaires qui lui furent mandés.

Le 12 août, assaut fut donné au Château, au cours duquel plus de 1 200 coups de canons furent tirés, sans grands résultats. Les jours qui suivirent, les attaques se firent insistantes, et tous les Niçois qui n'avaient pas préféré la paix des champs aux risques et périls de la guerre se retrouvèrent aux créneaux. Le 15 août, l'ennemi tenta la ruée décisive. De hasardeuse, la situation des défenseurs du Château devint désespérée.

C'est alors que surgit sur les remparts, battoir à linge en main, une robuste fille du peuple, lavandière de son état, Catherine Ségurane. Elle se dépensa sans compter, modelant à grands traits le

▲ *Villefranche entasse au creux de sa baie de jolies maisons anciennes, serrées autour de l'église Saint-Michel.*

Paré d'une belle pinède et de luxueuses villas : le cap Ferrat. Au premier plan :
▼ *Beaulieu-sur-Mer et son port.*

remarquables collections de meubles, de tableaux, de tapisseries et de tapis, de porcelaines et de fers forgés. Autour de la demeure s'étendent, sur 7 ha, des jardins espagnol, japonais, lapidaire, iranien, exotique et à la française. Dépaysement assuré.

Au fil des corniches

Entre Nice et Menton, la montagne a pour ainsi dire les pieds dans la mer. Trois corniches épousent ses caprices. La *Corniche inférieure,* tout en lacets, suit les moindres sinuosités de la côte, y compris les contours de la presqu'île du cap Ferrat. Puis elle traverse *Beaulieu-sur-Mer,* nichée au pied d'un versant auquel s'agrippent les oliviers, protégée des vents du nord; la cité jouit d'un climat privilégié qui attire à elle une importante clientèle hivernale. D'élégantes villas, des jardins luxuriants, une rade appréciée des plaisanciers en font une oasis de beauté. Et la curieuse villa Kérylos, reconstitution d'une belle demeure de la Grèce antique, sur la pointe de la baie des Fourmis, mérite un détour. Plus loin, au-delà d'*Èze-sur-Mer,* station balnéaire du village perché d'Èze, *Cap-d'Ail,* située plein sud, descend jusqu'à la mer en contrebas de la corniche, sur les pentes de la Tête-de-Chien. Sa vogue n'a cessé de croître depuis le début du siècle. La Corniche inférieure unit ainsi, tout le long de son parcours, d'innombrables criques, des baies découpées dans des rochers rouges.

La Riviera. 17

relief et les contours de ce qui devait être plus tard sa statue (on peut la voir en bas relief tout au haut de la ruelle Saint-Augustin). La contagion de son exemple enfiévra ses compatriotes, qui ne tardèrent pas à débarrasser les murailles de leurs assaillants.

Le miracle, l'imprévisible s'est produit, et, maintenant, l'histoire se permet d'esquisser un sourire et de devenir — peut-être — légende. Du haut de son créneau, lâchant son battoir, la belle Catherine, désireuse d'exprimer tout son mépris de femme aux Turcs en débandade, ne trouve rien de mieux que de lui tourner le dos et, retroussant son jupon, d'exhiber aux yeux de la troupe défaite et ébahie la partie la plus charnue de son individu. Un de ces instants tout chargés d'immortalité. ■

▲ *Spectacle familier aux Monégasques et goûté des touristes, la relève de la garde devant le palais princier.*

Jeux, danse, sports et « Sporting » à Monte-Carlo

« Amusez-vous comme des fous, la vie passera comme un rêve » donnait jadis Sacha Guitry en refrain à son opérette « Florestan Ier, prince de Monaco », tant il est vrai que la principauté fut et demeure sinon le pays de la fête permanente, du moins celui des distractions de toutes saisons.

Dès janvier débute la grande parade avec le rallye automobile. Elle se poursuit en février et mars avec le festival international de Télévision et la saison d'opéra, à Pâques avec le tournoi international « open » de tennis et des représentations de ballets, en juin avec l'exposition canine internationale. De décembre à avril se succèdent conférences,

---

La *Moyenne Corniche* s'étend sur 31 km, excellente route dominant la côte au flanc du mont Bastide, de la Tête-de-Chien, du mont des Mules et du Vistaëro. Quant à la *Grande Corniche*, incontestablement la plus pittoresque, aménagée par ordre de Napoléon Ier sur le tracé de la voie Aurélienne, elle court entre 300 et 550 m. De ces hauteurs, l'œil embrasse d'admirables panoramas, de la pointe italienne de Bordighera jusqu'aux sommets du Var, des îles de Lérins aux Alpes.

Une principauté sur un rocher

« Je suis Monaco sur un écueil, je ne sème ni ne moissonne, et pourtant je veux vivre », dit la devise des princes de Monaco.

Un État indépendant soixante-dix fois moins étendu que Paris, avec un régime constitutionnel, des traditions, des libertés. Un rocher, d'abord voué par les Phéniciens, en 900 av. J.-C., au culte de Melquart — dieu de Tyr, identifié à l'Héraclès grec —, puis comptoir grec et port romain avant d'appartenir aux Génois et de tomber au XIIIe siècle entre les mains des guelfes Grimaldi (guelfes et gibelins constituaient deux partis politiques hostiles à Gênes). L'actuel souverain, descendant de la famille des Grimaldi, règne sur 3 000 sujets et une vingtaine de milliers de résidents.

Une ville neuve, baptisée Monte-Carlo en 1860 par le prince Charles III, est célèbre depuis dans le monde entier pour ses jardins et ses terrasses, ses cafés, ses hôtels, ses théâtres et, bien sûr, son casino, autour duquel elle se serre sur le plateau rocheux des Spélugues, au pied du mont Agel, au nord du rocher. Elle symbolise le luxe à l'état pur, omniprésent.

Puisque tout converge vers le casino, pourquoi ne pas choisir comme point de départ, pour parcourir la principauté, ses terrasses étagées et fleuries, sa luxueuse bâtisse aux fameux salons de jeux où les grands de ce monde ne cessent de défiler depuis plus d'un siècle? Le théâtre, installé dans le casino, est l'œuvre de Charles Garnier. Les artistes les plus renommés s'y sont produits : notamment, au début du siècle, la célèbre troupe des Ballets russes de Diaghilev.

Passant devant le fameux hôtel de Paris, on descend l'avenue d'Ostende, d'où l'on découvre, en vue plongeante, le port carré et ses alignements de yachts fastueux. Au bas de l'avenue, dans le quartier de *La Condamine*, qui sépare Monte-Carlo de Monaco, on peut honorer sainte Dévote, patronne de Monaco, dont l'église est enfouie dans un nid de verdure. Suivant le boulevard Albert-Ier, on arrive au stade nautique et à sa piscine olympique. Et voici le pied de l'illustre rocher, large de 300 m et long de 800, où se dressent, à 65 m environ au-dessus du niveau de la mer, le palais princier et la vieille ville de *Monaco*. La place du Palais, à laquelle on accède par la moyenâgeuse

rampe Major, forme le cœur de la principauté. Huit cents ans d'histoire et de légendes sous la protection d'une garde éminemment folklorique dont la relève, chaque jour, est un plaisant spectacle. Six canons de bronze défendent l'entrée du palais; dix autres en fonte, alternant avec des piles de boulets, sont pointés vers Cap-d'Ail.

présentations de films touristiques et débats publics dans le cadre des manifestations du cycle de conférences de la fondation Prince-Pierre. Mai est tout à la fois la fête des fleurs, avec le concours international de bouquets, et celle du moteur avec le grand prix automobile de Monaco.

L'été voit se dérouler représentations chorégraphiques et théâtrales, grands concerts, spectacles de variétés et séances de cinéma en plein air. Deux pierres blanches pour le festival international des Arts et le festival international des Feux d'artifice. Et, surtout et plus que jamais, en août, l'apothéose des festivités avec le gala de la Croix-Rouge monégasque. Et l'année s'achève avec le festival international du Cirque, après que novembre a permis d'assister à la

▲ *Des terrasses du Jardin exotique, suspendu à flanc de collines, on découvre le rocher de Monaco, le port et le cap Martin.*

Le village perché de Roquebrune, ramassé au pied de son vieux donjon, a conservé intact
▼ *son caractère médiéval.*

Une visite à l'intérieur de la princière demeure, élevée dès 1215 par les Génois sur les fondations d'une ancienne forteresse sarrasine et agrandie du XIVe au XVIIe siècle, permet de remarquer, dans la cour d'honneur entourée d'arcades, de belles fresques et un escalier aux marches taillées d'une seule pièce dans du marbre de Carrare.

Par la rue Colonel-de-Castro, on atteint la cathédrale, édifice de style néo-roman (1875-1903) qui recèle deux tableaux de l'école de Nice, de Louis Brea, datant du début du XVIe siècle : le retable de saint Nicolas et la célèbre Pietà dite « Pietà du curé Teste ». Dans la même rue, des terrasses, des jardins Saint-Martin surplombant à pic la Méditerranée, on a une vue saisissante du Monaco futuriste entièrement surgi de la mer.

Le Musée océanographique et le musée de cires sont à deux pas. Celui-ci comporte une quarantaine de personnages appartenant à la famille régnante, y compris les souverains actuels. Tous grandeur nature. Quant au Musée océanographique, il détient des spécimens bien vivants de la faune méditerranéenne et exotique dans un aquarium géant remarquablement conçu. Créé en 1906 par le prince Albert Ier, que la vie des mers passionnait (ses campagnes océanographiques restent célèbres), il est devenu l'un des plus importants du monde. Tout ce qui a trait à la mer (faune, flore, engins de pêche, instruments d'étude...) y trouve place. De la longue terrasse, on découvre une fois de plus la vue prodigieuse, exaltante de la Côte d'Azur, depuis le cap d'Antibes jusqu'à la frontière italienne.

Sur la route de la Moyenne Corniche, le Jardin exotique s'accroche aux pentes de la Tête-de-Chien. Il domine le Rocher, le stade et le port. Plantes grasses d'Amérique centrale, d'Amérique du Sud et d'Afrique australe y foisonnent dans un décor de rochers ensoleillés. Tout au bas de ce domaine des aloès, des cactus, des agaves, des cereus, des euphorbes à épines, s'ouvrent les grottes de l'Observatoire, qui descendent dans le roc jusqu'au-dessous des flots ; intéressant gisement préhistorique, mais aussi féerique spectacle de stalactites, de stalagmites et autres concrétions.

Sur les traces du Moyen Âge

Quittant l'univers monégasque, son quartier de Beausoleil avec ses villas au flanc du mont Agel, nous retrouvons la Riviera française. Sur une colline de poudingue grise et brune — d'où le nom de « Roca Bruna » — entourée d'une collerette d'oliviers, de citronniers, de grenadiers et de figuiers de Barbarie, *Roquebrune* étage à flanc de montagne, au-dessus de la Grande Corniche, ses rues sinueuses, ses minuscules carrefours, ses pentes raides et ses escaliers en colimaçon, dont l'aspect désordonné et chaotique parle à l'imagination. Un dicton local n'affirme-t-il pas : « Roquebrune a roulé, un genêt l'a arrêtée » ?

En fait, Roquebrune se forma autour de son donjon seigneurial, dont les ruines sont actuellement envahies de lierres, de figuiers sauvages et de ronces. Néanmoins, on voit encore les épaisses murailles (2 à 4 m), leurs créneaux et leurs mâchicoulis. C'est l'un des

La Riviera. 19

fête nationale monégasque.

Est-il besoin de rappeler qu'il est aussi un casino à Monte-Carlo, temple de la roulette, du trente-et-quarante, du craps, du black-jack, du chemin de fer et de la banque à deux tableaux?

Après le jeu, les sports, et c'est douze mois sur douze que se pratiquent le tennis et le squash au Monte-Carlo Country Club de Saint-Roman et au Tennis-Club du boulevard de Belgique, la voile au Yacht-Club du quai Antoine, le golf au Monte-Carlo Golf Club du mont Agel et au golf miniature du parc Princesse-Antoinette. Toute l'année encore, la M.J.C. de l'avenue Président-Kennedy organise des explorations sous-marines, et, de son côté, le Yacht-Club accueille, de juillet à octobre, les adeptes de « Big-Game fishing », tandis que les fervents du ski nautique peuvent s'adresser de mai à octobre au Monte-Carlo Beach et de mai à septembre à la plage du Larvotto.

Pour les amateurs de vie nocturne, les night-clubs ne manquent pas, si nombreux qu'on pourrait croire que dans la principauté tout aboutit à des pistes de danse. Et, pour en terminer, le prestigieux Monte-Carlo Sporting Club, la toute dernière réalisation de la Société des bains de mer. Entre ciel et terre, sur la baie de Monte-Carlo, le décor est grandiose et surprenant.

Dans cette ronde du plaisir, qui n'applaudirait au conseil du grand Sacha : « Faites les cent coups, dépensez tout, la vie passera comme un rêve... »? ∎

plus anciens châteaux féodaux de France, construit au Xᵉ siècle par Conrad Iᵉʳ, comte de Vintimille, et restauré par les Grimaldi de Monaco entre 1490 et 1528. Si l'on a le courage de grimper jusqu'au sommet du donjon, on y jouit d'un magnifique point de vue qui s'étend du pied du village aux champs de citronniers et d'oliviers, aux alignements de vignes et, de restanques en restanques, jusqu'à la voie ferrée; au-delà, on aperçoit calanques, caps, golfes, villas et pinèdes du cap Martin, heureux séjour de milliardaires et d'anciennes têtes couronnées.

Tout ici baigne dans une lumière d'une infinie douceur. Autour de l'église rose de Roquebrune, qui n'aimera se perdre dans les étroites venelles aux voûtes sombres et aux culs-de-sac imprévus, aux placettes ornées d'antiques fontaines, aux murs de vieilles pierres romaines? Mais que l'on ne rate pas, pour peu qu'on éprouve quelque penchant pour les traditions, la procession de la Passion qui, depuis près de cinq siècles, à la suite d'un vœu prononcé au cours d'une épidémie de peste, déroule annuellement (le 5 août) son défilé bigarré et vociférant sur le sentier muletier menant à Menton, et franchit les remparts pour aboutir à la chapelle de la Pausa (Paix).

Au pied du vieux bourg médiéval de Roquebrune, la côte est là avec ses sinuosités, ses rochers et ses ombrages, et le havre de calme du *cap Martin*, le dernier des promontoires de la Riviera française. Les grandes stations sont à proximité (Monte-Carlo à l'ouest, Menton à l'est) et, pourtant, au milieu de sa parure d'oliviers et de pins où courent de larges avenues, au milieu des propriétés somptueuses qui s'y élèvent, on peut se croire à 1 000 lieues de la « Côte », dont maintes échappées sur la mer et le continent rappellent la beauté.

Au pays des citrons

Mais voici *Menton*, ville frontière, Menton couronnée de fleurs, parfumée par elles en toutes saisons, transformée en théâtre de verdure ou en reposoir le jeudi saint. Bien abritée par les « Alpes mentonnaises », c'est la ville des citrons mûris dans la tiédeur d'un climat exceptionnellement doux (Menton est la cité la plus chaude de France l'hiver). Ce fut aussi un des berceaux de la race humaine, accueillant dans les grottes des Roches rouges les hommes de Néanderthal, puis les représentants de Cro-Magnon, à l'époque de la pierre taillée.

Vivre à Menton, c'est, en quelque sorte, s'assurer un brevet de longévité; y résider ou y simplement séjourner, c'est, à tout le moins, une certitude de trouver paix, calme et beauté.

Du cap Martin au port, la « promenade du Midi », longeant le bord de mer, constitue, avec les jardins du Carei, le centre attractif de la ville, où l'on ne se lasse pas de flâner. Comme la plupart des cités méditerranéennes, la vieille ville est tout entière à visiter et elle s'offre sous son meilleur aspect si on l'aborde du port, par l'antique escalier dont la rampe monumentale est ornée de mosaïques noires et blanches. Au cœur même du quartier, deux haltes ne décevront personne : l'église Saint-Michel (XVIIᵉ s.), son petit clocheton à tour carrée surmontée d'un campanile, et son chœur riche d'un retable du XVIᵉ siècle, puis, tout au fond de la place de l'église, la chapelle des Pénitents-Blancs, dont le second étage, richement décoré, possède un fronton baroque stylisé de belle qualité. Autre attrait de Menton : offrir aux couples qui veulent convoler une salle des mariages décorée par Jean Cocteau avec une étonnante richesse de coloris et une imagination qui dispense aux quatre murs d'allégoriques messages où « la science pauvre jongle avec les astres ». Mais il est, ici, bien d'autres fêtes. Au premier rang, comme il se doit, celle du citron, en février (oranges et citrons décorent des chars en d'étonnantes compositions, tandis que, dans les jardins, ces mêmes fruits se prêtent à des motifs ornementaux), puis la Biennale de peinture et, en août, le Festival de musique de chambre, sans compter, tout l'été, presque chaque soir, une longue série de manifestations.

Quelques pas dans Garavan, où tout n'est que profusion de fleurs, une incursion aux « Colombières », jardin à l'antique aménagé par Ferdinand Bac, au jardin botanique exotique de la villa Val Rahmeh et à ceux de la villa Maria Serena, en bord de mer, tout à côté de la frontière. Et c'est l'Italie, une autre Riviera.

l'Esterel, Cannes et l'arrière-pays azuréen

◀ Cannes : le règne des starlettes à l'heure du Festival international du film.

◀ L'Esterel meurt
dans la Méditerranée
par un rivage farouche.
(Canton de Saint-Barthélemy.)

Sur l'un des promontoires ▲
qui ferme le golfe de La Napoule,
l'architecture inspirée
de Port-la-Galère.

*M*assif tourmenté aux crêtes aiguës
et aux profonds ravins,
l'Esterel avance dans la Méditerranée
des promontoires escarpés,
frangés d'écueils et d'îlots,
ou s'échancre en d'étroites baies brûlées de soleil.
De petites stations se sont blotties
au creux des criques,
où le rouge feu des roches et
le vert sombre de la végétation,
avivés par la lumière,
tranchent sur le bleu intense de la mer.

*Déchiqueté et sauvage, ▲
le massif de l'Esterel
aux environs d'Agay.*

*Les pieds dans l'eau, ▶
le château de La Napoule,
où se tiennent, pendant l'été,
expositions et concerts.*

4. Cannes et l'Esterel

Cannes et l'Esterel. 5

◀ *Au-delà des roches rouges de l'Esterel,*
au bord du golfe de La Napoule,
Cannes monte à l'assaut des collines.

Dans un amphithéâtre de collines
parées de fleurs et de verdure,
entre l'Esterel
et la pointe de la Croisette,
Cannes,
autrefois humble village de pêcheurs,
doit à la pureté de son ciel
et aux faveurs de son climat

Cannes : le port de tourisme et, épousant la courbe de la baie, la célèbre Croisette.

▶ *Le cap d'Antibes et la nappe du golfe Juan au calme du soir couchant.*

d'être devenue un rendez-vous international
du tourisme et du cinéma.
Mais, au-delà de Cannes,
c'est encore un littoral
clément et lumineux,
aux larges baies
couvertes de pinèdes,
de jardins et de luxueuses villas.

*Une fontaine en forme d'urne, ▲
datant du siècle dernier,
rafraîchit une petite place
bordée de coquettes maisons.*

*Juchée sur un éperon rocheux ▶
de la plaine de Cagnes,
Saint-Paul, sentinelle fatiguée
de l'ancienne frontière du Var.*

▲ *Demeures anciennes et ruelles en pente
débouchant sur le chemin de ronde :
le bourg d'autrefois.*

Dominant la vallée du Loup, ▶
*Tourette-sur-Loup, dont les hautes maisons extérieures,
serrées les unes contre les autres, forment rempart.*

*Tout aussi favorisé par la nature, l'arrière-pays, boisé, fleuri,
jouissant d'une lumière exceptionnelle, ne cesse d'attirer les artistes.
Maints villages perchés, qui ont su préserver leur authenticité,
s'y dorent au soleil.
Telle Saint-Paul-de-Vence, cité d'élection de l'art moderne
avec ses nombreuses galeries d'exposition
et sa célèbre fondation Maeght.*

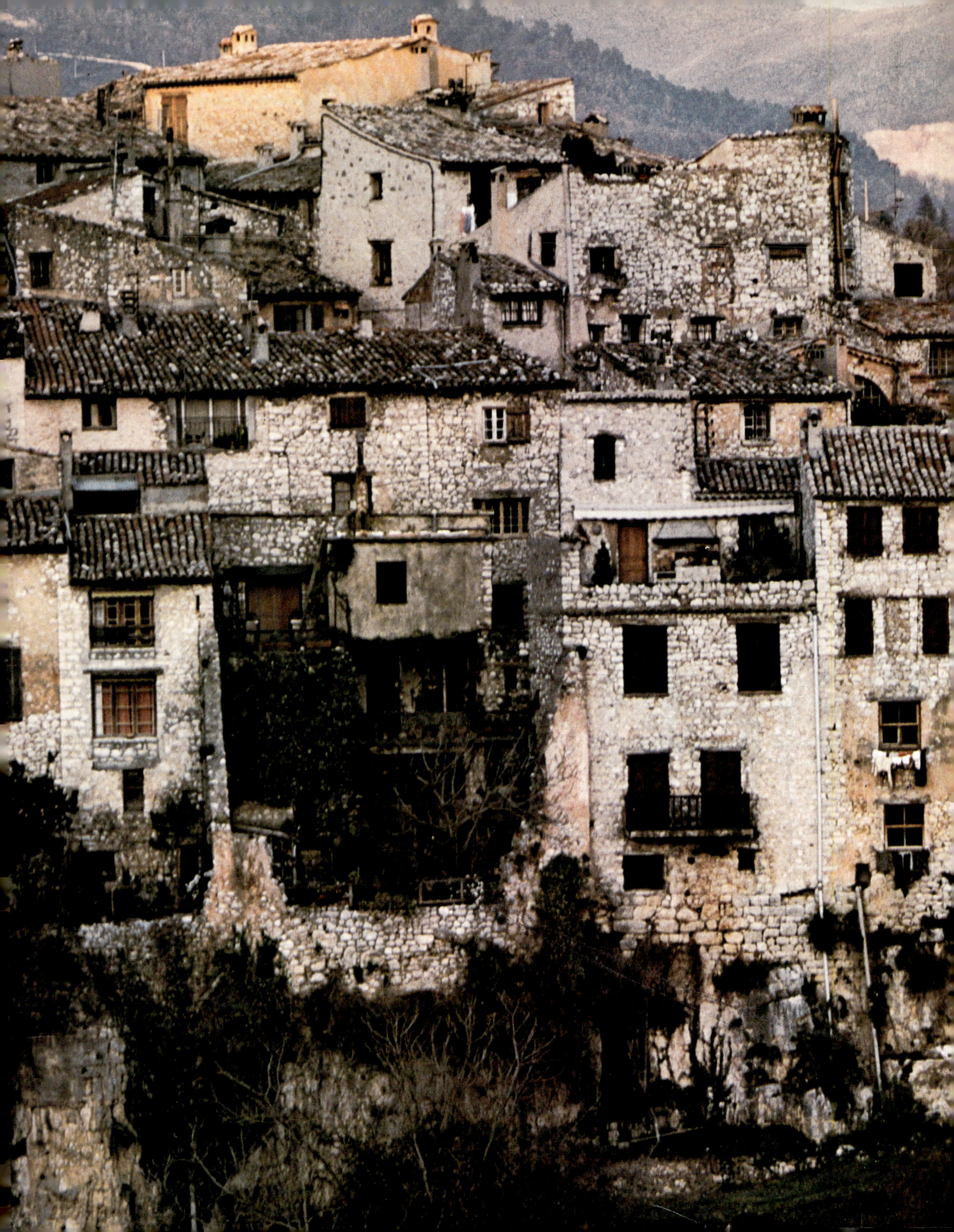

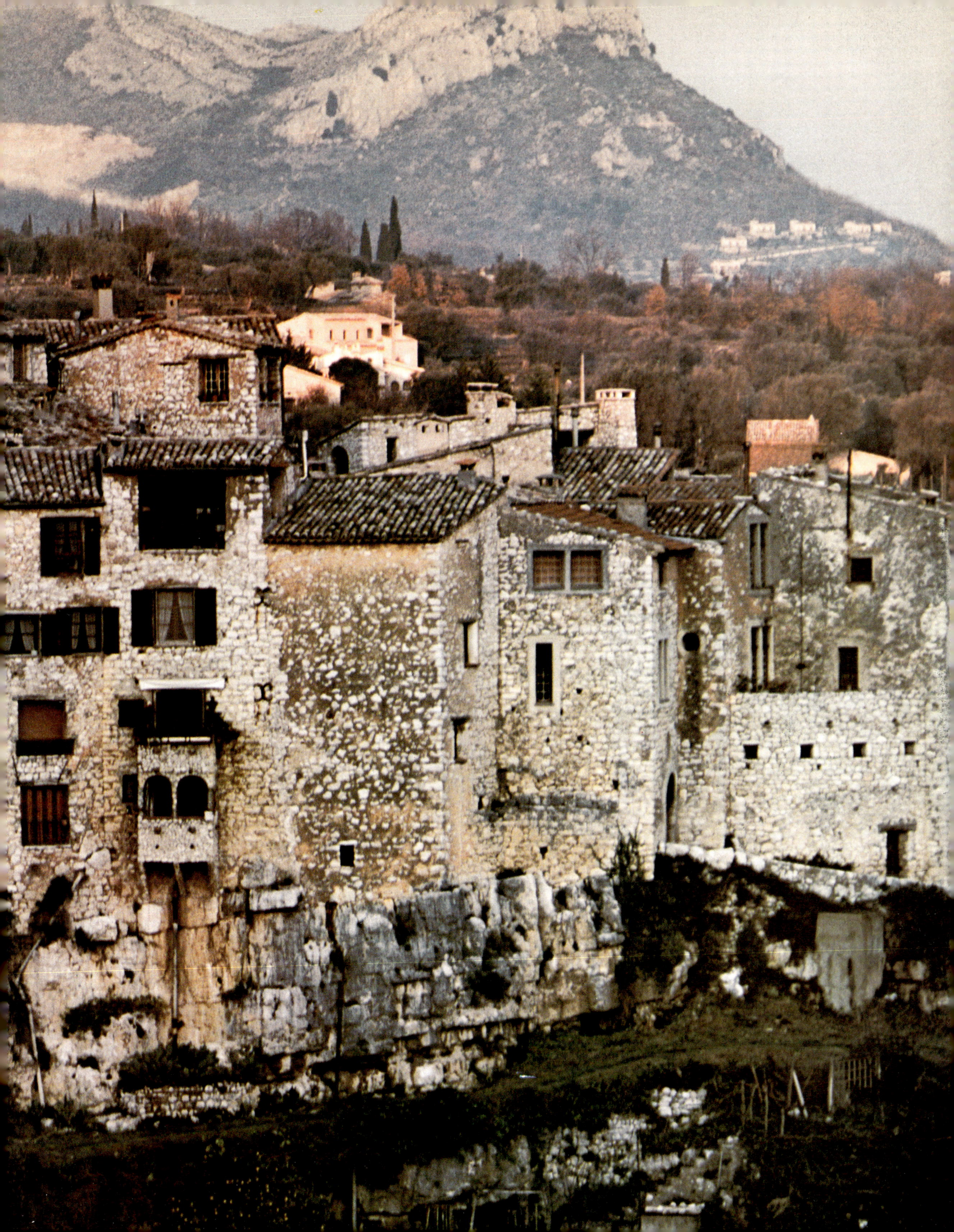

▲ *Cannes : entre des palaces
et de luxueuses plages de sable
s'étire la Croisette, fort animée
de jour comme de nuit.*

« Tout se ramasse autour d'une journée pour le plaisir de nos yeux : soleil, flots d'azur, horizons de cristal, terres multicolores, arbres du Nord et du Midi, du dattier au mélèze, gorges profondes, forêts crépusculaires, jardins éblouissants. » Le département des Alpes-Maritimes a bien changé depuis l'époque où Maurice Maeterlinck le célébrait comme « l'un des coins les plus féeriques de notre planète ». Et dans ce littoral lumineux, aujourd'hui long chapelet de villas et d'hôtels, de casinos et de ports de plaisance, peut-être l'écrivain ne retrouverait-il pas tout à fait la côte qu'il aima. Pourtant, couleurs, fleurs et parfums sont toujours au rendez-vous et, des roches rouges et déchiquetées de l'Esterel jusqu'au cours du Var, se trouvent réunis tous les charmes de la Provence : rivage où promontoires et criques alternent heureusement, arrière-pays sauvage et accidenté aux vieux villages perchés, tassés sur eux-mêmes.

Si, longeant la mer, on peut parfois avoir l'impression de ne traverser qu'une seule agglomération, c'est une erreur qu'un regard plus attentif suffit à rectifier : chaque cap a sa silhouette, chaque station son atmosphère. Le cadre, l'ensoleillement, les vents varient d'un lieu à l'autre, et même la teinte de la mer est différente dans le golfe de La Napoule, à Juan-les-Pins ou au cap d'Antibes.

Un si modeste village

Voici tout d'abord *Cannes,* bâtie en amphithéâtre au bord du golfe de La Napoule, qui, aux confins de l'Esterel, entre la pointe de l'Aiguille et le cap de la Croisette, enserre une mer azurée. À l'abri de collines où, dans la verdure, se blottissent de luxueuses demeures, elle s'étale sur plus de 6 km. Il y a loin de la station moderne d'aujourd'hui au modeste village de pêcheurs qui s'élevait là jadis. L'ancienne *Canoïs* — ainsi baptisée du fait que les marais voisins abondaient en roseaux — a été une cité ligure et un comptoir romain avant de devenir, au début du XIe siècle, et pour près de huit cents ans, le fief des abbés de Lérins, installés dans l'île Saint-Honorat, non loin de la côte. Ces moines construisirent, sur le rocher où se trouvait le village (et que l'on nomme mont Chevalier ou colline du Suquet), une tour carrée de 22 m de hauteur et un château commandant la région contre les Sarrasins. La tour subsiste, et l'on peut, de son sommet, admirer les alentours. Du château ne restent que des vestiges qui abritent le musée de la Castre (collections d'archéologie, œuvres d'art précolombiennes, ainsi que pièces provenant du Caucase, de Turquie, d'Iran).

Cannes subit des invasions et des occupations diverses, puis prit le visage d'une calme bourgade oubliée par l'histoire. À son retour de l'île d'Elbe, Napoléon bivouaqua avec ses troupes dans les dunes, mais cette présence fugitive de l'Empereur ne la rendit pas célèbre pour autant.

« Salut à Cannes, l'enchanteresse, dans sa robe d'azur constellée de blasons. Elle naquit certain jour d'un sourire du printemps et d'une fantaisie d'un gentilhomme anglais. » Le gentilhomme qu'évoque Stéphen Liégeard est lord Brougham, ancien chancelier d'Angleterre. Au cours de l'hiver de 1834, celui-ci projeta de séjourner à Nice. En raison de l'épidémie de choléra qui ravageait alors la Provence, le gouverneur de Nice, soucieux de préserver ses administrés du fléau, avait fait du cours du Var une frontière infranchissable. Contraint de rebrousser chemin, le riche Britannique s'arrêta à Cannes. Aussitôt conquis par le petit port, il s'y fit bâtir une résidence. À sa suite, ses amis affluèrent, et l'engouement de la gentry londonienne pour ce site ne connut plus de bornes. De saison en saison, Cannes agrandit ses limites. Et, sur les traces des Anglais, les Français, avec Mérimée et Maupassant pour guides, découvrirent « l'enchanteresse ».

À la fin du second Empire, Cannes était une station élégante et recherchée. La Croisette était créée, la voie ferrée tracée, les eaux de la Siagne canalisées pour alimenter la ville. Un théâtre, un cercle nautique, un casino, des hôtels de grand luxe avaient vu le jour. Et, jusqu'à la Grande Guerre, chaque hiver rassembla en ces lieux, aux côtés d'une aristocratie frileuse, une faune cosmopolite, faite de femmes du monde, d'aventuriers, de financiers, d'hommes d'affaires, d'artistes, de gens de lettres et de joueurs invétérés... Mais lentement s'amorça une nouvelle orientation. De station climatique hivernale, Cannes se transforma en centre de tourisme d'été.

De nos jours, la « saison » s'ouvre avec le Festival international du film, au mois de mai. Longue gestation que celle de ce festival dont la Seconde Guerre mondiale interrompit l'organisation. Ce n'est qu'en 1946 que le « Tout-Cinéma » mondial fut enfin convié à la première grande fête du film. Le succès fut immédiat, décisif. Depuis, trente ans ont passé, et, bien que d'aucuns prophétisent régulièrement sa mort, le festival continue.

À la découverte de Cannes

Cannes n'est pas seulement un lieu de fête. Elle possède un charme très réel, qu'il faut se donner la peine de découvrir. Une de ses premières séductions est la Croisette, qui, plantée de palmiers et décorée de parterres de fleurs, déroule, sur 2,5 km, en bordure de mer, son luxueux ruban d'hôtels, de boutiques, de restaurants, d'immeubles résidentiels. Depuis sa création, au milieu du XIXe siècle, ce large boulevard est le cœur de la vie cannoise. Une succession de

Fleurs et parfums

Terre de soleil, naturellement imprégnée de senteurs, la Côte d'Azur réunit les conditions idéales de température, de luminosité, de pluviométrie et de ventilation pour la pratique de l'horticulture. Ainsi, de Menton à l'Esterel, le long de la côte, s'étend le domaine des fleurs, aux confins duquel *Grasse* fait figure de capitale. Sur les terrasses qui environnent Nice et qui, jusqu'à la frontière italienne, s'étagent au flanc de la montagne, règne l'œillet, que l'on trouve aussi vers Antibes, Cagnes-sur-Mer, Saint-Laurent-du-Var. La rose est la grande spécialité d'Antibes, qui cultive nombre de variétés réputées. Le mimosa, introduit au début du XIXe siècle, se plaît plus à l'ouest sur les sols dépourvus de calcaire — il faut voir, de janvier à mars, les collines de l'Esterel et les environs de Cannes parés d'or. Et il y a aussi le glaïeul, la jacinthe, la tulipe, l'anémone, la violette (dont s'enorgueillit Tourette-sur-Loup).

Si le commerce de la fleur coupée est extrêmement prospère, la culture des fleurs destinées à la parfumerie n'occupe pas moins de 5 000 producteurs, une vingtaine d'usines et une demi-douzaine de grandes coopératives, pour 11 000 ha de « champs », groupés surtout dans la partie sud de l'arrondissement de Grasse. Le jasmin, la fleur de l'oranger amer, la rose de mai dominent cette production. Grasse vend directement certains parfums et approvisionne, d'autre part, les parfumeurs en essences absolues et extraits de fleurs dont ils font des mélanges subtils. Ceux-ci seront

▲ *À Grasse, ville des fleurs, la fontaine à vasques et le marché en plein air de la place aux Aires.*

La vieille ville de Cannes escalade les pentes de la colline du Suquet, couronnée par Notre-Dame-d'Espérance
▼ *et une ancienne tour de guet.*

plages dorées, que, depuis quelques années, l'apport artificiel de sable a permis d'élargir, sertissent la baie. Dans la rade, d'énormes paquebots jettent l'ancre. Non loin, à l'ouest, se profile la silhouette mauve de l'Esterel, tandis qu'à l'est le cap de la Croisette avance vers le large le quartier de Palm-Beach, avec ses belles avenues, son casino d'été, son parc Albert-Ier, ses night-clubs et le nouveau port de plaisance (port Pierre-Canto).

Mais Cannes, c'est aussi la vieille ville, perchée sur la colline du Suquet, à l'ouest de la rade, au-dessus du port — celui-ci a conservé son caractère coloré, bien que, aujourd'hui, une importante flottille de yachts côtoie les embarcations de pêche. Il faut grimper sur la colline par un lacis de rues étroites, bordées de petites boutiques et de restaurants : c'est une sorte de butte Montmartre, avec des escaliers, des placettes et, tout en haut, l'église Notre-Dame-d'Espérance, de style gothique provençal (XVIe-XVIIe s.). À proximité du sanctuaire, se trouvent les souvenirs des abbés de Lérins, la tour et le château.

Enfin, une visite de Cannes ne peut ignorer les collines qui la ceinturent : la *Croix-des-Gardes,* d'où la vue est superbe sur la vieille ville, le golfe, les îles, l'Esterel; la *Californie,* avec ses fastueuses villas, où résidèrent d'illustres personnages (la reine Victoria, Lloyd George); *Super-Cannes,* à laquelle on accède soit par funiculaire, soit par une route sinueuse — de son observatoire, le regard découvre un extraordinaire panorama, jusqu'au cap de Bordighera et aux Préalpes. Et peut-être sera-t-on aussi tenté de s'embarquer pour les îles de Lérins, qui émergent en vue du littoral.

Des palettes par milliers

Débauche de couleurs, lumière exceptionnelle, grands rochers ciselés, arrière-pays boisé de pins et d'oliviers, cette portion de la côte méditerranéenne ne cesse d'attirer à elle peintres et sculpteurs.

présentés à une clientèle internationale en de merveilleux flacons dont rêve toute femme.

Imagine-t-on qu'il ne faut pas moins de 1 t de jasmin pour obtenir 1,5 litre d'essence, et que 1 kg de jasmin exige le sacrifice de 10 000 fleurs : près de 7 millions de fleurs pour un litre!...

Sait-on, par ailleurs, que les parfumeurs de Grasse eurent pour précurseurs des tanneurs que l'engouement de la Renaissance pour les gants parfumés transforma en parfumeurs-gantiers? De ceux-ci, la terrible crise que connut l'industrie du cuir, au XVIIIe siècle, fit de simples parfumeurs. Au XVIe siècle, on utilisait l'oranger, la lavande, le lentisque et le myrte; un siècle plus tard, le jasmin, importé des Indes, est à l'honneur, ainsi que la rose et la tubéreuse, nouvellement arrivée d'Italie. Au milieu du XVIIIe est mise au point la technique de l'« enfleurage » : on fixe le parfum de décoctions de fleurs sur un corps gras, ledit parfum étant ensuite dissous dans de l'alcool. Enfin, dans les dernières années du XIXe, est découvert le procédé de l'« extraction », qui consiste à opérer une macération des fleurs dans des hydrocarbures qu'on laisse ensuite s'évaporer. Ne subsiste plus alors que la « concrète », constituée par les parfums, les cires, les matières colorantes, et qui, après traitement avec de l'alcool pour éliminer les cires, fournit l'« absolu ».

Au traitement des fleurs locales, Grasse a, depuis, ajouté celui des essences d'Orient (menthe, vanille, patchouli, girofle, badiane) et organisé la production de parfums synthétiques. ■

▲ *Antibes, cité riche d'histoire, encore enfermée dans ses remparts qui dominent la mer.*

Depuis plus d'un siècle, longue est la liste des artistes qui sont venus se fixer dans ces terres ensoleillées.

Ainsi, à *Vallauris* est attaché le nom de Picasso. Ce village, sis en arrière du golfe Juan, au creux d'un amphithéâtre planté de vignes, d'oliviers et d'orangers, fut, lui aussi, propriété des moines de Lérins. Il ne reste de ces temps médiévaux que la chapelle romane du prieuré de Lérins, le prieuré lui-même ayant été rebâti à la Renaissance. Et c'est précisément dans la crypte de cette chapelle qu'a pris place la vaste composition sur bois, « Guerre et Paix », que Picasso réalisa entre 1952 et 1959, alors que, attiré par la célébrité de Vallauris dans le domaine de la poterie, il habitait le village.

Quitter Vallauris pour retrouver la mer à *Antibes*, c'est encore avoir rendez-vous avec le monde de l'art. Camille Corot, Henri Harpignies, Claude Monet, Paul Arène, Paul Margueritte et bien d'autres furent séduits par l'antique *Antipolis* (la « ville d'en face »), qui, établie sur un promontoire rocheux de la partie occidentale de la baie des Anges, entre l'anse de la Salis et l'anse Saint-Roch, fait face à Nice-la-Belle et aux Alpes. Comptoir phocéen, municipe romain, place forte pour résister aux hordes barbares, elle affirma encore son rôle militaire quand elle devint ville frontière entre la France et la Savoie. Mais laissons à Guy de Maupassant le soin de nous la décrire : « La petite ville, enfermée dans ses lourdes murailles de guerre, construites par M. de Vauban, s'avançait en pleine mer, au milieu de l'immense golfe de Nice. La haute vague du large venait se briser à son pied, l'entourant d'une fleur d'écume; et on voyait, au-dessus des remparts, les maisons grimper les unes sur les autres jusqu'aux deux tours dressées dans le ciel comme deux cornes d'un casque antique. Et ces deux tours se dessinaient sur la blancheur laiteuse des Alpes, sur l'énorme et lointaine muraille de neige qui barrait tout l'horizon. » Le touriste d'aujourd'hui n'aura pas grand peine à recréer cette vision harmonieuse. Du sommet de la tour carrée (XIVe s.) du château d'Antibes, qui fut jadis résidence épiscopale puis demeure des Grimaldi pendant plus de deux siècles, on peut s'émerveiller du décor que forment les remparts de la ville, le golfe et les pinèdes semées de splendides villas, puis le cap d'Antibes, paré d'une dense végétation. Installé dans le château, le musée Grimaldi réunit un étonnant ensemble d'œuvres de Pablo Picasso, exécutées par l'artiste lors d'un séjour à Antibes en 1946 (compositions picturales, céramiques, tapisserie). Sortant du musée Grimaldi, on ira visiter la cathédrale toute proche — elle est en majeure partie du XVIIe s., seul le chevet est roman. Derrière l'église et le château, il faut flâner sur l'avenue Amiral-de-Grasse qui suit les remparts, édifiés en 1550 et achevés par Vauban. À pic sur la mer, merveilleusement bien conservés, ceux-ci offrent au regard à la fois les Alpes et le cap. À l'abri de cette enceinte, la vieille ville est pleine de charme avec ses ruelles animées.

Les petits bars de la place Nationale procurent, à l'ombre d'immenses platanes, l'occasion de se détendre parmi les pêcheurs. Le souvenir de Sydney Bechet plane encore sur ces lieux, dont il fut longtemps l'hôte assidu. Des rues en pente descendent au port Vauban, cher aux plaisanciers. Au-delà de ce bassin de 25 ha, se dresse la masse fière du fort Passé, construit sous Henri II.

Enfin, pour achever cette visite d'Antibes, les amateurs du passé se rendront au sud des remparts, dans le bastion Saint-André, devenu musée archéologique. Les épaves des navires coulés dans les parages du cap ont fourni de précieux souvenirs sur l'histoire de la navigation, de l'antiquité grecque jusqu'au Moyen Âge.

Au fil de l'arrière-pays

Si Antibes est, sur la côte, le rare exemple d'une cité que le tourisme n'a pas réussi à dénaturer, il est encore fréquent de trouver dans l'arrière-pays des villages qui ont conservé leur cachet d'autrefois. Tel est le cas de *Biot*, à quelque 8 km d'Antibes, qui accroche ses maisons au flanc d'une colline, au-dessus de la vallée de la Braque. De vieilles pierres, des rues en pente, des passages voûtés, une élégante place à arcades, au milieu d'une nature où se plaisent mimosas, figuiers, oliviers, orangers. Toute la Provence est là. De plus, c'est, à l'heure actuelle, un foyer d'artisanat très actif. Les ateliers sont nombreux, consacrés à la poterie, à la verrerie, à l'orfèvrerie, au tissage à la main et à la sculpture sur bois d'olivier. D'aucuns choisiront d'aller voir dans l'église Sainte-Marie-Madeleine-Saint-Julien deux retables de Louis Brea (début XVIe s.) ou encore, à 2 km de là, de visiter le musée Fernand-Léger, avec ses mosaïques, tapisseries, dessins, peintures, lithographies — à travers lesquels on peut suivre l'évolution de l'art du maître de 1904 à 1955.

À l'ouest de Biot, dans un cadre verdoyant de pinèdes et de maquis, *Valbonne*, construite selon un plan rectangulaire, offre l'attrait de sa place à arcades, plantée d'ormes, et de son beffroi à campanile. Une église romane et, à 3 km, le sanctuaire de Notre-Dame-de-Brusc méritent intérêt. Sur le plateau où s'élève ce dernier, des fouilles ont permis de mettre au jour un site préhistorique important. Curieusement, ces souvenirs de nos lointains ancêtres vont bientôt cohabiter avec une réalisation magistrale de l'homme d'aujourd'hui, Sophia-Antipolis, « cité internationale de la Sagesse, des Sciences et des Techniques », un centre de recherches des plus modernes, auquel 1 000 ha de maquis ont été réservés.

Se dirigeant ensuite vers Nice, on ne peut manquer une halte à *Cagnes*, improprement qualifiée de « sur-Mer », car elle se situe entre *Cros-de-Cagnes*, village de pêcheurs et station balnéaire, étalée au

▲ *« La Guerre et la Paix »,
peinture sur bois de Picasso,
exposée dans la chapelle
du château de Vallauris.*

« Ville de potiers »

C'est à ce titre que *Vallauris* doit d'être aujourd'hui mondialement connue. L'importance des gisements locaux d'argile réfractaire et la proximité des forêts de pins dont le bois sert à chauffer les fours esquissèrent sa vocation dès l'époque romaine. Si, à la fin du XVe siècle, une épidémie de peste décima la population, le village, un temps abandonné, retrouva vite sa vie et son art. Au XVIe siècle, en effet, soixante-dix familles, originaires de la Riviera italienne, s'y implantèrent, et le hasard voulut que, parmi elles, figurât un fort contingent de potiers qui avaient précédemment exercé leurs talents dans les régions de Vintimille et d'Albissola.

Protégées — et soumises à redevance — par l'abbaye de Lérins, qui exerçait sur les lieux son droit de seigneurie, deux « usines » furent créées pour extraire l'argile des gisements et mettre en œuvre son utilisation pratique. La poterie culinaire prit un rapide essor : on fabriqua marmites, poêlons, « pignates » et récipients divers. Puis, de l'ustensile de cuisine, on passa à l'objet d'art : naquirent ainsi d'admirables pièces, faites de pâte blanche cuite dans des moules et émaillées. En 1885, Louis Pezzeto découvrit les émaux à base d'étain, aux teintes turquoise, jaune, rouge. Dès lors, les ateliers produisirent de véritables chefs-d'œuvre qui bénéficièrent en outre du goût du jour pour la céramique.

Mais les plus vifs engouements s'éteignent souvent avec les modes qui les ont suscités. Et l'aluminium →

*Ses vieilles maisons tassées
autour de l'église, Biot
s'accroche aux flancs d'une colline
▼ dominant la vallée de la Brague.*

bord d'un littoral festonné, sur 10 km, d'une belle plage, et *Haut-de-Cagnes,* cité médiévale perchée sur un piton qui, des siècles durant, fit office de sentinelle. Dans la ville haute, se dresse le château, un donjon-forteresse surmonté de créneaux, qui fut édifié en 1309 par Rainier Grimaldi, prince de Monaco et amiral de France. À partir de 1620, Henri Grimaldi l'aménagea en luxueuse demeure et, jouissant des faveurs de Louis XIII et de Richelieu, il y mena grande vie. Le château appartient aujourd'hui à la municipalité de Cagnes. Du haut du donjon, on jouit d'une vue superbe sur la vieille ville, le cap d'Antibes, la baie des Anges et les Alpes. Dotée de deux étages de galeries à arcades qui ouvrent sur un élégant patio Renaissance, la demeure abrite quelques trésors : plafond en trompe l'œil de la salle des Fêtes, peint par le Génois Carlone (1621-1624); toiles de Chagall, Brayer, Kisling, Carzou et autres maîtres contemporains, regroupées en un musée d'Art moderne méditerranéen, tandis que le rez-de-chaussée constitue un musée de l'olivier. Toutes les rues, tous les escaliers de la vieille cité sont à découvrir, ainsi que les remparts du XIIIe siècle qui, jadis, protégeaient les habitants des incursions barbaresques. Mais on ne saurait quitter Cagnes sans aller voir la petite chapelle Notre-Dame-de-Protection, que peignit Renoir et qui possède d'intéressantes fresques du début du XVIe siècle. Enfin, en empruntant la corniche du Var, une promenade dans les environs, au milieu des orangers, des oliviers, de la vigne, permet de prendre la mesure de ce pays où verdure, fleurs et fruits semblent s'ordonner en une immense palette.

La colombe de Saint-Paul

Au nord de Cagnes, à une dizaine de kilomètres de la mer, s'élève, sur un éperon rocheux dominant la vallée de Cagnes, la pittoresque cité de *Saint-Paul-de-Vence,* riche d'une tradition artistique qui porta un coup à la poterie utilitaire. Vallauris perdit une partie de sa clientèle et, pendant de longues années, les potiers durent se contenter de fabriquer des articles de fantaisie — d'ailleurs remarquables par leurs émaux.

En se fixant à Vallauris après la Seconde Guerre mondiale, Picasso relança un artisanat sur le déclin. Il s'initia à cet art et créa de ses mains mille merveilles que l'on peut actuellement admirer au musée Grimaldi, à Antibes, et dans les principaux musées du monde. Depuis, la poterie n'a cessé de prospérer. On compte plus de cent potiers aujourd'hui. Et, tous les deux ans, en été, se tient la Biennale internationale de la céramique d'art, qui essaie de défendre une qualité souvent menacée par la commercialisation. ∎

▲ *Vence : dans la chapelle du Rosaire, décorée par Matisse, l'autel et la sobre céramique blanche représentant saint Dominique.*

Une prestigieuse fondation

Sise près de Saint-Paul-de-Vence, au milieu des pins de la colline des Gardettes, la *fondation Maeght* est mieux qu'un musée. Le cadre naturel dans lequel elle s'insère, l'heureuse alliance de la brique et du béton pour une architecture aux lignes simples, les parois vitrées par où pénètre la lumière, les jardins en terrasses constituent un environnement incomparable pour faire aborder au public une superbe collection de chefs-d'œuvre contemporains. « Ici, est tenté quelque chose qui n'a jamais été tenté : créer l'univers dans lequel l'Art moderne pourrait trouver à la fois sa place et cet arrière-monde qui s'est appelé autrefois le surnaturel. » C'est en ces termes qu'André Malraux inaugura la Fondation le

remonte aux troubadours. François Ier fit ceindre l'agglomération de remparts hérissés de bastions pour surveiller la frontière du Var. Leur construction ne dura pas moins de dix ans et exigea la destruction de plus de 700 demeures, dont les occupants se retirèrent dans le voisinage et fondèrent ainsi le village de La Colle-sur-Loup. Cet ouvrage a merveilleusement résisté aux atteintes des siècles. De la porte ouest, l'œil découvre La Colle et Cagnes. Au sud, la porte de Cagnes, au chemin de ronde percé de meurtrières, s'ouvre sur les gorges du Malvan. Du haut de la muraille, la vue s'étend jusqu'aux Alpes, et le baou de Saint-Jeannet prend ici un aspect saisissant.

Tout au nord, se dresse la porte dite « de Vence », surmontée d'une tour carrée. De cette porte, on peut s'aventurer dans les ruelles de la cité, qui ont gardé leur caractère médiéval. De multiples ateliers de potiers, tisseurs, graveurs, ciseleurs, sculpteurs sur bois y créent une animation constante. L'église gothique (XIIIe s.) renferme bien des œuvres d'art, dont des tableaux du Tintoret et de l'école de Murillo.

Mais Saint-Paul est, avant tout, terre d'élection des peintres. La grande époque remonte à la « Colombe d'Or », un simple cabaret qui s'appelait encore « Robinson » en 1920, lorsque Paul Roux, son propriétaire, commença à accueillir sous son toit ces inconnus acharnés à peindre et qui avaient nom Signac, Dufy, Bonnard, Soutine. C'est après 1924 que la renommée de l'ex-Robinson, rebaptisé « la Colombe » et métamorphosé en hôtel-restaurant de bonne tenue, attira la clientèle des quatre coins de l'Europe, et même des États-Unis. Quelques années plus tard vinrent Matisse et, à sa suite, Vlaminck, Touchagues, avec Maurice Chevalier, Mistinguett, Giono, Morand et bien d'autres. Durant la Seconde Guerre mondiale, derrière Prévert, les gens du cinéma investirent la Colombe. Après la Libération, l'afflux des vedettes, metteurs en scène, scénaristes ne fit que s'accroître. Picasso, au cours des années 50, s'installa à Vallauris en voisin. Et ce fut de nouveau la ruée des peintres. Braque, Chagall, Atlan, Bazaine, Fautrier, Ubac, Tal-Coat vinrent s'attabler à la terrasse que Fernand Léger dota d'une mosaïque. Calder implanta un mobile au-dessus de la piscine. Braque offrit, à son tour, une mosaïque. L'établissement devint une galerie d'art, où s'alignent des œuvres de Picasso, Miró, Hilaire, Hartung, Giacometti, César... Saint-Paul-de-Vence n'est ainsi plus qu'un hall d'exposition permanent. Et, sur la colline des Gardettes qui domine la cité, s'est érigée la prestigieuse fondation Maeght.

La chapelle de Matisse

À 3,5 km de là, au milieu des oliveraies, des orangeraies et des cultures florales, *Vence* est juchée sur un éperon, au pied des falaises gris et blanc des Baous. Capitale des Ligures Nerusi, cité romaine, siège épiscopal où se succédèrent saint Eusèbe, saint Prosper, saint Lambert et Alexandre Farnèse, futur pape Paul III, Vence ne fait pas non plus piètre figure dans le domaine artistique, en offrant à ses visiteurs des œuvres de Kisling, Van Dongen, Villon, Gromaire, Carzou, Vlaminck, Dufy, Dunoyer de Segonzac, Chagall et autres, exposées à la galerie « Les Arts ». Et, surtout, l'admirable chapelle du Rosaire, décorée, en 1950, par Henri Matisse. Toute blanche, coiffée

28 juillet 1964.

Celle-ci doit son existence à la vive passion pour l'art d'Aimé Maeght, célèbre marchand de tableaux, organisateur de la première exposition surréaliste de l'après-guerre, et de sa femme, Marguerite. La construction est l'œuvre de l'architecte catalan José Luis Sert, disciple de Le Corbusier. À l'ensemble participent des sculptures et céramiques de Miró (labyrinthe), des mosaïques de Chagall, Braque, Tal-Coat, des sculptures de bronze de Giacometti (cour intérieure), avec, dans la chapelle voisine, des ardoises et des vitraux de Braque et d'Ubac. Dans les salles proprement dites sont présentés de façon permanente des peintures, sculptures, céramiques, dessins, gravures et tapisseries des grands maîtres de ce siècle : Adam, Arp, Bonnard, Derain, Kandinsky, Kemeny, Léger, Matisse, Germaine Richier, Zadkine, ainsi que Bazaine, Calder, Hartung, Bram Van Velde, Geer Van Velde. Par ailleurs, très régulièrement, sont organisées des expositions internationales (telles celles qui furent consacrées à Matisse en 1969, à Rouault en 1971, à Nicolas de Stael en 1972), prennent place des hommages à des écrivains (Malraux en 1973), sont présentées des œuvres d'artistes de la jeune génération.

En outre, une cinémathèque réunit quantité de films d'art et d'essai, projetés tous les après-midi en période estivale. À noter également les « Nuits de la fondation Maeght » — consacrées à la musique, à la danse et au théâtre moderne —, qui se déroulent chaque année en juillet. ■

Au cœur d'une pinède, pierre brute, briques roses et béton blanc, la moderne fondation Maeght et la cour Giacometti avec des sculptures de l'artiste.

Encore ceinte de remparts, Vence a conservé ses maisons d'autrefois, groupées autour ▼ de l'ancienne cathédrale.

d'un toit bleu, cette chapelle des sœurs dominicaines fut conçue par l'artiste d'après les jeux de la lumière et de la couleur. « J'ai voulu faire une chose gaie qui donne du courage et rafraîchisse l'esprit. Dans ma chapelle, on ne pensera pas : Frère, il faut mourir, mais : Frère, il faut vivre. » Les vitraux transparents donnent à l'intérieur de l'édifice une lumière irréelle, propice au recueillement. Les fresques sur céramique blanche sont d'une extrême simplicité, réduites à un seul jeu de lignes noires au tracé vigoureux.

Vence la Jolie est, elle aussi, ceinturée de remparts; mais seule la partie nord a été préservée. Il faut voir la porte de Signadour, du XIIe s., qui s'ouvre sur la route de Saint-Paul, le portail Levis, de la même époque, celui du Peyra (1441) et la porte d'Orient (1787), face à la route de Cagnes. Une dernière visite s'impose : celle de l'ancienne cathédrale (XIe-XVIIe s.), sise en plein centre de la cité, qui abrite des chefs-d'œuvre, parmi lesquels 51 stalles sculptées au XVe siècle par Jacotin Bellot, de Grasse.

À l'ouest de Vence, le Loup — qui va mêler ses eaux à celles de la Méditerranée entre Villeneuve-Loubet-Plage et l'hippodrome de Cagnes — ouvre une belle vallée, presque totalement taillée en gorge : entre des parois abruptes, la rivière descend fougueusement vers la mer. Des cascades jalonnent son parcours, et les eaux du Loup elles-mêmes bondissent au milieu de blocs rocheux, au « Saut ». Ces gorges encaissées, il faut les voir depuis *Gourdon,* un nid d'aigle qui a fière allure sur son aire dressée à près de 800 m. En aval, *Tourette-sur-Loup,* nichée sur des roches qui émergent de champs d'oliviers et de pinèdes, domine la vallée, pittoresque village dont les maisons se serrent pour former rempart vers l'extérieur. Son église du XIVe siècle est riche d'un triptyque des Brea et de retables de bois sculpté. Des boutiques d'artisans se sont implantées, faisant désormais de Tourette un vivant centre artistique.

Au pays des parfums

Des gorges du Loup, *Grasse* n'est pas bien loin. Quelques kilomètres de champs et de serres où s'épanouissent roses, œillets, violettes, réséda et jasmin, plantations d'oliviers, d'orangers et de mimosas, et voici la cité de Fragonard qui étage ses toits roses au flanc de la verdoyante colline de Roquevignon, que couronnent la cathédrale et son esplanade. Tout en dégustant les succulents fruits confits qui sont, avec les parfums, une des spécialités de Grasse, le voyageur pourra soit, de la promenade du cours Honoré-Crest, découvrir une superbe vue sur le golfe de La Napoule, soit admirer, le matin, le marché aux fleurs à l'ombre des micocouliers de la place aux Olives — jolie place entourée de maisons à arcades du XVIIIe siècle; ou encore parcourir la vieille ville aux ruelles tortueuses, semées de vestiges médiévaux, qui évoquent l'époque où la petite cité était république indépendante, avant que, en 1227, Raymond Bérenger, comte de Provence, ne mît la main sur le minuscule État.

Grasse est la patrie de Fragonard, prix de Rome et déjà célèbre à vingt ans, et de l'amiral François-Joseph Paul, comte de Grasse, qui s'illustra en Amérique durant la guerre de l'Indépendance. Mais la gloire de Grasse commença surtout lorsque, au cours de l'hiver

La maison du souvenir

Tout près de Cagnes-sur-Mer, au flanc d'un coteau de la rive gauche de la Cagne, le *domaine des Colettes* conserve le souvenir du peintre Auguste Renoir. L'ayant acquis en 1907, celui-ci y fit bâtir une maison où il vécut jusqu'à sa mort, ne la quittant que pour se rendre, l'été, à Essoyes. Dans cette propriété, plantée d'oliviers et ouverte sur la mer, où de nombreux artistes vinrent lui rendre visite (Maillol, Rodin, Monet, Modigliani, Derain), Renoir travailla sans répit, et malgré les rhumatismes qui le contraignaient à attacher le pinceau à ses doigts.

Le domaine fut acheté par la ville de Cagnes en 1960, et la demeure est transformée en musée où, dans chaque pièce, on croit voir se profiler la silhouette de l'illustre propriétaire. Le temps semble s'être arrêté, cette matinée du 3 décembre 1919 où, sous cette lumière provençale qu'il aimait tant, s'éteignit le maître des impressionnistes. Dans l'atelier ne manquent ni un pinceau ni un châssis. Le chevalet est là, et le fauteuil roulant qu'il ne quittait plus dans les dernières années de sa vie. On visite également les appartements — de la terrasse de la chambre de Mme Renoir la vue est superbe sur la Méditerranée, le cap d'Antibes, l'agglomération cagnoise et ses collines. Des notes de travail, des lettres, des esquisses et quelques toiles recréent l'atmosphère calme et laborieuse que connut le peintre entre ces murs. Invite au recueillement, mais non à la tristesse, tant est demeurée vivante la présence de Renoir. ■

▲ *Au Haut-de-Cagnes, un calme et lumineux village médiéval, l'escalier à double rampe qui mène au château-musée des Grimaldi.*

Émergeant du vieux Grasse, l'ancienne cathédrale Notre-Dame, construite en calcaire dur ▼ *et surmontée d'un clocher carré.*

1807-1808, Pauline Bonaparte, princesse Borghèse, s'y installa sur les instances de ses médecins. Elle ne se doutait certes pas, alors, qu'elle présidait, en quelque sorte, au lancement de la station climatique, dont le succès, quoique modéré, ne se démentit jamais et fut plus tard assuré par la fidélité de la reine Victoria.

Passer par Grasse, c'est, tout naturellement, visiter le musée Fragonard, sis dans la demeure bâtie pour Louise de Mirabeau, marquise de Cabris. Sous le même toit est aménagé le musée régional de Basse-Provence, créé en 1921. Le salon Fragonard est, bien sûr, consacré au maître. Dans d'autres salles figurent des œuvres de la belle-sœur du peintre, Marguerite Gérard, des souvenirs de Mirabeau, une magnifique collection d'éventails, des manuscrits de Bonaparte et des gravures de Fragonard fils. Quant au sous-sol, il recèle une intéressante collection de pressoirs et de jarres à huile — l'huile d'olive de Grasse est parmi les meilleures —, ainsi que des poteries, des pots de parfumerie et des « bergamotes » — coffrets de carton verni, doublés de peau d'orange bergamote, autre spécialité grassoise au XVIIIe siècle.

En quittant Fragonard, allons saluer Rubens dont trois toiles ont pris place dans l'ancienne cathédrale Notre-Dame. Et pourquoi ne pas visiter une parfumerie? Pourquoi ne pas vagabonder aussi dans les collines ondulant entre Grasse et le littoral? Heureuse occasion de passer quelques heures dans des villages pittoresques et accueillants. *Pégomas*, connu pour ses fleurs de parfumerie, bénéficie de la fraîcheur de la vallée de la Siagne, toute proche. *Auribeau-sur-Siagne*, à 3 km de là, domine la rivière du haut de son promontoire rocheux. Non loin, *Tanneron*, d'où l'on a une vue étendue sur la région, est bâti sur le massif schisteux du Tanneron, qui étale, à la limite orientale de l'Esterel, un relief tourmenté, planté de maquis et de châtaigneraies, et surtout de mimosas. Malheureusement, des incendies ont gravement ravagé les plantations qui alimentent les parfumeries de Grasse. *Mougins*, autre village tout aussi pittoresque, offre, du faîte de la colline sur laquelle il est bâti, une admirable vue sur les îles de Lérins et la rade de Cannes au sud, les Préalpes par-delà les oliveraies au nord, les forêts de mimosas du Tanneron et l'Esterel à l'ouest. Les passionnés de vieilles pierres découvriront un vestige de rempart avec porte romane, une église de style roman, à 2 km de la localité la chapelle Notre-Dame-de-Vie (XIIIe s.), pèlerinage fréquenté et, sur une éminence voisine, la chapelle octogonale de Saint-Barthélemy. De Mougins, on peut regagner Cannes en passant par *Le Cannet*, qui, lui aussi, a ses parfumeries. Grâce à son site, exposé plein sud et abrité des vents — elle est installée au creux d'un cirque de collines plantées de pins et d'oliviers —, cette petite cité est devenue une station climatique recherchée, alors que Cannes, en contrebas, vit à l'heure de la mer.

18. Cannes et l'Esterel

Comme autrefois

Au pied du pittoresque village de *Biot*, des hommes font revivre dans leur travail quotidien un artisanat séculaire : la verrerie. Ouvriers accomplis qui confectionnent avec dextérité et maîtrise bouteilles, carafes, verres, coupes, saladiers, vases, pots, « calen » (petites lampes à huile provençales), « porrons » (cruches pour boire à la régalade), huiliers. Toute une gamme de formes, des couleurs qui chantent, des petites bulles d'air qui captent la lumière.

Il s'agit là de verre soufflé, façonné à la main. La pâte de verre (mélange de sable, de calcaire et de carbonate de soude fondu à 1 400 °C) est « cueillie » dans le four au bout d'une « canne » (long tube d'acier de 1,20 m) et roulée sur le « marbre » (table de fonte). Le verrier souffle alors dans la canne, au bout de laquelle se forme une sorte d'ampoule rouge qu'il saupoudre de carbonate de soude, lequel, dégageant du gaz carbonique, provoque les bulles. Puis il cueille de nouveau de la pâte sur la précédente, arrondit la boule de feu dans la « mailloche » (outil de bois creux) et entreprend de lui donner une forme, à la fois en soufflant et en s'aidant d'une pince (« les fers »), réchauffant le verre lorsqu'il durcit. La pièce terminée est portée à réchauffer dans le four pour les finitions, avant d'être déposée dans l'« arche », un four-couloir à température décroissante, où le verre, placé d'abord à 500 °C, se refroidit lentement pendant quelque trente heures. Le secret des couleurs tient à l'addition d'oxyde de cobalt (bleu), d'oxyde de manganèse (violet), de tourbe (jaune), etc.

Cette tradition de verrerie semble remonter au XVIIIe siècle. Les verriers avaient alors coutume de s'établir au cœur de la forêt de pins, ayant à portée de main le bois pour chauffer le four. Après 1850, la dernière verrerie locale s'installa à La Bocca, à l'ouest de Cannes; le chemin de fer l'alimentait en charbon. Mais l'art du verre, s'orientant peu à peu vers des procédés industriels, perdit de son originalité au profit de la quantité. En 1899, l'atelier de La Bocca dut fermer. Ce n'est que vers 1920 que Biot vit s'implanter une activité artisanale. On y fabriqua, comme autrefois, des jarres — moins pour contenir l'huile d'olive que pour décorer les jardins. Et, parallèlement à la poterie existante, qui produisait soupières, cruches, assiettes, etc., Éloi Monod eut, dans les années 50, l'idée de créer une verrerie où l'on soufflerait le verre comme à Venise et en Espagne, avec les mêmes gestes qu'autrefois. ∎

Prenons date

Cannes, tout d'abord, est riche en festivités de toutes sortes : régates internationales d'hiver et d'été; fête des Mimosas (février); coupe internationale de ski-yachting (fin janvier - début février); tournois de tennis et de golf; courses hippiques; concours d'élégance; tournoi international de polo (avril); courses motonautiques dans la rade, organisées par le MYCCA (Motor Yacht Club de la Côte d'Azur); concerts symphoniques en nocturne

Chaudes couleurs de la roche, de la verdure et de la mer,
▼ *la côte de l'Esterel, près du Trayas.*

Un chapelet de stations

De Cannes à Nice, la côte dessine de larges courbes. Le *cap d'Antibes*, avec ses rochers et ses grands arbres, en est le seul promontoire. C'est la terre d'élection des milliardaires, qui y ont édifié de somptueuses résidences. Au phare, une table d'orientation panoramique détaille le plateau de la Garoupe. Sur une placette ombragée, un sanctuaire constitué par deux chapelles est riche en ex-voto, la plupart ayant rapport à des naufrages ou des tragédies en mer. S'y trouve également une statue de Notre-Dame-de-Bon-Port, que les pêcheurs promènent solennellement au début de juillet, de la Garoupe à la cathédrale d'Antibes.

Sur la rive du golfe Juan, tout près d'Eden-Roc aux eaux peuplées de nababs, la Batterie du Grillon est devenue musée naval et napoléonien; les souvenirs du débarquement de l'Aigle à Golfe-Juan, le 1er mars 1815, y côtoient des documents précieux concernant l'histoire du port d'Antibes. D'autre part, au centre du cap, il serait impardonnable de négliger le jardin où sont rassemblés de remarquables spécimens des plantes ornementales, arbres et arbustes de la flore régionale, réunis par le botaniste Gustave-Adolphe Thuret. Mimosas, palmiers, plantes grasses foisonnent sur les 5 ha de la propriété.

En revenant vers l'ouest sans cesser de longer la côte, on accède, une fois passé le cap d'Antibes, à la baie du golfe Juan, où s'étendent, de Juan-les-Pins au cap de la Croisette, de splendides plages de sable abritées des vents par les collines de Vallauris. *Juan-les-Pins*, qui se situe tout au fond du golfe, est considérée comme le quartier balnéaire d'Antibes. Sa vogue est surtout due à son intense activité nocturne. Autour du Casino se pressent bars, restaurants, night-clubs, qui attirent à elle des flots d'estivants.

Non loin de là, *Golfe-Juan* prolonge la plage de Juan-les-Pins par plus de 1 km de sable fin; établissements de bains et restaurants y dans les jardins du Casino (juillet et août). Mais la station s'est surtout rendue célèbre par ses festivals. En janvier s'y tient le MIDEM (Marché international du disque et de l'édition musicale); en avril, le MIPTV (Marché international des programmes de télévision); en mai, le Festival international du film, qui, quinze jours durant, présente les meilleurs films de tous les pays. Enfin, l'été accueille le Festival du folklore international (juillet), le Festival international d'art pyrotechnique (août), le Festival international du film amateur (fin août-début septembre) et le Festival des modes d'été (octobre).

Les autres cités de la Côte ne sont guère moins actives :
— *Antibes :* en juin : le Festival d'or de la chanson française, en juin aussi, le Rallye international automobile d'Antibes et le Rallye international des roses; sans oublier, en été, le Festival de danses espagnoles et les fêtes de la Mer.
— *Cagnes-sur-Mer :* le Festival international de la peinture, organisé dans le château-musée du Haut-de-Cagnes et consacré aux diverses tendances de la peinture contemporaine.
— *Grasse :* en avril, le rallye international automobile « Fleurs et parfums »; en mai, l'inoubliable fête de la Rose et le motocross international; en juillet, le festival « Rithma »; en août, la « Jasminade » et le Salon international de peinture.
— *Juan-les-Pins :* en mai, le Festival international de bridge.
— *Valbonne :* en février, la fête du Raisin, qui permet d'admirer une remarquable exposition de raisins conservés frais. ■

abondent aussi. Le port, pourvu d'installations très modernes, offre un excellent mouillage pour les yachts. Une colonne commémorative du débarquement de l'Empereur sert de point de départ à la route Napoléon. Picasso, du temps de son séjour à Vallauris, adopta Golfe-Juan pour s'y baigner et y déguster d'incomparables bouillabaisses. Peut-être est-ce grâce à son influence que l'art de la poterie est prospère ici aussi.

La Corniche d'Or

Un aller et retour entre Saint-Raphaël et Cannes permet d'avoir une vue d'ensemble sur le massif de l'Esterel, dont la beauté ne sera jamais assez célébrée. La montagne semble sombrer dans la mer. En empruntant la Corniche d'Or, tracée en 1903, se déroulent toutes les sinuosités d'une côte rocheuse extrêmement escarpée, déchiquetée, que ses admirables porphyres rouge feu ont fait baptiser « Côte de rubis ». Des promontoires farouches s'avancent dans la mer : pointe de l'Esquillon, cap du Dramont, avec son sémaphore d'où l'on a un bel aperçu sur les Maures, pointe de l'Observatoire, pointe du cap Roux. Les calanques et baies étroites se succèdent. Ancrés à proximité du rivage, quantité d'îlots et de récifs, que les lichens teintent en vert. Petits ports et stations balnéaires voisinent : *Boulouris,* dont les villas se nichent dans les pins et les fleurs; *Le Dramont,* avec ses affleurements de porphyre bleu; *Agay* et sa profonde rade que connurent Ligures et Romains, comme l'attestent les amphores retrouvées dans les fonds voisins; *Anthéor,* au pied du cap Roux; *Le Trayas,* construit en partie au bord de la mer, en partie sur les versants boisés; *Miramar,* l'élégante; *La Galère,* accrochée au flanc de l'Esterel, et sa cité marine ultramoderne de *Port-la-Galère; Théoule-sur-Mer,* avec ses petites plages et son château à tourelles; *La Napoule-Plage* enfin, massée au pied du San Peyré (131 m) et, elle aussi, pourvue d'un château qui abrite durant l'été des expositions de peintures, de sculptures, de gravures, de céramiques et de poteries d'art. À deux enjambées de là, Cannes nous ouvre les bras.

Le temps d'arpenter une fois encore la Croisette, et l'on emprunte la route qui rejoint Fréjus en contournant l'Esterel par l'intérieur. Une route longtemps goûtée des malandrins qui détroussaient diligences et cavaliers : on parlait alors de « passer le pas de l'Esterel » comme d'un exploit. Un autre univers s'offre au regard, très différent des collines auxquelles nous a habitués la région cannoise : un relief très vigoureux, des vallées profondes, des crêtes façonnées par l'érosion en pyramides, cônes, clochetons. Les forêts qui couvraient autrefois le massif ont été, hélas, partiellement ravagées par les incendies. On n'en admirera que davantage celles qui leur ont échappé. Y prolifèrent, parmi les pins et les chênes-lièges, cent variétés d'épineux, arbousiers, bruyères, lavandes, lentisques, cistes, genêts, mille plantes odoriférantes qui enchantent, tout ensemble, la vue et l'odorat. Sur le parcours, en fait d'habitation, seule se dresse l'Auberge des Adrets, où le bandit Gaspard de Besse avait établi l'un de ses repaires. C'est le silence, la paix, la sérénité. On est loin du bruit et de l'agitation des plages à la mode.

Impression d'isolement qui s'accuse encore lorsqu'on pénètre dans le massif. D'Agay à Saint-Raphaël par l'aimable station climatique de *Valescure,* aux luxueuses villas éparpillées dans une pinède, d'Agay à Cannes par le col des Trois-Termes, d'Agay à l'Aire de l'Olivier (372 m), des routes, étroites et en lacet, permettent de découvrir les divers visages de l'Esterel, tout en procurant de belles échappées sur les découpes de la côte et sur la mer. Un système montagneux miniature en quelque sorte : de pittoresques ravins encaissés, tels celui du Perthus ou le défilé du Mal-Infernet; des cols que dominent des cimes rocheuses, faites d'éboulis et d'aiguilles aux silhouettes insolites; ici, de hautes futaies de pins, des peuplements de chênes verts; là, des étendues arides où règne la pierre colorée. De rares maisons forestières émaillent le paysage.

Point de monotonie dans tout cela. Et si, avant d'achever ce périple, on manifeste le désir de contempler ce royaume du soleil dans sa splendeur, il faut gravir, jusqu'à leur sommet, le pic de l'Ours ou le mont Vinaigre. Du haut des 496 m du premier ou des 618 m du second, point culminant de l'Esterel, le panorama sur le massif et sur la région varoise est si beau qu'on ne regrette pas d'avoir fait l'effort de le découvrir.

Saint-Tropez et la côte des Maures

▲ *Accroché au flanc d'une colline,
dans la verdure des Maures,
le petit bourg de Ramatuelle,
au cachet bien provençal.*

Depuis longtemps
la côte varoise séduit
par la clémence de son climat
et les charmes de son rivage accidenté.
Saint-Tropez en est la capitale,
et la presqu'île qui lui fait cortège,
ponctuée de pittoresques villages
comme les aime le Midi,
a su rester,
malgré le tourisme,
un havre de beauté.

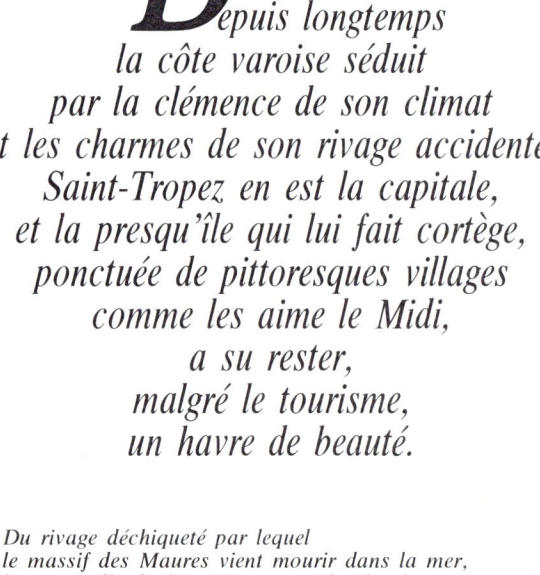

◀ *Du rivage déchiqueté par lequel
le massif des Maures vient mourir dans la mer,
la presqu'île de Saint-Tropez est le plus beau promontoire.*

*Vus de la citadelle,
les toits roses de Saint-Tropez,
serrés autour de l'église,
et la large nappe du golfe.*

Côte des Maures.

▲ *Humbles barques de pêche et yachts luxueux se côtoient dans le plus célèbre port de la côte méditerranéenne.*

Sur les quais animés, ▶ *des terrasses de café devenues légendaires.*

4. Côte des Maures

*Modeste port de pêche d'un des golfes
les plus attrayants de la Méditerranée,
Saint-Tropez est devenue,
grâce à l'engouement de peintres et d'écrivains,
une station mondialement réputée,
hantée par tous ceux qui se sont fait un nom.
Elle n'en a pas moins conservé
l'harmonie de son décor, plein de poésie,
et la transparence de sa lumière.*

*Au rendez-vous ▶
des célébrités...
Brigitte Bardot.*

Le long des nouvelles
marines de Cogolin,
la pratique d'un sport jeune,
▼ le windsurfing.

Port-Grimaud, ▶
cité lacustre moderne.
« Venise » de béton au fond
du golfe de Saint-Tropez.

▲ Fameuse annexe balnéaire
de Saint-Tropez,
la plage de Pampelonne.

Pour jouir du soleil et de l'eau ▶
à l'écart des plages fréquentées,
une résidence tropézienne...

*Une mer limpide, de belles plages de sable,
des cités de conception résolument moderne
ou reconstituées selon le style du pays,
le golfe de Saint-Tropez s'offre aujourd'hui
comme un « paradis retrouvé »,
capable de satisfaire tous les goûts.*

Côte des Maures.

▲ *Dans la montagne de Roquebrune,
la chapelle Notre-Dame-de-la-Roquette
isolée dans la verdure,
au pied d'une imposante falaise.*

*Au sein de l'immense forêt
du massif des Maures,
le vieux bourg paisible
de Collobrières.* ▶

*Massif débonnaire,
aux larges ondulations,
les Maures sont le domaine
d'une nature parfumée,
qui peut sembler austère
à cause de son épais manteau forestier,
mais qui n'en est pas moins accueillante.
De vieux villages aux claires maisons
y apportent une note joyeuse.
Couvents et chapelles parsèment les hauteurs.*

*Roches rouges sur mer d'un bleu intense,
rivage escarpé où s'agrippent les pins :
la côte aux abords de Saint-Raphaël.* ▶▶

8. Côte des Maures

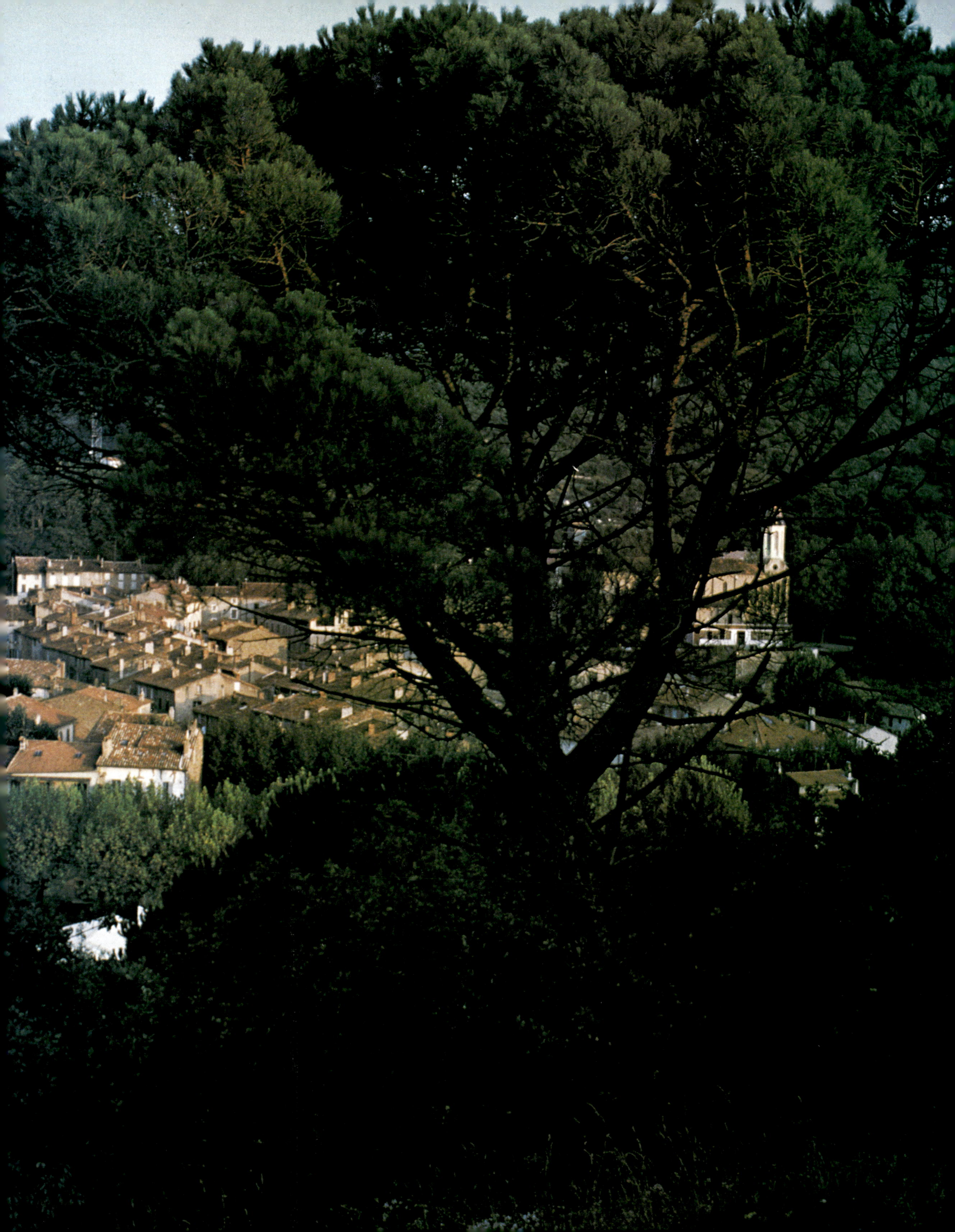

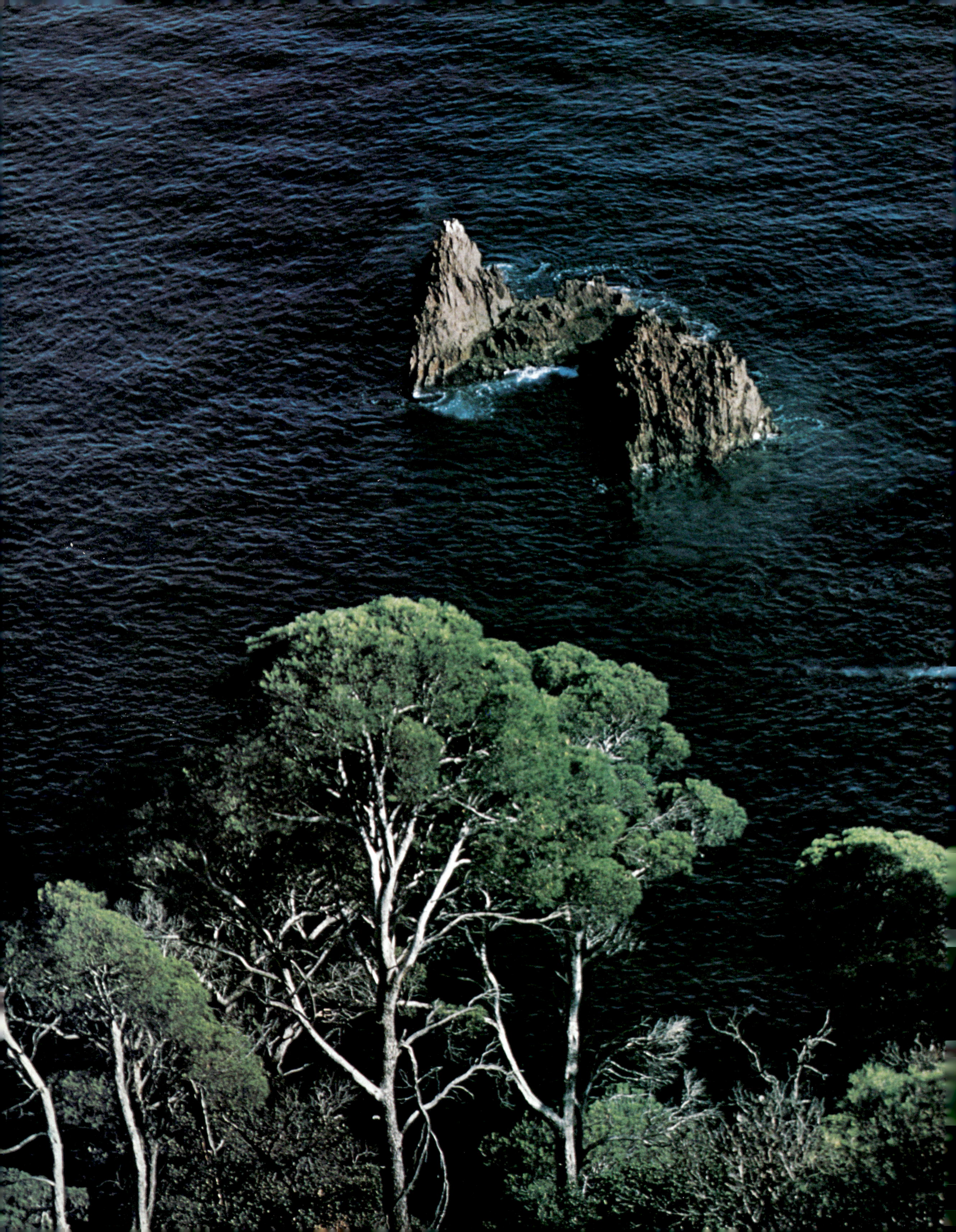

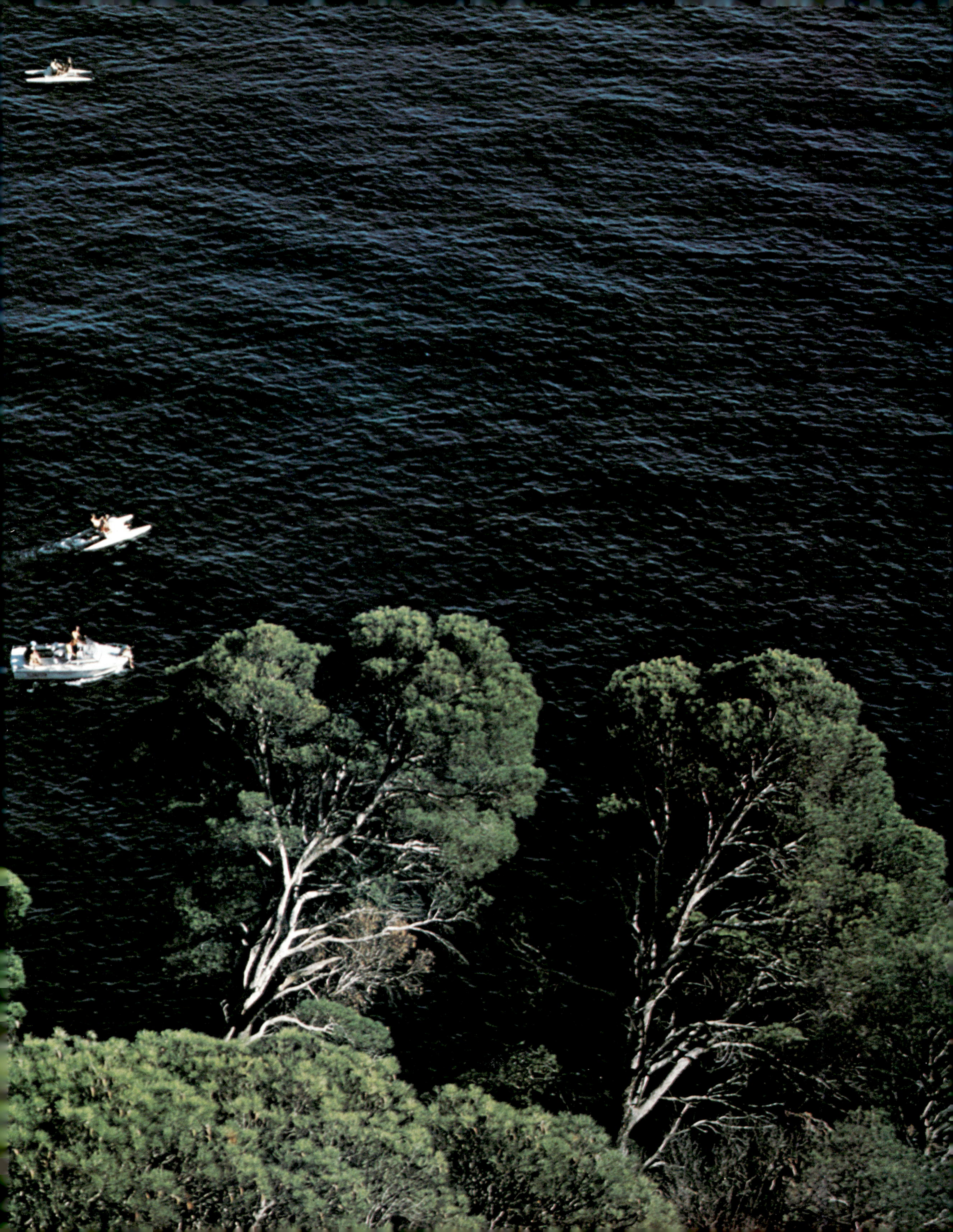

▲ *Saint-Tropez,
« poussée dans l'eau
comme un coquillage »
(Maupassant).*

*Port des pêcheurs de Saint-Tropez,
la Ponche, avec sa mini-plage,*
▼ *n'a rien perdu de son charme.*

Entre la Côte d'Azur, exubérante de vie, et les calanques marseillaises, farouches dans leur solitude, le littoral méditerranéen porte en lui l'âpreté des terres encore sauvages et la chaleureuse hospitalité de la Provence. La lumière le pare de couleurs africaines, la mer, d'un bleu profond, scintille à l'infini, mille parfums montent de la garrigue...

Jusqu'à la presqu'île de Giens, que deux langues de sable relient miraculeusement au continent, s'étire la côte des Maures, émaillée de stations qui rivalisent de séduction. En tombant dans les flots, la montagne dessine une suite de caps et de golfes qu'accompagne une corniche capricieuse. Au-delà d'Hyères « l'heureuse », ce ne sont encore que baies ensoleillées où se nichent des plages accueillantes. De petites cités aux maisons claires coiffées de toits roses se sont installées au pied des chaînons calcaires, au milieu d'un foisonnement de mimosas et de palmiers, de bougainvillées et de lauriers-roses.

Long cordon de soleil et de fleurs, la côte varoise, au fil des anses et promontoires qui se succèdent de Saint-Raphaël à Saint-Cyr-sur-Mer, n'attire pourtant les foules que depuis peu. Peintres et écrivains en firent naguère une de leurs terres d'élection. Le tourisme y apporte désormais son animation, sur les plages, dans les pittoresques villages accrochés à flanc de montagne. Mais lui échappe encore l'arrière-pays, où vallées et lignes de crêtes recèlent des abris de solitude.

Un mythe : Saint-Tropez

« C'est là une de ces charmantes et simples filles de la mer, une de ces bonnes petites villes modestes, poussées dans l'eau comme un coquillage, nourries de poissons et d'air marin et qui produisent des matelots. [...] On y sent la pêche et le goudron qui flambe, la saumure et la coque des barques. On y voit, sur les pavés des rues, briller, comme des perles, des écailles de sardine, et le long des murs du port le peuple boiteux et paralysé des vieux marins qui se chauffe au soleil sur les bancs de pierre... » Ainsi Guy de Maupassant découvrit-il *Saint-Tropez* quand il y ancra par hasard son yacht, le *Bel-Ami*. Le visage que la cité varoise offre aujourd'hui semble, de prime abord, fort éloigné de cette image paisible. Avec sa presqu'île, le petit port est devenu, de par la loi de la consommation touristique, la station la plus célèbre de la côte des Maures — et, plus encore, un véritable centre de « pèlerinage » annuel vers lequel convergent les vacanciers.

C'est désormais un lieu commun que de répéter que Saint-Tropez a perdu de son authenticité. Parmi tous ceux qui s'y ruent, beaucoup repartent déçus. Mais ils reviennent, et chaque année plus nombreux. En fait, la cité tropézienne ne mérite ni ce succès ni l'opprobre qui s'est abattu sur son nom. Dix mois par an elle retrouve ce charme qui séduisit tant d'artistes, qui attira à elle un Paul Signac ou une Colette. Et, même au cœur de l'été, lorsqu'on se presse sur le port — aux terrasses des cafés ou dans les boutiques à l'avant-garde de la mode —, face aux yachts luxueux qui masquent la mer, « Saint-Trop' » conserve un attrait qu'il faut découvrir.

Cet attrait réside d'abord dans la vieille ville qui serre ses toits de tuiles romaines au pied de la colline. Labyrinthe de rues pavées, étroites et sombres, au détour desquelles l'on entrevoit la mer ou le

12. Côte des Maures

Les « bravades » tropéziennes

Chaque année, les 16, 17 et 18 mai, ainsi que le 15 juin, oubliant ses flots de visiteurs et l'étiquette de marque que le tourisme lui a attribuée, *Saint-Tropez* vit à l'heure de son passé. S'y déroulent en effet les célèbres *bravades* qui mettent en effervescence toute la cité et auxquelles participent la plupart des habitants. Ces manifestations tirent leur origine de l'histoire de la bourgade. À plusieurs reprises mise à sac par envahisseurs et pirates barbaresques, Saint-Tropez devint dans la seconde moitié du XVᵉ siècle, grâce à Jean de Cossa, baron de Grimaud, grand sénéchal de Provence, qui la fit rebâtir et fortifier, l'oppidum de la côte des Maures. À partir de 1558, la milice locale, placée sous le commandement d'un capitaine de la Communauté, remporta maintes victoires sur ses assaillants. Mais le danger était toujours présent et sans doute, même lors de la fête patronale, les Tropéziens hésitaient-ils à poser leurs armes. C'est pourquoi ils les utilisèrent pour célébrer, avec force détonations, leur saint patron.

Aujourd'hui encore, la fête reste religieuse : on vénère l'officier romain *Torpes* (d'où « Tropez ») que l'empereur Néron fit martyriser et décapiter à cause de sa conversion au christianisme. La légende veut que la barque où fut placé son corps, entre un coq et un chien, se soit échouée à l'endroit du littoral où s'élevait *Heraclea Caccabaria*, qui, probablement au siècle de Constantin, prit le nom de celui sous

▲ *À l'heure des traditions tropéziennes, lorsque la bravade bat son plein...*

port. En son sein, l'église, de conception baroque italienne, abrite le buste de saint Tropez, qui en sort rituellement pour la *bravade*. Le temps n'a rien changé à la Saint-Tropez du passé. Il n'a pas altéré la silhouette de la citadelle, juchée sur la hauteur. Élevée à la fin du XVIᵉ siècle, sur l'initiative du gouverneur de Provence mais contre le gré des Tropéziens, qui y virent une menace pour leur autorité (ils allèrent jusqu'à demander à Henri IV sa destruction...), cette forteresse a gardé fière allure avec ses trois tours rondes aux angles, son pont-levis, son enceinte du XVIIᵉ siècle. Deux canons surveillent encore l'entrée du golfe. Mais, vigie d'un autre âge, son rôle se limite désormais à abriter un musée de la marine.

Le charme de Saint-Tropez, on le trouve également dans le spectacle des barques de pêche multicolores, échouées sur la grève au bas des anciens bastions (tour Daumas et tour Vieille), comme dans les façades dorées et roses qui bordent le port, sur le quai de Suffren où s'élève la statue du célèbre bailli (sa famille fut suzeraine de Saint-Tropez aux XVIIᵉ et XVIIIᵉ siècles et l'on peut voir la demeure familiale, place de l'Hôtel-de-Ville), comme le long de la promenade des Lices où, à l'ombre des platanes, se disputent des parties de pétanque acharnées. La population est en effet restée, malgré le tourisme, fidèle à elle-même et à ses traditions.

Sa renommée, Saint-Tropez la doit aussi à sa situation, sur la rive méridionale du golfe du même nom, large indentation qui s'enfonce sur 8 km dans le massif des Maures, entre la pointe des Sardinaux et celle de Rabiou, sur une largeur de 5 km. Au nord d'une presqu'île festonnée de plages, elle a pour horizons la côte entre Sainte-Maxime et Port-Grimaud, les lignes onduleuses et sombres des Maures. La beauté du site apparaît très vite lorsque l'on fait le tour de la presqu'île en bateau. Au-delà du cimetière marin, la navigation côtière requiert de la prudence : le premier cap à doubler comporte des « secs », rochers à fleur d'eau, où, chaque année, des embarcations téméraires viennent se racler le ventre. En revanche, les îlots de la Tête de Chien, bien visibles, sont un paradis pour les plongeurs et pêcheurs d'oursins. Passés les plages des Salins, de Tahiti et de Pampelonne, puis le phare du cap Camarat, la côte se fait plus sauvage. Les calanques solitaires ne manquent pas entre le cap Cartaya et le cap Lardier et, plus avant, s'ouvre la baie de Cavalaire, avec les rochers de Gigaro.

Si l'on ne possède pas de bateau, on n'en est pas, pour autant, condamné aux plages encombrées, à la foule et au bruit. À condition de marcher un peu dans les vignes ou la pinède, on atteint des petites plages quasi désertes, des criques encore isolées : la réserve d'oiseaux de la Moutte possède une plage qui longe la côte. Plus loin dans la presqu'île, la Bastide-Blanche, l'Escalet offrent des possibilités de baignade à peu près solitaire. Et pour les amoureux du silence qui acceptent de s'éloigner de la mer, il y a l'univers de la presqu'île...

« Une succursale du paradis terrestre »

Il existe un projet — heureusement très combattu — d'une route de corniche qui, de Saint-Tropez, rejoindrait Cavalaire. Mais pour l'intérieur de la presqu'île, point n'est besoin d'un vaste réseau

Côte des Maures. 13

la protection duquel elle se plaça. Mais il s'agit également de commémorer l'histoire de la ville et ses hauts faits. La bravade du 15 juin évoque la victoire sur les Espagnols qui, en 1637, avaient tenté de s'emparer des vaisseaux du roi, ancrés dans le port, et, aussi, l'attaque aérienne du 15 juin 1940, à laquelle échappa la cité.

La plus importante des bravades est celle de mai. Elle débute par l'intronisation du capitaine de Ville (il doit être Tropézien de vieille souche) chargé de diriger les cérémonies, accompagné d'un major, ou lieutenant, et d'un porte-enseigne. Un corps de bravade constitue son escorte. Se déroulent ensuite la bénédiction des armes par le clergé, puis la « Petite Bravade », au cours de laquelle se font entendre les premières pétarades de mousquets. Le défilé — les participants sont vêtus d'uniformes assez disparates, souvent d'inspiration napoléonienne — parcourt la ville au son des fifres, des tambours et des clairons, donnant l'aubade aux autorités civiles et religieuses. Le lendemain est célébrée la messe de Saint-Tropez, appelée « messe des Mousquetaires », avant la procession générale, avec les autorités, les bravadeurs, sabre au clair, le clergé et le buste du saint. L'après-midi du même jour, c'est la « Grande Bravade », et les feux de mousqueterie éclatent un peu partout. Le 18 mai, la fête se poursuit par une messe d'action de grâces dans la chapelle Sainte-Anne, à proximité de la ville. Et la bravade se termine dans des flots de pastis et de vin rosé. ■

▲ *La situation de La Garde-Freinet, en plein massif des Maures, incita les Sarrasins à y établir un repaire, au Moyen Âge.*

routier, car, excepté des « bastides » isolées et deux ou trois domaines dans les vignes, on n'y trouve que les villages « perchés » de Ramatuelle et de Gassin. Ils se ressemblent : une place, une enceinte fortifiée, des rues étroites, une petite église... et des restaurants.

Gassin, fondée par les Templiers au XIIe siècle à l'emplacement d'une forteresse sarrasine, se dresse à 201 m d'altitude sur un rocher escarpé qui émerge de la verdure. De sa position de sentinelle, on découvre de larges horizons sur la côte et la mer. *Ramatuelle,* où le comédien Gérard Philipe fut enterré, est, elle aussi, juchée sur une éminence, mais à 126 m seulement. Il faut y voir les remparts, dans lesquels s'encastrent des maisons, et le labyrinthe de ruelles et de passages voûtés comme des caves. Ramatuelle soutint de nombreux sièges : les guetteurs se tenaient non loin, au sommet de la presqu'île (326 m), là où, la paix revenue, furent construits les moulins de Paillas. Ceux-ci sont en ruine, mais la promenade vaut pour le panorama que l'on y découvre : l'Esterel, les Maures, Saint-Tropez et son golfe, les îles du Levant et de Port-Cros; par temps clair, les crêtes côtières jusqu'à Vintimille, et les Alpes, dans le lointain.

Entre Ramatuelle et Gassin, la route court à travers bois et vignes, franchit des rivières, souvent à sec, sur des ponts romains. De grandes bâtisses arborent des airs de châteaux du Bordelais : Bertaud, Minuty... On y déguste le rosé du cap, auquel le transport donne de l'aigreur, mais qui, en cave, garde tout son bouquet.

Un bon marcheur ne met que deux heures pour aller, par les sentiers, de Ramatuelle à Saint-Tropez : il va de découverte en surprise. De magnifiques parcs, des villas de la Belle Époque, le château Borély où le général Patton établit son quartier général lors du débarquement en Provence, des fermes, la chapelle Sainte-Anne — dont les ex-voto naïfs dédiés à la protectrice des marins constituent un véritable musée de l'image. Et, pour regagner le port, on suit le « chemin des douaniers », par le Pinet, le cap des Salins, la baie des Canebiers où poussent les roseaux sauvages (ou « canoubiers »).

La beauté de la presqu'île, que Colette qualifiait de « succursale du paradis terrestre », vient de sa lumière changeante, transparente, de ses collines plantées de figuiers, d'eucalyptus et de pins parasols, de ses sentiers parfumés qui serpentent dans les vignes.

Le pays des Maures

Sur quelque 60 km, de la plaine de Fréjus arrosée par l'Argens à celle d'Hyères que baigne le Gapeau, sur une trentaine de kilomètres, entre les vallées de l'Aille et du Réal-Martin au nord, et la Méditerranée au sud, les Maures étirent, parallèlement à la côte, leurs longues vagues de crêtes ravinées. Le gris ou le rose de leurs roches pailletées de mica, les verts lumineux ou profonds de leur végétation de pins, de chênes-lièges et de châtaigniers, leur relief fortement cloisonné (les plus hauts sommets sont la Sauvette et Notre-Dame-des-Anges, à près de 800 m) les séparent nettement du reste de la Provence varoise. Cette terre vécut longtemps isolée et les Sarrasins y trouvèrent des repaires à leur convenance. Ce n'est cependant pas aux pirates maures que ces montagnes doivent leur nom, mais plutôt au sombre manteau forestier qui les pare (et que ravagent régulièrement d'impressionnants incendies).

« Une contrée invraisemblablement sauvage, sans routes, sans chemins, même sans sentiers, sans hameaux, sans maisons. De temps en temps, après sept ou huit heures de marche, on aperçoit une masure, souvent abandonnée, et parfois habitée par une misérable famille de charbonniers. » Les choses ont certes bien changé depuis Maupassant, et l'« arrière-pays » de Saint-Tropez est chaque année conquis, kilomètre après kilomètre, par la spéculation et la construction. Néanmoins, en s'éloignant de la mer, on se rapproche de la nature : un monde de vignes, de pêchers de plein vent, d'amandiers, d'abricotiers, coupé de haies de figuiers de Barbarie et d'aloès aux piques acérées. C'est ici la plaine côtière, avec ses mas isolés, ses sources, ses ruisseaux, qui s'élève lentement vers le village de *Grimaud,* sur la crête de la première colline. La capitale historique du massif des Maures a un charme singulier avec les ruines de son château du XIe siècle, sa petite basilique romane, sa chapelle des Pénitents (XVe s.), sa maison des Templiers, ses vieux platanes. Ce fut jadis une forteresse réputée imprenable et prise maintes fois. Elle ne se releva jamais des batailles et des pillages et vit depuis lors avec ses souvenirs. Tandis qu'en contrebas jaillit des sables le Grimaud de la mer, *Port-Grimaud :* une cité lacustre construite de toutes pièces sur la lagune, au fond du golfe de Saint-Tropez. La « Venise provençale », comme on la surnomme. Des maisons de pêcheurs dans le style méditerranéen traditionnel, aux façades colorées, aux toits de tuiles, des ruelles, des canaux, des ponts en dos d'âne. La voiture en est presque bannie, le bateau y a, seul, droit de séjour.

Des havres de calme dont l'homme moderne a besoin, la montagne est riche. Et elle est tout près. Au-delà de Grimaud, en s'enfonçant plus avant dans le massif, si l'on s'élève de quelques centaines de mètres à peine, le paysage devient presque montagnard. La forêt est là, épaisse. Une forêt de pins maritimes, de pins d'Alep, de pins parasols, de châtaigniers, de chênes-lièges. La pierre est dure et grise, le sol planté de bruyère, de genêt, de laurier, de térébinthe et d'agave. On chasse le sanglier sur les hauteurs. Avant la construction des villas des parcs de La Garde-Freinet et l'ouverture des routes « pare-feu », c'était l'une des forêts les plus sauvages du Var. Sur elle veille encore *La Garde-Freinet,* sise à 400 m d'altitude, sur un col du massif. Cette

Au rendez-vous des peintres

En 1892, le peintre Paul Signac découvrait Saint-Tropez au hasard d'une promenade en mer. Il fut aussitôt conquis par le port provençal. Il s'y établit et y invita ses amis, peintres également, qui fixèrent à jamais sur la toile le décor de cette oasis de beauté. La renommée de Saint-Tropez était faite, qui ne devait cesser de croître. Au nombre de ses admirateurs, elle compta Matisse, Bonnard, Dunoyer de Segonzac...

La cité varoise reste aujourd'hui fidèle à cette vocation artistique avec son très beau *musée de l'Annonciade*. Reconstruite probablement dans la seconde moitié du XVIe siècle, la chapelle de Notre-Dame-de-l'Annonciade souffrit de la Révolution et le XIXe siècle ne la ménagea guère, abattant son clocher, la divisant par un étage. Devenue musée, qui fut inauguré le 10 juillet 1955, elle abrite dans ses salles, toutes de clarté et de pureté de lignes, une superbe collection de tableaux français.

Cet ensemble, légué par Georges Grammont, qui l'avait déjà présenté en partie dès 1937 dans cette même chapelle, évoque un demi-siècle de peinture « indépendante » (1890-1940). Œuvres pour la plupart inestimables, témoins de la joie de peindre qui posséda ces artistes amoureux de Saint-Tropez : « le Pin parasol aux Canoubiers », de Paul Signac, « la Calanque », de Henri Person, « Port de Saint-Tropez », d'Albert Marquet, « Côte de la Citadelle, Saint-Tropez », de Maximilien Luce, « Port de Saint-Tropez en hiver », d'André Dunoyer de Segonzac... Des Matisse, Derain, Van Dongen, Seurat, Vuillard, Braque, Vlaminck, Utrillo viennent compléter cette collection. Sans oublier Bonnard, Dufy, Rouault et Lhôte. Des sculptures de Maillol, Despiau et Wlérick ajoutent à l'intérêt de ce musée, parmi les plus beaux de France. ■

Saint-Maximin-la-Sainte-Baume

Sise non loin de la source de l'Argens, au creux d'un bassin jadis occupé par un lac, la petite ville de *Saint-Maximin* se serre autour de sa majestueuse basilique.

La tradition veut que saint Maximin, traversant la Provence, ait érigé un oratoire près de la grotte du massif de la Sainte-Baume où avait

La moderne station de Port-Grimaud s'est établie au pied du village perché de Grimaud
▼ *et des sombres hauteurs des Maures.*

situation qui commandait à la fois le golfe de Saint-Tropez et la plaine de l'Argens fit de la petite cité, presque un siècle durant (888-973), la place forte des Sarrasins. De là ils se répandaient, pillant et brûlant dans toute la région. De leur passage, il ne reste que les ruines d'un château fort, nid d'aigle d'où l'on embrasse tout le versant méditerranéen des Maures.

Du côté de Cogolin, en deçà de Grimaud, le paysage est plus doux : on retrouve la plaine. *Cogolin,* au confluent de la Môle et du Giscle, fut fortifiée au XIVe siècle par les chevaliers de Malte, mais n'a plus ses remparts. On y fabrique aujourd'hui des pipes en bruyère des Maures et des étoffes tissées à la main. Près de Cogolin, l'immense domaine à demi abandonné de *Portonfus* évoque le jardin magique du *Grand Meaulnes.* Des sentiers, impraticables aux voitures, conduisent à des hameaux perdus, comme Valdegilly. L'ancien « désert des Maures », où le poète Mistral allait chercher l'inspiration, garde encore son visage secret.

L'écrivain-sénateur Stephen Liégeard, auquel on doit la célèbre formule « Côte d'Azur », avait découvert les beautés de cette partie du massif des Maures : « Aux voyageurs que la vapeur emporte en hâte de Hyères à Saint-Raphaël, écrivait-il vers 1887, je recommande de descendre à La Londe et de louer une voiture à cheval pour explorer les environs. D'abord, c'est la Palestine. Puis nous entrons dans la région des montagnes. Nous traversons La Garde-Freinet, ex-repaire de bandits, couloir des vents, avant de nous hisser au sommet de Notre-Dame-des-Anges, à 779 m, d'où on voit toutes les Alpes et, par temps clair, la Corse. » La « vapeur » a disparu (la ligne, avec la desserte de Saint-Tropez, a été désaffectée après la Grande Guerre), mais le conseil de Liégeard est toujours d'actualité. De Notre-Dame-des-Anges, la vue balaie toute la région, à peine plus construite qu'aux temps anciens. Liégeard avait eu le courage de pousser sa découverte jusqu'aux ruines de la *chartreuse de la Verne,* aujourd'hui en partie restaurée. Bâtie en schiste sombre, sur une colline d'accès difficile, fortifiée pour résister aux pillards venus de la mer qui brille à travers les arbres, la chartreuse, élevée au XIIe siècle et reconstruite au XVIIe, est un vaisseau de pierre dont les restes parlent à l'imagination : portail orné de serpentine, vestiges des cloîtres, des chapelles, des magasins, des cellules. Deux jeunes femmes courageuses ont remis en état le grand réfectoire des moines. On peut y goûter les produits du cru, dont ces pains sortis des fours à bois, fourrés d'olives noires, que l'on appelle « fougasses ».

La chartreuse de la Verne est à égale distance de Grimaud et de *Collobrières,* petite bourgade endormie où rien ne semble avoir changé. Le tourisme s'est tenu à l'écart. En août, le silence pèse sur les demeures anciennes en surplomb au-dessus du Réal-Collobrier, sur la grande place carrée, les platanes, les bancs de pierre où viennent vécu Marie-Madeleine. Lors de la grande invasion sarrasine, vers l'an 700, l'oratoire fut détruit et la crypte renfermant les reliques de la pécheresse fut comblée. Les Sarrasins partis, un couvent fut construit (v. 1050), que fit fouiller Charles d'Anjou, roi de Sicile, comte de Provence, en 1279. Les reliques furent alors mises au jour. Le monastère est à peine moins ancien : les travaux, décidés par Charles d'Anjou, furent en effet terminés vers 1320. Subsistent de cette époque les deux ailes, du levant et du nord. La salle capitulaire et le cloître sont probablement un peu plus récents.

La Révolution chassa les Dominicains, gardiens des lieux. Mais sans doute le couvent royal dut-il d'échapper à la ruine au fait qu'il fut occupé par Lucien Bonaparte, président du club jacobin local. Dans la seconde moitié du XIXe siècle, le père Lacordaire y établit une école de théologie et dirigea sa restauration. Aujourd'hui propriété d'industriels, le couvent se découvre une nouvelle vocation en tant que foyer de rencontres et d'échanges culturels.

Dans son état actuel, la basilique est l'un des plus importants témoignages de l'art médiéval. Dépourvue de clocher, présentant une silhouette plutôt massive avec ses puissants contreforts, elle renferme le plus important vaisseau gothique de Provence (72,60 m de long et 29 m de haut). Une nef unique, à voûte en ogive, deux bas-côtés qui s'achèvent par une absidiole, un chœur et une abside à cinq pans évoquent, par la rigueur et la pureté des lignes, les plus grandes réalisations du gothique. Tandis que l'ornementation, apportée par les siècles ultérieurs, contraste par son emphase. La clôture du chœur avec ses sculptures de bois et ses décorations de stuc (XVIIe s.), les 94 stalles que le XVIIe siècle y installa, les grandes orgues, parmi les plus belles du XVIIIe, la chaire de bois travaillé (XVIIIe s.) ne manqueront toutefois pas d'intéresser l'amateur d'art. ■

Un massif légendaire

Tout à la fois montagne et lieu sacré, la *Sainte-Baume* constitue au cœur de la Provence méditerranéenne un havre de silence et de solitude, un refuge pour une nature encore sauvage. Sur quelque 12 km, elle élève sa ligne de crêtes

▲ *Au cœur de la Sainte-Baume : solitaire sur la crête, la chapelle du Saint-Pilon; en bas, l'Hôtellerie des pèlerins.*

Non loin du cap Bénat, au creux de la rade de Bormes,
▼ *la plage de sable fin du Lavandou.*

s'asseoir les anciens, et sur les petites rues fraîches. On retrouve la grand-route à La Môle, où est installé le petit aéroport qui dessert Saint-Tropez. Combien sont les Tropéziens qui connaissent le château de La Môle? Une vaste clairière, un pré en pente douce, une grande bâtisse du XIe siècle, flanquée de deux tours rondes couvertes de toits en poivrière : c'est ce château que Saint-Exupéry décrit dans *le Petit Prince*. Autour, s'étend la *forêt domaniale du Dom,* l'une des plus belles du massif des Maures, dont les bataillons de pins descendent en bon ordre presque jusqu'à la côte. Elle prêta son cadre aux aventures du fameux Maurin des Maures, le personnage imaginé par Jean Aicard.

Cap à l'ouest, au fil de la corniche des Maures

À l'ouest de Saint-Tropez, la côte varoise apparaît comme la partie la plus variée du littoral méditerranéen. Nulle part ailleurs, on ne trouve comparable succession de caps, d'anses et de presqu'îles, ni arrière-pays aussi riche.

À la « frontière » de la presqu'île de Saint-Tropez, *La Croix-Valmer* s'est établie au creux d'un cirque de collines boisées qui ouvre sur la baie de Cavalaire. Un rivage frangé de sable doré, abrité des vents par les dents des caps, un environnement de verdure où se mêlent cultures, bois de pins, palmiers, eucalyptus et mimosas, une belle vue sur les îles d'Hyères en font tout l'attrait. Rien d'étonnant à ce que la station ait eu son heure de gloire. Elle fut en effet fort à la mode dans les années 10, desservie par la ligne de chemin de fer Hyères-Saint-Raphaël. On y voit encore, transformés en appartements, les palaces et villas princières du début du siècle. Mais, aujourd'hui, les camps de toile se serrent sur le sable.

La corniche des Maures, jusqu'au Lavandou, épouse les découpes de la côte. Là, pas de palaces internationaux ni de marinas de style américain. *Cavalaire-sur-Mer*, au bord de sa baie, à l'abri du chaînon des Pradels et au milieu de hauteurs verdoyantes, semble une bourgade paisible. Ses calanques et sa plage, longue de plus de 3 km, font le bonheur des estivants. C'est sur ses grèves que se déroula en 1944 le débarquement des Alliés en Provence. Au-delà, *Le Rayol,* station luxueuse des années 20, bâtie en amphithéâtre dans un cadre de versants boisés; *Canadel-sur-Mer*, avec sa plage bien protégée des vents, bordée de pinèdes; *Pramousquier* et ses fraîches villas nichées dans la verdure; *Cavalière,* qui possède une belle plage entre le cap Nègre et la pointe de Layet; *Aiguebelle* et *Saint-Clair.* Puis *Le Lavandou,* qui étire sa plage de sable le long de la forêt descendue des Maures. Le compositeur Ernest Reyer et bien d'autres artistes aimèrent cette cité discrète, dotée d'un petit port provençal où vacanciers et indigènes se retrouvent autour d'un pastis. Toute débordante de vie qu'elle est aujourd'hui, elle a gardé un caractère relativement familial. De même *Bormes-les-Mimosas,* légèrement à l'intérieur des terres, à l'orée de la forêt du Dom, a préservé son pittoresque. Bâti en terrasse à 120 m d'altitude, enluminé de mimosas, de géraniums et de lauriers-roses, le vieux bourg paraît presque théâtral avec ses rues en pente, ses maisons recrépies. De son balcon, la vue porte sur l'île du Levant au loin et sur sa rade en contrebas.

Toutes ces aimables stations tournent le dos à la presqu'île de Saint-Tropez et regardent vers le cap Bénat. C'est la côte des petites plages gaies, familiales, le domaine des pédalos plutôt que celui du ski nautique. Ni paradis ni parc d'attractions, mais une côte modeste, riche des grandes forêts et des vallées profondes de son arrière-pays.

Le « Jardin des Hespérides »

Ainsi Mistral surnommait-il l'ancienne *Olbia* («l'heureuse» des Grecs), celle qui devint la *Pomponiana* des Romains et qui aujourd'hui s'appelle *Hyères*. À 4 km en retrait de la mer, la cité doit à la clémence de son climat comme à son site privilégié d'avoir très tôt attiré les visiteurs. Aux XVIIIe et XIXe siècles, ce fut une station réputée : on y venait l'hiver soigner des maladies qui, en général, s'aggravaient. Bonaparte, Léon Tolstoï, la reine Victoria, Michelet

16. Côte des Maures

rocheuses d'ouest en est, entre la plaine d'Aubagne et la vallée de l'Argens. La délimitent au nord le cours de l'Huveaune et au sud le bassin de Cuges.

C'est un massif au relief accusé, où jouent les contrastes. L'adret, aride, descend en pente douce ; l'ubac se présente comme une blanche muraille, haute de 300 m et presque à la verticale d'une forêt de 138 ha. Forêt unique en France, tant pour la qualité que pour la diversité de ses essences. S'y côtoient hêtres géants, tilleuls, érables, ifs et fusains. Cet ensemble surprenant tient à l'altitude (de 600 à 1 000 m) et à une climatologie particulière, car l'ombre de la falaise entretient une fraîcheur presque nordique (hors de son abri apparaît le chêne vert). Déjà protégée au fil des siècles par des édits royaux, la forêt de la Sainte-Baume est désormais « site artistique », placée sous la surveillance de l'Office national des forêts.

Ainsi, dans cette montagne, le varappeur trouve-t-il un intéressant champ d'exploits et le promeneur, matière à mille randonnées. Une route partant de Gémenos permet de parcourir le massif en voiture jusqu'au couvent de l'Hôtellerie. De là diverge un réseau de sentiers, vers la grotte de Castelette et le vallon des Fauvières, vers le pittoresque village de Nans-les-Pins, vers les Glacières de Font-Frège (où, au XIXe, on exploitait la glace naturelle formée dans des bassins de gel), vers la grotte de la Grande Repentie, vers le Saint-Pilon, point culminant de la Sainte-Baume (994 m), d'où le regard découvre l'ensemble de la région. On peut aussi descendre

Étagée sur la colline du Castéou, la vieille ville d'Hyères domine la cité nouvelle ▼ *aux avenues bordées de palmiers.*

comptèrent parmi ses clients. Liégeard la considérait comme la « perle du Midi » et parle avec admiration de ses demeures, habitées par des ducs ou de riches milords. Quant à Paul Bourget, il composa ses derniers ouvrages au « Plantier », à proximité de la station.

Agrippée au flanc méridional de l'un des contreforts du massif des Maurettes (la colline du Castéou), la vieille ville est dominée par les vestiges de son château féodal, qui ne capitula jamais et où séjourna le roi Saint Louis en 1254. L'église Saint-Louis, construite dans la première moitié du XIIIe siècle, rappelle aussi le passage du saint roi : c'est un sanctuaire roman et gothique dont l'intérieur, extrêmement sobre et à demi obscur, évoque une forteresse. Pour saisir le parfum du passé, il faut flâner par les rues où la lumière joue avec les façades du Moyen Âge ou de la Renaissance, visiter l'église Saint-Paul, ancienne collégiale du XIIe siècle, modifiée au XVIe et au XVIIIe, et, de la place où s'élève cet édifice, baisser les yeux vers la vaste plaine cultivée qui va à la rencontre de la mer.

La Hyères moderne s'y étale, avec ses larges avenues bordées de palmiers (on la surnomme souvent « Hyères-les-Palmiers »), ses jardins où poussent des essences rares, ses places coquettes, ses villas blotties au milieu des frondaisons. Ce fut une capitale des vacances, c'est aujourd'hui une ville discrète, un peu oubliée.

Au-delà de la ville nouvelle, on découvre la rade, avec son immense bassin de 15 000 ha fermé au large par les îles d'Hyères et, plus à l'ouest, la presqu'île de Giens qui pousse curieusement son nez dans

Côte des Maures. 17

▲ Au fond d'une superbe rade,
dans un amphithéâtre
de collines boisées,
s'étalent Toulon et son port.

jusqu'au « gouffre de Gaspard de Besse », fente étroite, presque impénétrable, où le célèbre brigand-gentilhomme du XVIIIe siècle avait établi son quartier général. Creusé de grottes et de fissures — qui, aujourd'hui, font le bonheur des spéléologues —, le massif, longtemps inexploré, servit en effet jadis d'abri aux bandits et malandrins. ■

Une forteresse présidentielle

L'imposante citadelle de Brégançon, devenue résidence d'été des présidents de la République sur décision de G. Pompidou, se dresse sur un îlot rocheux du cap Bénat, relié à la terre ferme par une digue de 150 m. Ce fut, au XVe siècle, un repaire de brigands. Plus tard, la forteresse résista victorieusement à

la Méditerranée. C'est une ancienne île que deux cordons de sable réunissent à la côte; entre eux subsistent les Salins et l'étang des Pesquiers (le seul marais salant encore exploité de la côte provençale). La route d'Hyères à Giens emprunte la « digue » orientale en longeant une pinède qui fixe les dunes. Au milieu de la presqu'île se trouve le vieux village de *Giens,* avec les ruines de son château; non loin, la tour Fondue, que fit construire Richelieu et d'où l'on embarque pour les îles. Enfin, le long de la rade d'Hyères et du golfe de Giens, sur une vingtaine de kilomètres, des plages de sable fin, gansées de pins d'Alep...

Une rade et la capitale des « cols bleus »

À l'ouest du golfe de Giens, la rade de Toulon (en fait une grande rade et une petite rade, unies par la Grande Passe) est « la plus belle et la plus sûre de la Méditerranée » (Vauban). La presqu'île montagneuse du cap Cépet lui ferme l'horizon au sud, la pointe de Carqueiranne l'abrite à l'est, le mont Faron, auquel s'adosse la ville, la domine au nord.

Celle qui devint le premier port de guerre français se rendit célèbre, sous les Romains, par une fabrique de pourpre. Aux XVIIe et XVIIIe siècles, elle accueillit les galères dans la Vieille Darse. Puis Vauban agrandit l'arsenal qu'avait créé Henri IV. Et la ville, fortifiée, cernée de forts érigés sur les hauteurs environnantes, commença sa carrière de port militaire. De toutes les vicissitudes qu'elle subit, les plus cruelles furent celles de la Seconde Guerre mondiale. Soixante navires de la flotte française s'y sabordèrent en 1942, et la ville souffrit beaucoup des bombardements.

Aujourd'hui, Toulon joint à son rôle militaire les activités d'un port de commerce et d'une gare maritime. Elle s'étend sur une dizaine de kilomètres le long du littoral. Le port et la cité ne manquent pas de charme. La vieille ville est à voir, avec ses rues qui descendent vers le port, la halle aux poissons, grouillante d'une animation bien méditerranéenne, les fontaines des XVIIe et XVIIIe siècles qui font l'attrait de ses petites places, les cariatides de Pierre Puget qui ornent le bâtiment moderne du Musée naval, la cathédrale Sainte-Marie-Majeure, de style jésuite. Et tant d'autres souvenirs du passé : la porte d'Italie, seul reste des remparts de Vauban, les darses (la Vieille Darse étant de loin la plus pittoresque), les bassins de radoub qui datent de Louis XIII, les musées, riches de documents sur l'histoire locale et sur la marine.

Mais la vraie beauté de Toulon, ce sont ses environs. Le massif calcaire du *mont Faron* (452 m) fait presque partie de la ville avec ses pentes couvertes de pins d'Alep. De son sommet, auquel l'on accède

*Au bord d'une baie
abritée par des collines,
les quais encombrés
▼ du port de Bandol.*

par téléphérique ou par route, la vue est belle sur Toulon, la côte et le large. Un mémorial du débarquement est installé dans un vieux fortin, la tour Beaumont, au pied de laquelle s'est établi un zoo. Et il est, à proximité de la capitale des « cols bleus », d'autres belvédères qui méritent l'excursion. À l'est, le *cap Brun;* la cime du *Coudon* (702 m), que surmonte un fort d'où l'on parvient à distinguer les Alpes (à hauteur de Tende). À l'ouest, le *Bau de Quatre-Heures* (576 m); le *mont Caume* (801 m), au pied duquel se niche le vieux village du *Revest-les-Eaux* et d'où l'on embrasse le littoral du cap Bénat à La Ciotat; le *Gros-Cerveau* (429 m), d'où le regard plonge sur les stations de Sanary et de Bandol, sur le rivage toulonnais et sur la presqu'île de Saint-Mandrier. Toutefois, peut-être le visiteur choisira-t-il plutôt le pittoresque et l'insolite, avec les profondes *gorges d'Ollioules,* affouillées par la Reppe dans le calcaire, les *grès de Sainte-Anne,* dans lesquels l'érosion a façonné d'étranges grottes, les *gorges du Cimail,* creusées dans le grès blanc, et surtout, sur les pentes abruptes d'un ancien volcan, le curieux village d'*Évenos,* « noir et déchiqueté qui se dresse, tragique et mort, dans le plein ciel » (Marie Mauron). Celui-ci, bâti en basalte, est d'allure toute fantomatique avec les ruines de son château (Xe-XIe-XVIe s.) et ses vieilles maisons désertées.

Le bord de mer ne manque pas de charme non plus. La presqu'île de Saint-Mandrier permet de contempler Toulon au creux de sa rade. Avec le large pour horizon, la chapelle Notre-Dame-du-Mai (XVIIe s.) est, au faîte du cap Sicié (358 m), un lieu de pèlerinage fréquenté. Un

18. Côte des Maures

Charles Quint. Bonaparte s'y installa pour diriger le siège de Toulon. L'État, qui en est propriétaire, loua le fort vers 1920 à Robert Bellanger, ancien ministre, qui l'aménagea. Vu de la mer, Brégançon a fort belle allure, avec ses remparts crénelés, ses tours rondes, encadrant la poterne et le pont-levis. ■

De Marseille à Saint-Raphaël

On peut relier par les sommets, de forêt à forêt, l'arrière-pays de Marseille à celui de Saint-Raphaël. Cela peut paraître extraordinaire; mais il suffit de se reporter à la carte pour s'en convaincre. Sur près de 200 km, si l'on tire une ligne parallèle à la côte au niveau des crêtes, on ne franchit qu'une rivière, le Gapeau, une seule route nationale (celle qui relie Toulon au Luc) et fort peu de départementales. Le relief est tel, l'habitat si clairsemé, la végétation si dense, que les voies menant à la mer sont à peu près inexistantes. En revanche, cette région abonde en routes de terre reliant un hameau à un ermitage, ruisseaux cachés, sentiers pour cueilleurs de framboises.

Depuis les falaises de la Sainte-Baume jusqu'au maquis au-dessus de Fréjus, par la forêt domaniale des Morières, la barre de Cuers, la forêt communale de Pierrefeu, le vallon de Valescure, les forêts de La Garde-Freinet et des Arcs et les crêtes de la montagne de Roquebrune, c'est là un itinéraire à mille lieues de la civilisation toute proche. On ne perd jamais la mer des yeux, plus belle encore lorsqu'elle apparaît dans l'échancrure des arbres. ■

▲ *Saint-Raphaël :
face à la plage,
le port, le casino, le clocher de
l'église moderne de style byzantin.*

*Piliers et arcades ruinés
de l'aqueduc qui,
il y a deux millénaires, alimentait
▼ en eau la Fréjus romaine.*

peu en retrait de la côte, la jolie église de *Six-Fours-la-Plage*, mi-romane, mi-gothique, abrite d'intéressants tableaux des XV° et XVI° siècles. Quant aux stations, malgré l'invasion des promoteurs, elles ont su conserver leur caractère : *les Sablettes, le Brusc-sur-Mer*, avec son petit port de pêche. Les belles plages de *Sanary* et de *Bandol* appartiennent, elles aussi, aux environs immédiats de Toulon. Sanary-sur-Mer est l'une de ces « baies du soleil » comme en possède la Provence. Des collines l'abritent du mistral, dominées par le chaînon du Gros-Cerveau. Son port est coquet. Sa campagne où prés, vergers et cultures florales se côtoient invite à la promenade. Bandol n'a rien à lui envier, ni pour le site ni pour le cadre fleuri. Elle y ajoute les vins de son terroir et joint ses efforts à ceux de sa jumelle pour l'étonnant jardin exotique et le zoo qui se sont ouverts en 1960 au-dessus de sa baie. Enfin, plus près de La Ciotat, *Les Lecques* sont déjà marquées de l'influence marseillaise, à l'abri de la Sainte-Baume.

À l'est de Saint-Tropez

De l'autre côté de Saint-Tropez, la corniche des Maures va jusqu'à Fréjus en décalquant les contours de la côte. Passé Port-Grimaud, l'on atteint *Sainte-Maxime-sur-Mer*, dont la patronne fut, dit-on, la sœur de saint Tropez, protecteur du village de Saint-Tropez auquel elle fait face. Derrière Sainte-Maxime, on retrouve le silence, les

Côte des Maures.

odeurs des collines boisées et escarpées des Maures. Quelques villages ou gros bourgs endormis, comme *Plan-de-la-Tour*, célèbre pour sa coopérative vinicole : elle fabrique un vin rosé mousseux qui, frappé, prend le goût de la framboise. Plan-de-la-Tour était jadis un refuge de sorcières. Cachées dans les bois, elles renversaient les charrettes. Dans la chapelle Notre-Dame de Miramar, sont accrochés, par dizaines, des ex-voto offerts à la Vierge protectrice par des charretiers miraculeusement saufs! À Plan-de-la-Tour, récemment, Niki de Saint-Phalle a édifié de curieuses structures sphériques et bariolées que les habitants contemplent d'un œil inquiet. Au large de Sainte-Maxime, le « sec » de la Sèche-à-Huile est le rendez-vous des pêcheurs à la palangrotte.

La route de corniche serpente en traversant *la Nartelle*, le village des *Issambres*, de construction récente, et *Saint-Aygulf*, paradis du camping. Si la côte varoise est « bourgeoise » entre Saint-Tropez et Hyères, ici, elle est essentiellement le domaine des caravanes et des vacanciers itinérants. Peu de villas, pas de grandes propriétés.

C'est, très vite, le golfe de Fréjus et ses plages; les collines des Maures qui avoisinent le golfe sont peut-être plus sauvages encore : le col de Gratteloup, celui de Valdingarde ne sont desservis que par de mauvaises routes. Et plusieurs ermitages — comme ceux des Pierrons, de Saint-Martin, de Notre-Dame-de-Pitié — ne sont accessibles qu'à pied. En revanche, une bonne route mène au Muy dans la montagne de Roquebrune, où les falaises de grès rouge dominent d'étranges éboulis; la chapelle Notre-Dame-de-la-Roquette se dresse au pied d'une falaise, non loin du gouffre du Saint-Trou.

Fréjus fut jadis une des grandes villes de la Rome impériale (elle tire son nom de Jules César : *Forum Julii*) et un des trois principaux ports de l'Occident. L'empereur Auguste en fit son arsenal. Les vestiges du pouvoir romain — arènes, aqueducs, théâtre — y sont nombreux. On l'appelle parfois la « Pompéi de Provence ». En 1834, Mérimée, inspecteur général des Monuments historiques, y mettait au jour des mosaïques romaines en remuant seulement la terre du pied. Le baptistère de Fréjus (qui date du Ve siècle) est sans doute le plus ancien de France. Cette ville étrange, où l'on peut voir encore des jeunes gens danser la mauresque en agitant des grelots, possède aussi une mosquée (réplique de celle de Djenné, au Soudan) et une pagode bouddhique avec un cimetière annamite habité de dragons sculptés.

Saint-Raphaël, aux confins des Maures, touche Fréjus de l'épaule; leurs plages sont sœurs jumelles. À l'époque romaine, c'était la station de repos de Fréjus. Elle est bâtie autour de Valescure, « le vallon qui guérit » (un institut de traitement par l'eau de mer s'est créé à peu de distance). Alphonse Karr écrivait avec enthousiasme, et en oubliant la mer dont, à l'époque, on faisait peu de cas : « C'est la campagne de Rome au fond de la baie de Naples. » Gounod y composa *Roméo et Juliette*. Grand rassemblement de vacanciers, la ville de Saint-Raphaël a un charme cosmopolite que symbolisent ses palaces désuets, son étrange église byzantine, ses villas entourées de hautes grilles, sa belle église des Templiers, construite sur un cimetière romain. À peu de distance de la côte, les fonds sont très profonds. La légende affirme qu'une ville engloutie fait pendant à la ville moderne. Aucun plongeur ne l'a repérée, mais les explorations sous-marines ont révélé l'existence d'un champ d'amphores et l'épave d'une galère romaine qui a livré de magnifiques pièces de vaisselle. Comme toutes les villes de la côte des Maures, Saint-Raphaël est tournée vers la mer : des collines n'arrivent que le mistral, les gens du Nord et les mauvaises nouvelles. Et quand on danse la mauresque dans les vignes, on se rappelle le balancement des vagues.

20. Côte des Maures

en Méditerranée
les îles du soleil

▲ *Bois d'eucalyptus et de pins,
château fort dans la verdure,
l'île Sainte-Marguerite.*

◄ *Au large
de la côte des Calanques,
l'île de Riou, bien connue
des adeptes de la varappe.*

*L'île du Levant
et le village d'Héliopolis
attirent autant les curieux
▼ que les naturistes.*

*Face à Marseille, ►
les îles d'If,
de Pomègues
et de Ratonneau.*

*Îles marseillaises, îles d'Hyères, îles de Lérins,
elles s'égrènent au fil de la côte méditerranéenne.
La pureté paisible du ciel, le bleu intense des horizons marins,
l'éclat de la lumière font chanter
les verts, crus ou sombres, de la végétation,
le blanc du calcaire ou le rouge du porphyre.*

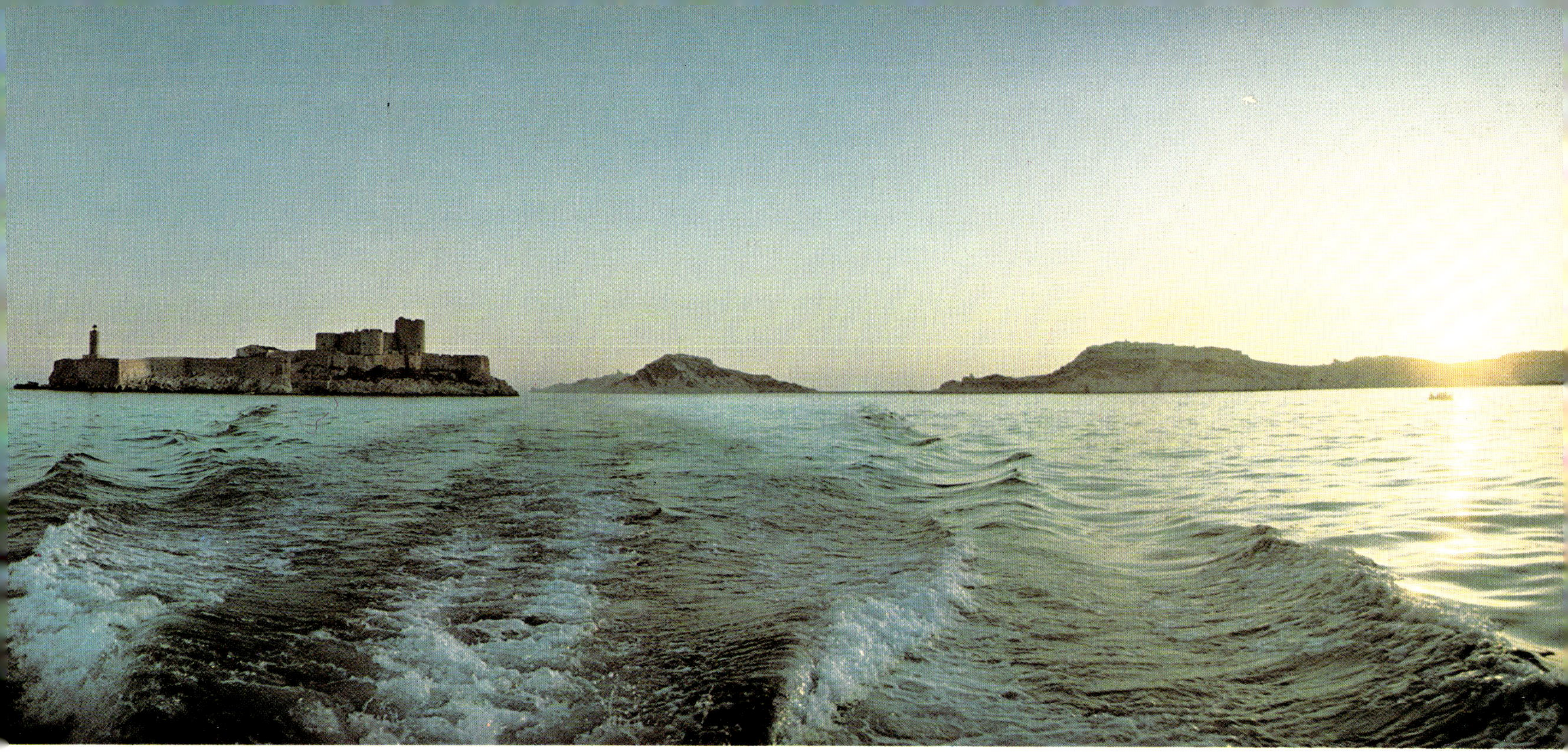

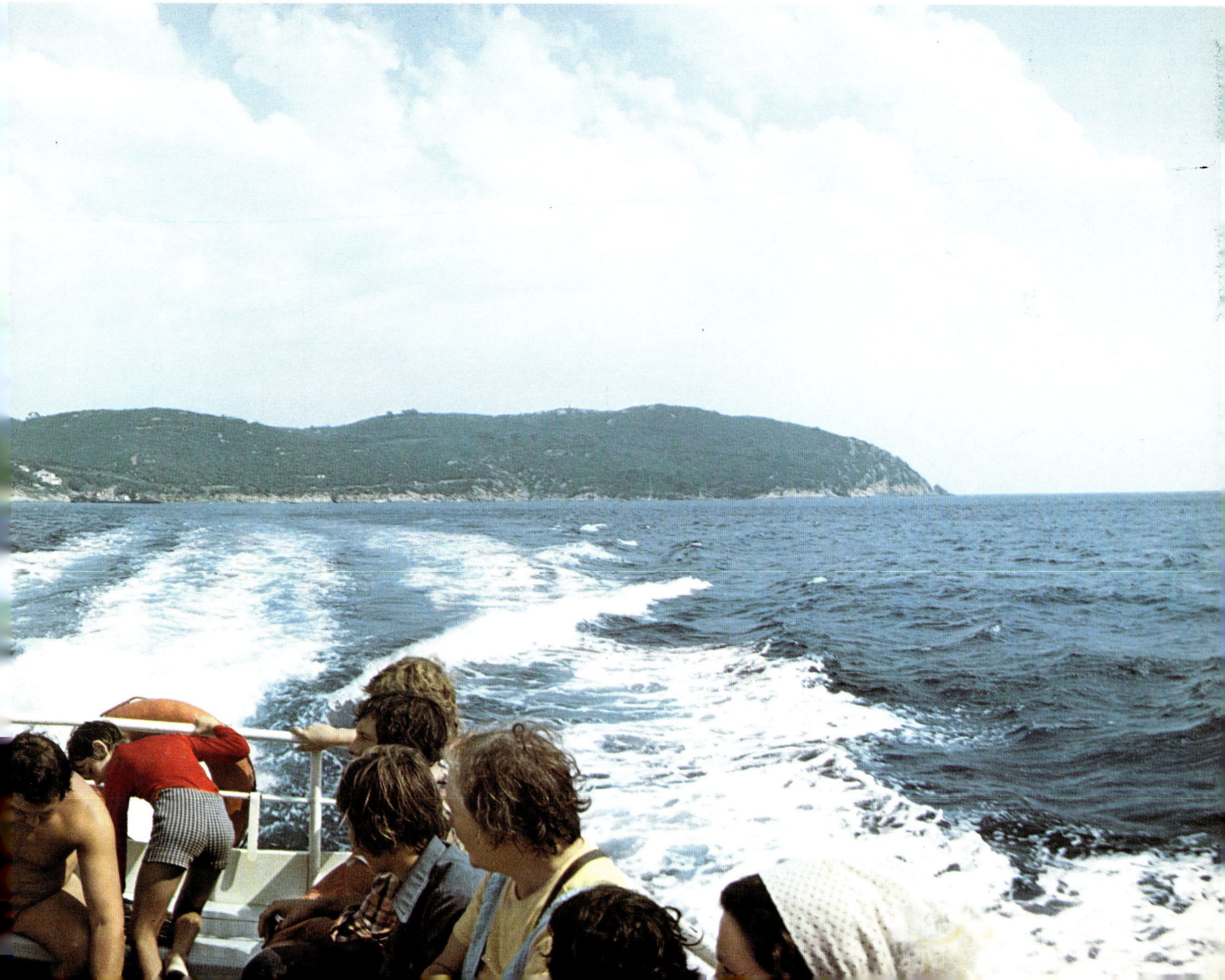

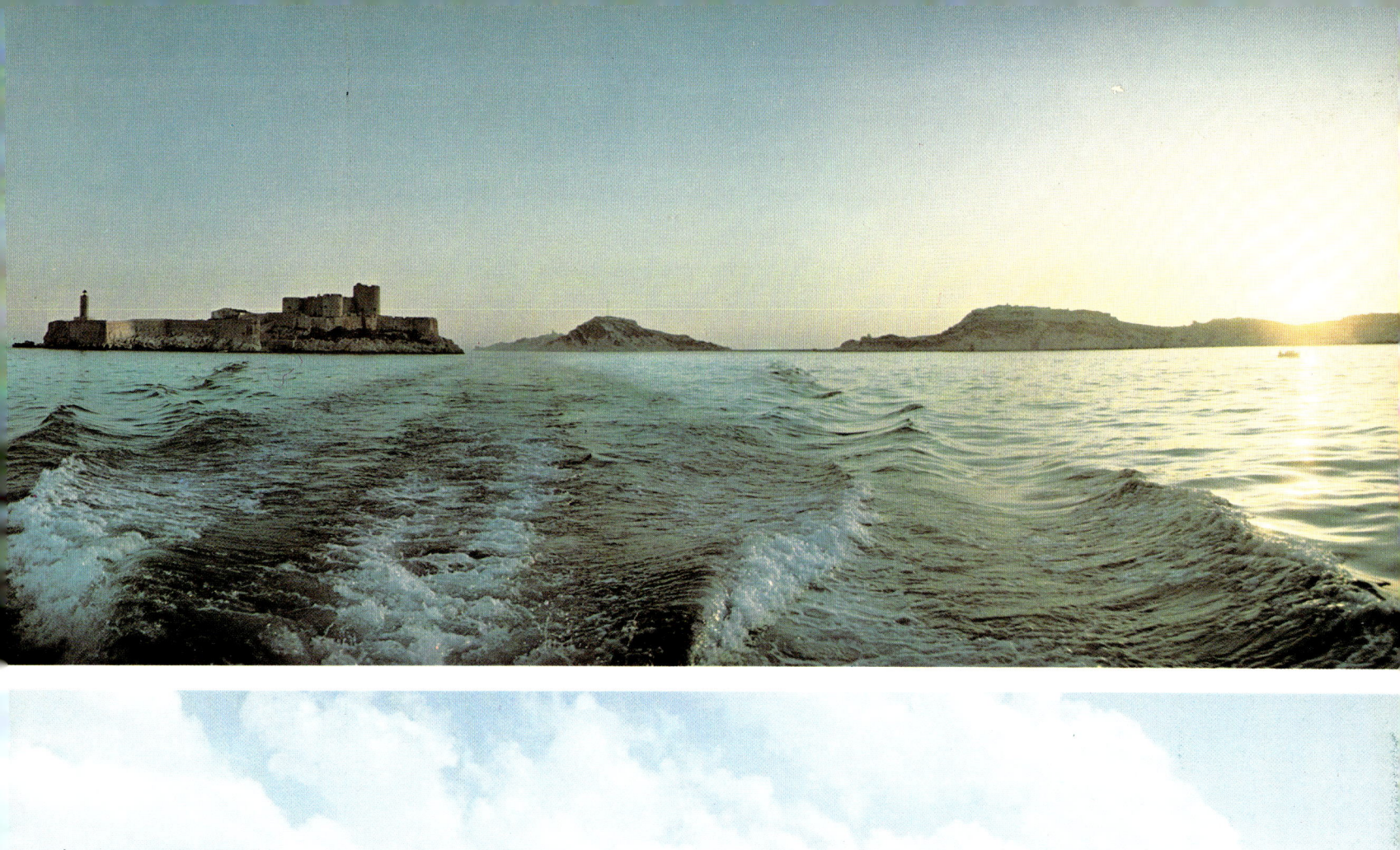

*Les unes ne sont qu'austères rochers escarpés :
îles désertes plantées face à Marseille.
Pour les autres, prodigues de plages, d'anses, d'ombrages,
la limpidité de la mer,
la beauté et la richesse des fonds
séduisent un tourisme que l'on a su contenir.*

*Bien abritée, ▲
la plage d'Argent
à Porquerolles.*

*Rocheuse, l'île Maire, ▶
au large du massif
de Marseilleveyre.*

*Eau calme
et transparente
pour dériver
sous le soleil ▼*

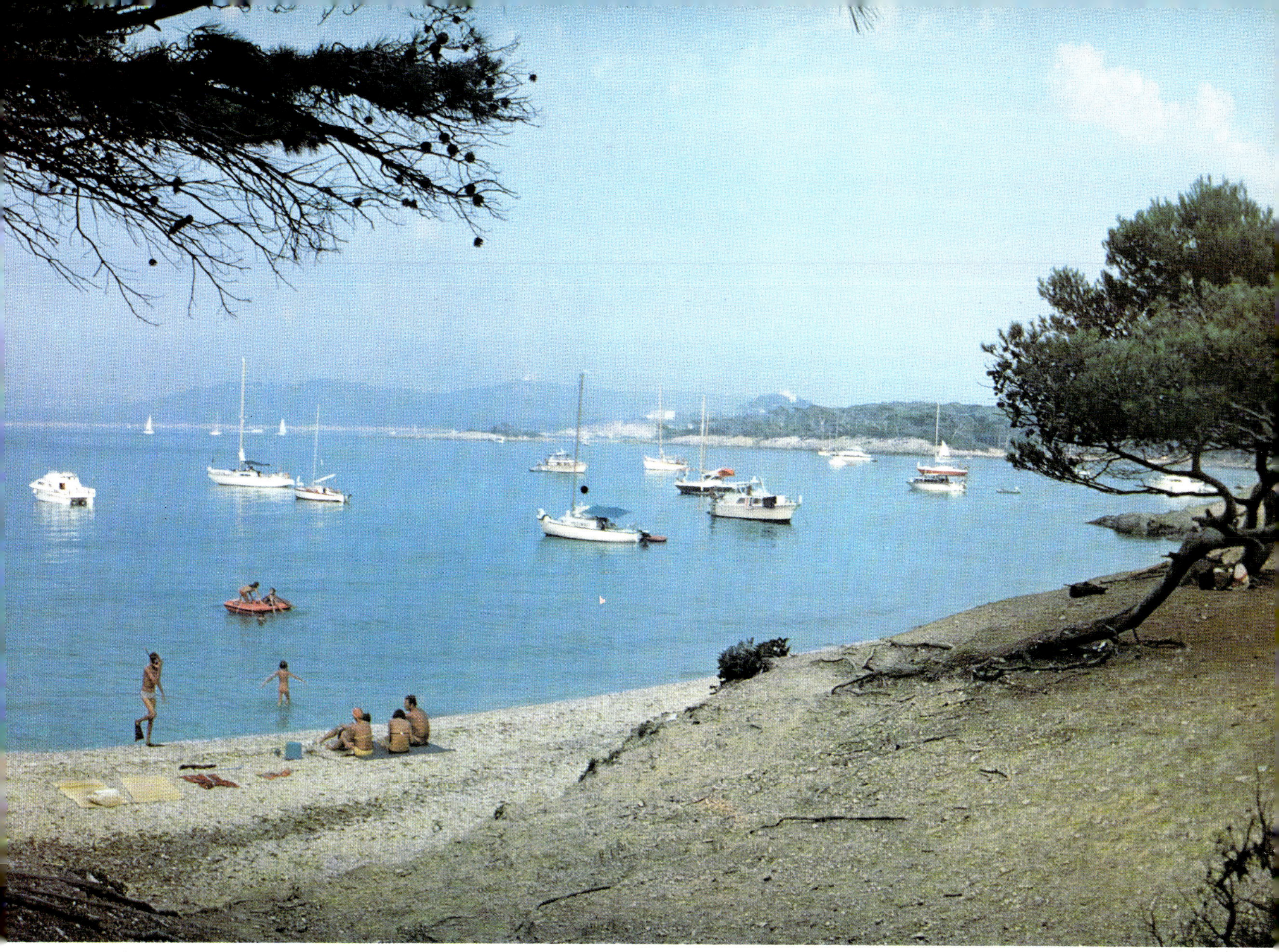

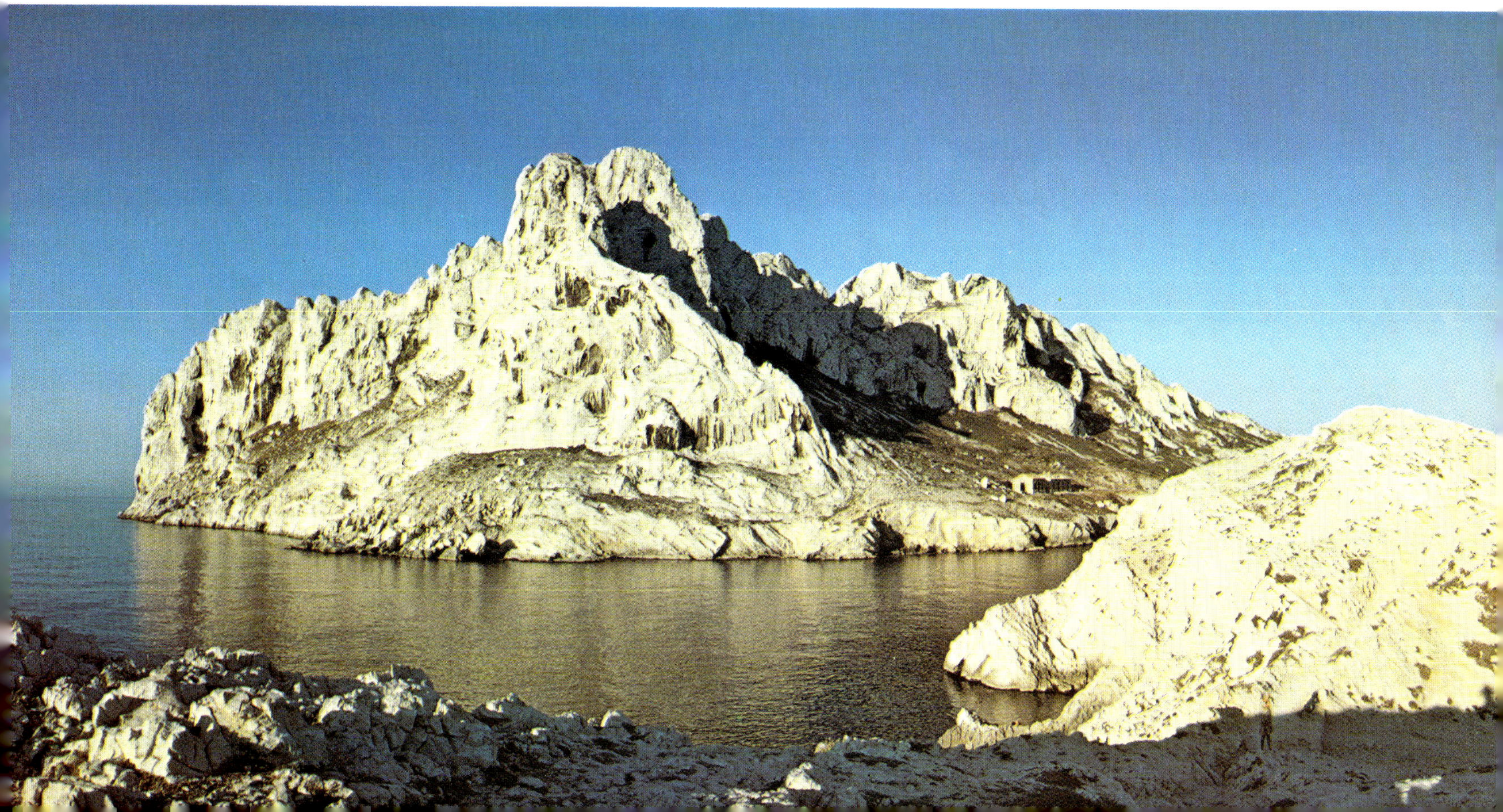

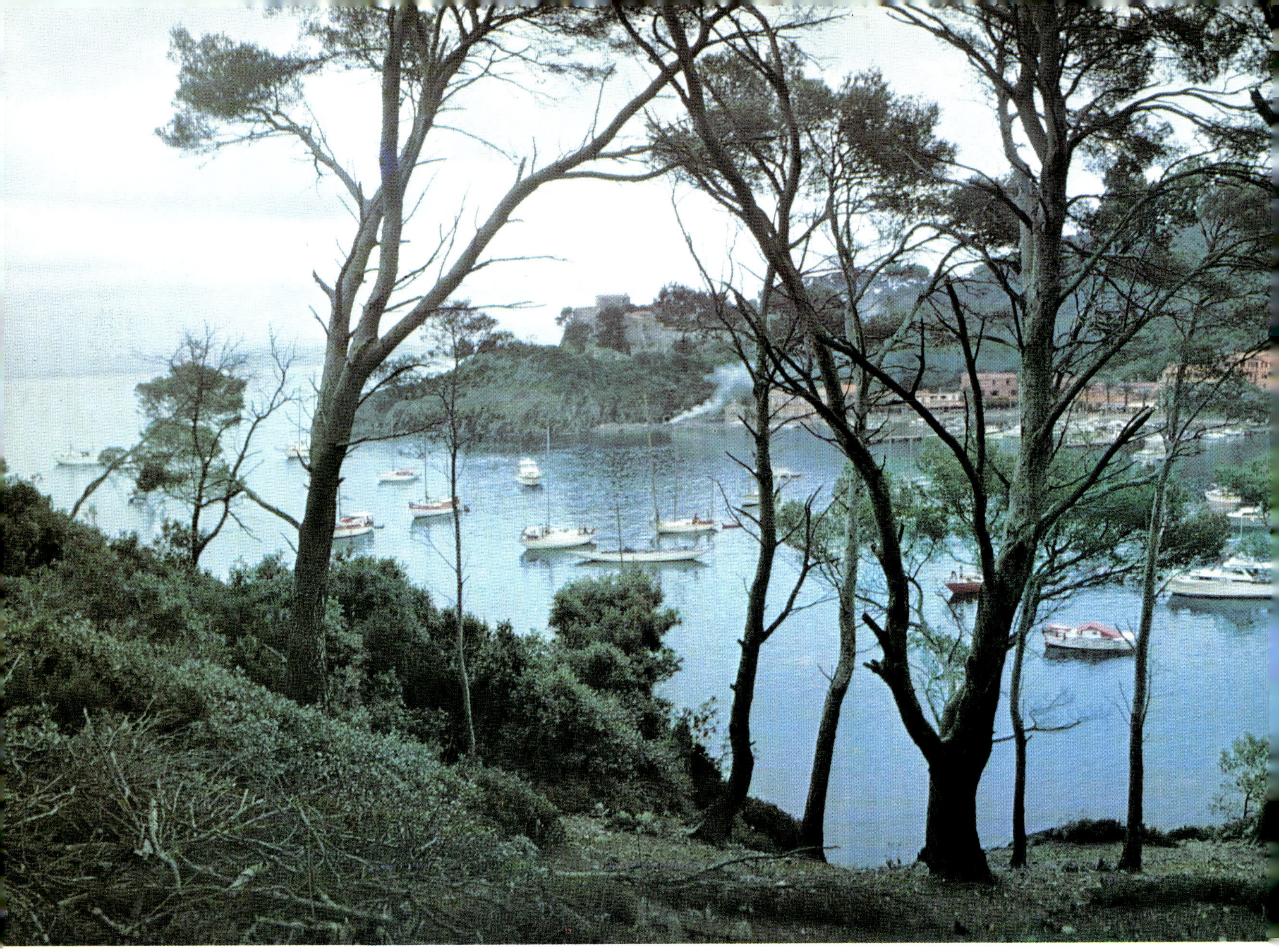

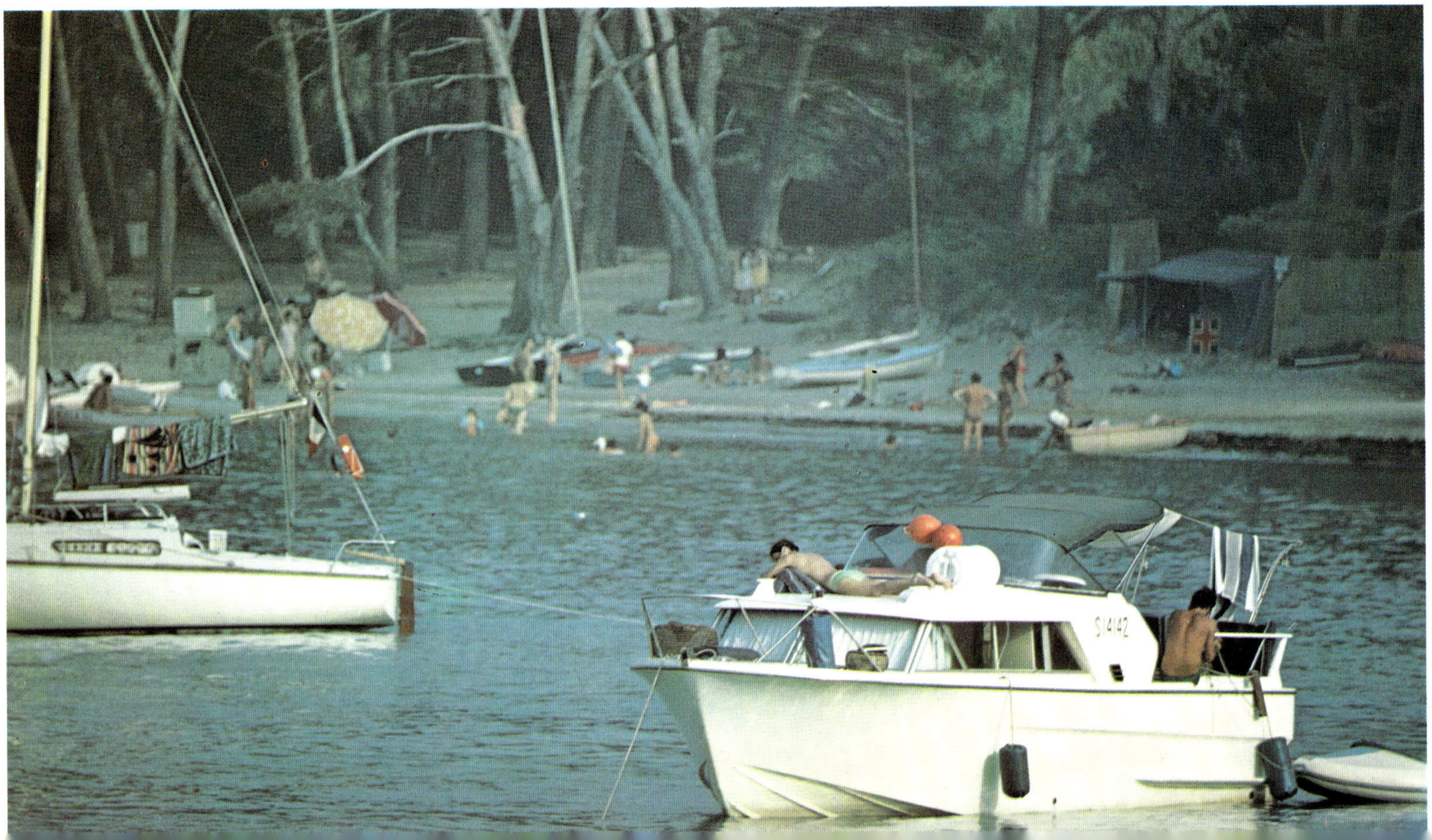

◄ *Ombragée
et hospitalière,
la côte septentrionale
de Porquerolles.*

La baie de Port-Cros ▲
*où se nichent
le petit port,
l'église et le château.*

*A chacune de ces oasis
ses attraits particuliers.
Ici, des baies profondes, serties
de bois épais qui viennent mourir
dans les flots où mouillent
les bateaux de plaisance.
Là, des amas rocheux,
où la brûlure du soleil
fait le bonheur des nudistes.*

Longue arête rocheuse, ▶
*l'île du Levant,
fief des nudistes.*

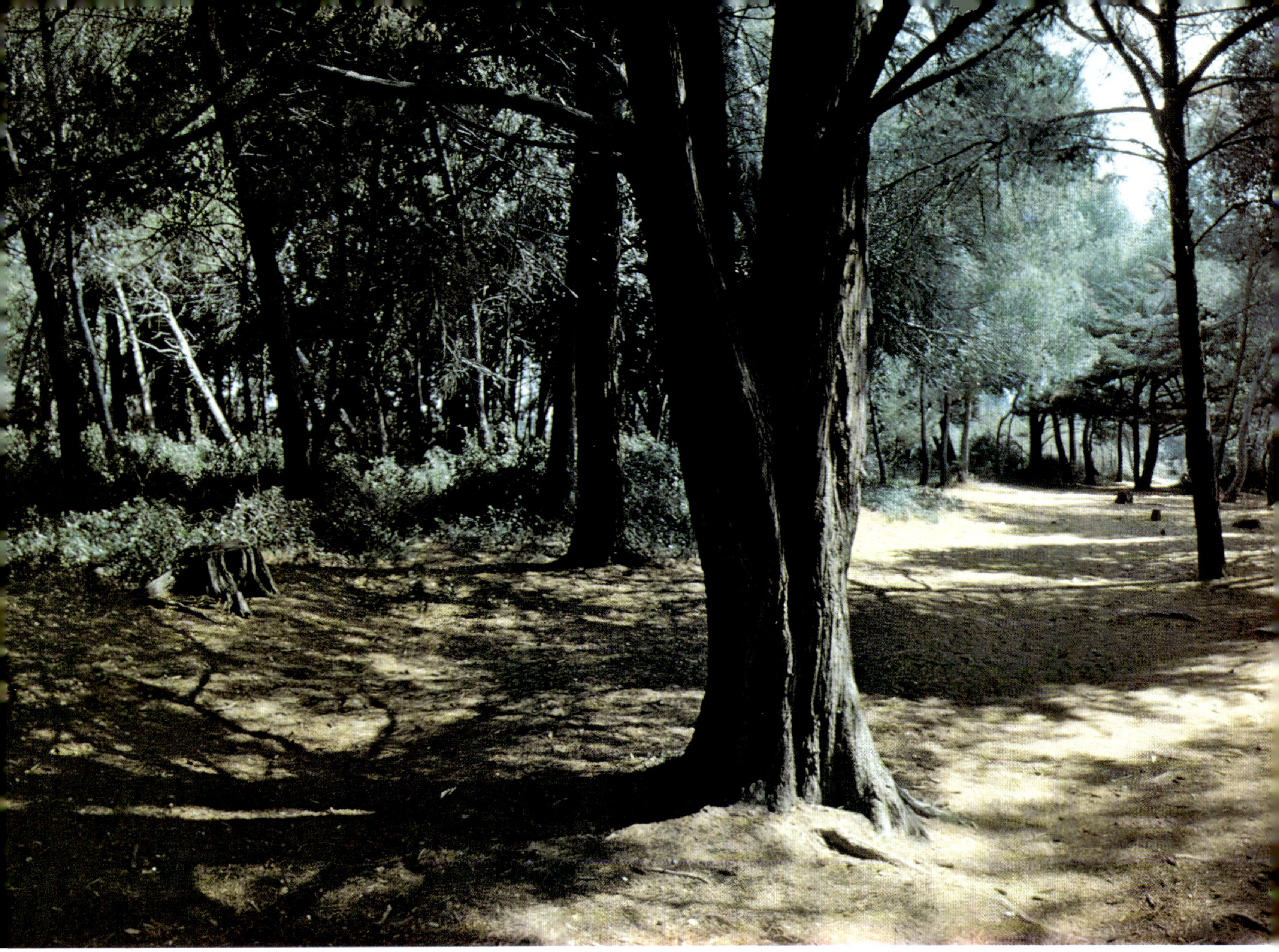

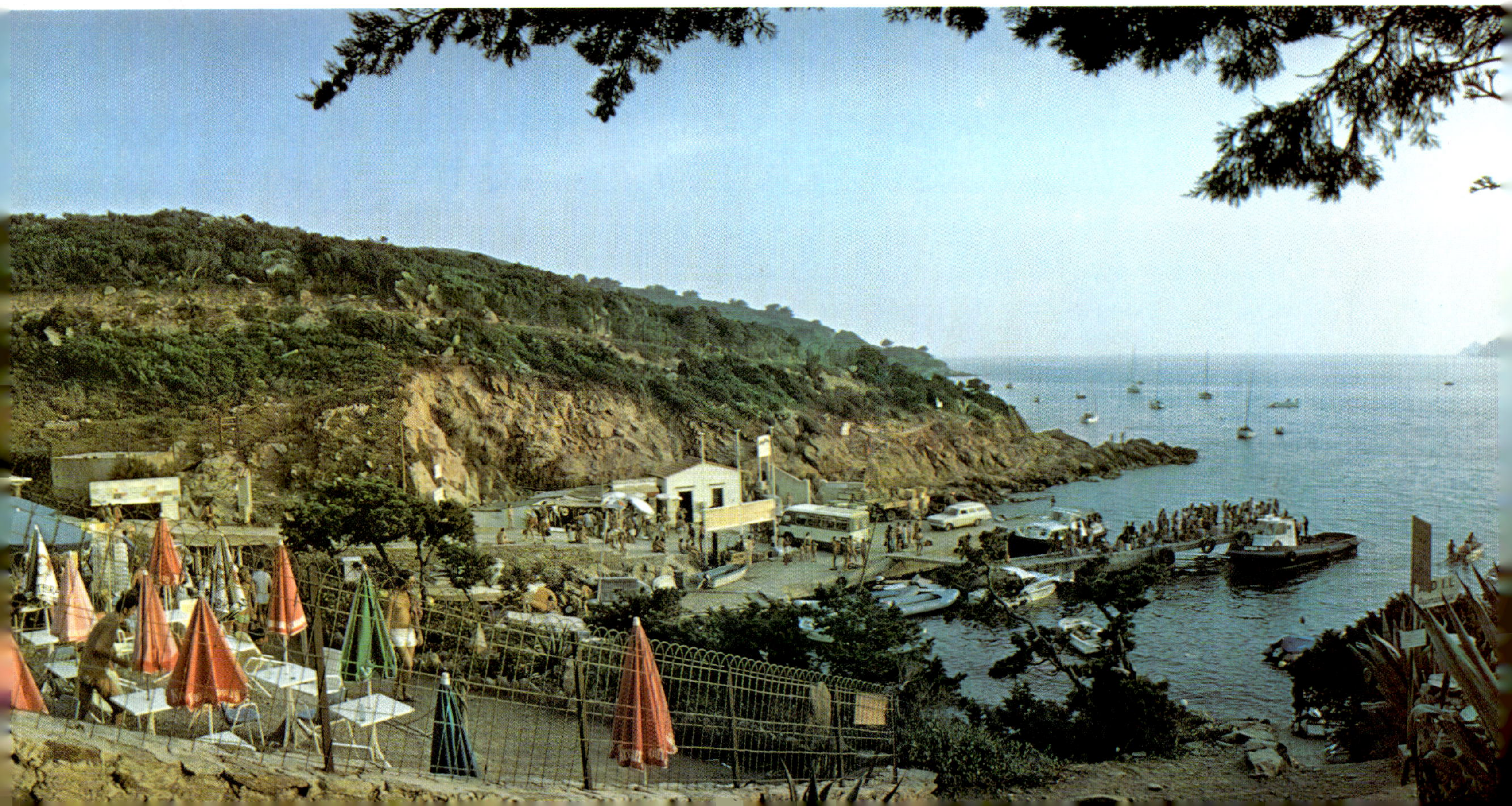

▲ *Pins maritimes
et pins parasols,
frais ombrages
de l'île Saint-Honorat.*

◀ *Le débarcadère
de l'Aiguade,
sur la côte occidentale
de l'île du Levant.*

Par-delà les débarcadères animés, dans le secret des pinèdes
ou des sous-bois arborescents, crissent les cigales.
Un fouillis de plantes odoriférantes, de fleurs, d'arbres,
enchevêtrement parfois impénétrable,
qui se prête à la promenade et à la rêverie.

*La maison forestière ▶
du verdoyant vallon
de la Solitude,
à Port-Cros.*

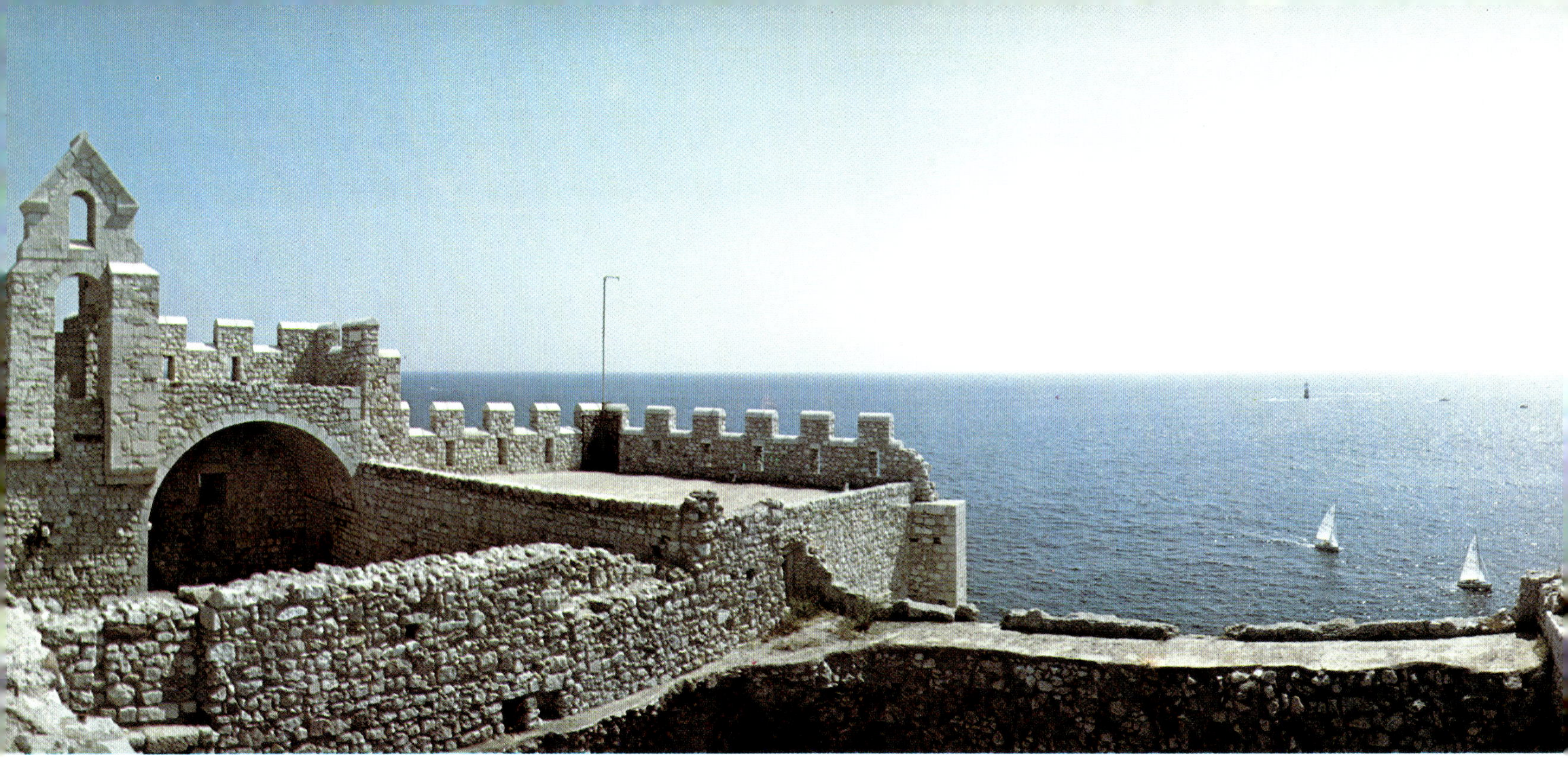

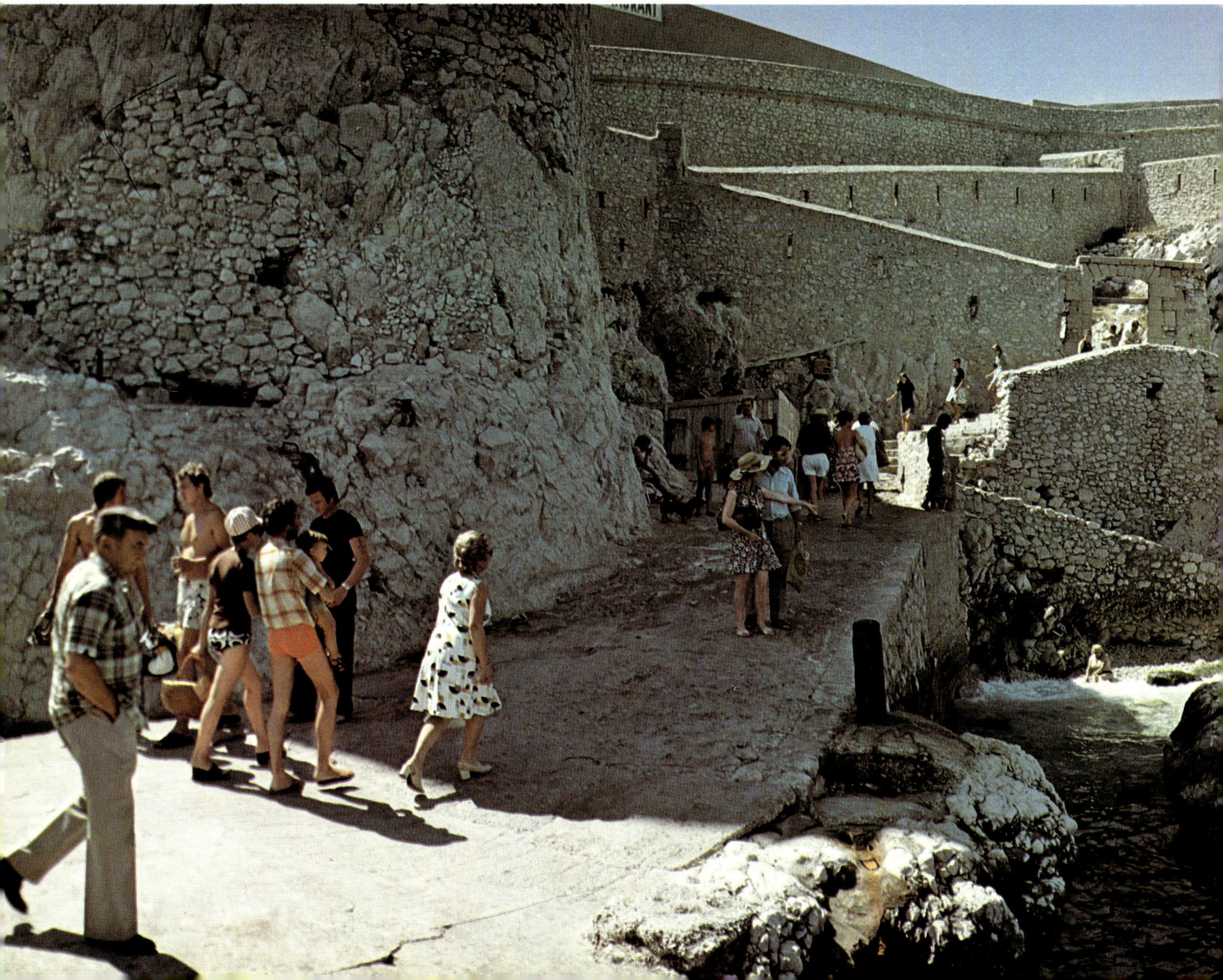

◄ *Dominant le large, le monastère fortifié de Saint-Honorat.*

Le fort de Lestissac qui protégeait Port-Cros... ►

Autrefois prison d'État, le légendaire ▼ château d'If.

Les îles du Midi n'ont pas vécu à l'écart de l'Histoire.
Des moines s'y établirent, des garnisons y surveillèrent les côtes,
et les forteresses gardent encore le souvenir de prisonniers célèbres,
condamnés au plus terrible des supplices :
contempler la mer et le soleil derrière des barreaux...

▲ *Sainte-Marguerite
vue de Saint-Honorat.
Entre les deux îles, l'étroit chenal
du «plateau du Milieu».*

*T*oute île est un royaume. Un royaume solitaire qui n'a pour limites que le front des vagues et dont quelques jours, parfois quelques heures, suffisent à prendre l'exacte mesure; facile à connaître jusque dans ses recoins lorsqu'on y a abordé, et toujours, pourtant, imprégné de mystère et source d'émerveillement. Aujourd'hui encore, alors qu'elles sont devenues accessibles et que l'essor du tourisme tend à les sortir de leur isolement, les îles conservent leur aura de légende, leur tenace parfum d'aventure, et cette rencontre de la mer, de la terre et du ciel est riche de rêves qui portent loin.

Ces mondes insulaires ne sont pourtant, bien souvent, qu'à peu d'encablures du rivage. Ceux qui, de Marseille à Cannes, s'égrènent le long de la façade méditerranéenne sont à moins d'une heure de bateau de la côte. Le charme opère néanmoins. La traversée, si courte soit-elle, marque une rupture avec le continent : rupture physique et rupture mentale, dès que se jouent les premières mesures de cette invitation au voyage.

Le dépaysement risque cependant de n'y être que très relatif, et les plus touristiques de ces «paradis retrouvés» n'offrent plus guère de refuge aux amateurs de solitude. De fait, il en va de ces îles comme des stations du littoral; ce n'est que hors de saison, de préférence au début du printemps, qu'on peut y savourer pleinement la beauté de la végétation, la transparence de l'eau, la grande paix des horizons marins dans la quiétude des rivages.

Le chapelet d'îles et d'îlots que baigne la Méditerranée possède un même relief tourmenté, mais des paysages totalement différents. Ici, des calanques sauvages; là, de larges baies dans lesquelles s'enchâssent de belles plages de sable fin. Ici, des étendues de roc et de broussailles; là, une luxuriante parure de verdure. Ici, la présence humaine; là, une nature stérile qui se refuse à la vie. Et, de toutes parts, la mer qui, sous le ciel bleu du Midi, apparaît moins comme une menace que comme d'immenses douves isolant ces forteresses, longtemps soustraites à une emprise excessive de l'homme. À ce monde privilégié appartiennent les îles d'Hyères, les îles jumelles de Lérins, les îles marseillaises. Il faudrait y ajouter la Corse; mais elle est, à elle seule, un véritable continent : cette «montagne dans la mer» est tout un univers, qui n'est pas à la même échelle et qui mérite de plus longues visites.

Des perles très convoitées : les îles d'Hyères

Les Grecs les appelaient les *Stoechades,* d'un nom générique qui signifiait «îles alignées» — mais cette appellation peut également être rapprochée du mot ligure *stoechas* désignant une variété de lavande.

On y pêchait alors le murex, coquillage très abondant dans les parages et dont les Anciens extrayaient la pourpre : Pline nous parle d'une de ces îles sous le nom de *Phoenice* — ou Phénicienne — dont l'étymologie est le mot grec *phoinicos,* désignant la pourpre. La Renaissance donna à ces «masses vaporeuses», dont devait parler plus tard George Sand, le joli nom d'«îles d'Or», sans doute en raison de l'éclat lumineux de leurs roches, composées en grande partie de micaschistes. Officiellement, ce sont aujourd'hui les îles d'Hyères, commune dont elles dépendent administrativement.

Ces perles du grand collier d'îles qui borde le littoral méditerranéen s'étirent au large de la rade d'Hyères et de la corniche des Maures, au-delà des îlots déserts qui émergent à l'ouest de la presqu'île de Giens, au-delà aussi de l'île du Grand-Ribaud que balaye violemment le vent d'est. Ce sont les îles de Porquerolles, de Bagaud, de Port-Cros et du Levant. Giens en faisait partie avant que les courants littoraux ne la réunissent au continent par un double cordon de sable.

Fragments isolés des Maures, ces îles présentent maintes analogies avec le massif continental. Les deux tiers de Port-Cros et de l'île du Levant correspondent à l'est des Maures (gneiss et micaschistes). Mais Porquerolles, Bagaud et le tiers occidental de Port-Cros sont faits de phyllades, comme l'ouest des Maures et comme les Embiez, le cap Sicié et la presqu'île de Giens. Ici, cependant, les crêtes sont très basses, culminant à 196 m dans l'île de Port-Cros. C'est surtout dans les deux derniers maillons de cet archipel que le relief est heurté et les «Pierres de feu» de l'île du Levant, amas rocheux d'arêtes vives, composent un extraordinaire paysage surréaliste. Les îles dressent, face au large, une côte très escarpée, bordée de hautes falaises, découpée de criques et de calanques que baigne une eau merveilleusement bleue. Leur façade nord, moins tourmentée, abrite, dans les larges festons des baies, de paisibles plages de sable. L'ensoleillement presque constant, l'humidité marine ont fait de ces terres de véritables oasis de verdure et l'on retrouve ici la même végétation naturelle que dans les Maures (pins, chênes verts, flore du maquis), enrichie toutefois d'essences exotiques (palmiers, figuiers, eucalyptus, etc.). Mais le sol caillouteux n'est pas facile à cultiver, la vigne elle-même a du mal à s'accrocher, l'eau douce est rare : ajoutés à l'isolement, ces obstacles ont empêché une colonisation durable. Aussi les îles furent-elles, au cours des siècles, une proie facile pour les envahisseurs de toutes origines. Pirates barbaresques, Turcs, Anglais, Espagnols vinrent, avec des fortunes diverses, mouiller sur leurs rivages et s'installer provisoirement sur leurs terres.

Différentes tentatives de peuplement furent menées par les rois de France, qui décrétèrent notamment ces territoires lieux d'asile pour les criminels «poursuivis ou non, condamnés ou non pour tous crimes et délits sauf ceux d'hérésie et de lèse-majesté»; elles échouèrent

12. îles de Méditerranée

« Un parc en forme d'île »

À 15 km de la côte, l'île de Port-Cros a, du fait même de son insularité et de son isolement, été préservée des méfaits du progrès. Mais la visite quotidienne de plus d'un millier de visiteurs en pleine saison et tous les dommages que cela entraîne inévitablement, la menace d'une infiltration touristique plus grande encore ont amené la création du *Parc national de Port-Cros*, par décret du 14 décembre 1963. Près de 700 hectares sont ainsi devenus « réserve naturelle », protégés par une réglementation très stricte. Ainsi est-il formellement interdit de faire du feu, de fumer, de chasser et même de camper sur toute la superficie de l'île et des îlots voisins. Les richesses biologiques que recèlent les fonds marins environnants (le domaine maritime du Parc s'étale jusqu'à 600 m des côtes de Port-Cros) sont également protégés : les embarcations à moteur, la chasse sous-marine au fusil, la pêche à la traîne sont proscrites.

Une végétation originale, qui fut autrefois celle de tout l'Ouest méditerranéen : une ceinture halophile autour de l'île, puis un maquis très fourni, et la forêt où se mêlent les espèces, mais qui évolue lentement vers une forme climacique dominée ici par le chêne-liège; une faune particulièrement riche en oiseaux, papillons et poissons (on y rencontre même dauphins, marsouins, tortues de mer et phoques moines); une flore marine très diverse qui bénéficie de la transparence des eaux, pénétrée en profondeur par l'éclatante lumière du Midi — autant de caractères qui font de l'île de Port-Cros un exceptionnel terrain de recherches scientifiques. Une équipe de chercheurs y réside à demeure; d'autres y séjournent pour parfaire leurs études. Quant au simple visiteur, s'il est tant soit peu curieux de ces particularités végétales et zoologiques, il pourra, muni de cartes et d'un guide touristique, découvrir Port-Cros au fil des sentiers balisés et des itinéraires fléchés. Il n'est pas nécessaire d'être amateur de botanique ou d'ornithologie pour en ressentir la « beauté sauvage », pour se sentir uni à cette nature qui survit, à la merci cependant des éléments. Ce Parc national, à la fois terrestre et marin, unique en Europe, connaît de graves difficultés, inhérentes à l'insularité : problèmes de liaisons et d'approvisionnement par gros temps entre autres... ■

▲ *La visite de Port-Cros, devenu parc national, est soumise à une réglementation sévère.*

Pour protéger la végétation exceptionnelle de Port-Cros, il est interdit de camper,
▼ *de fumer et de faire du feu.*

toutes car ces étranges colons, destinés en principe à s'opposer aux pirates, ajoutèrent aux désordres par leur brigandage, n'hésitant pas à attirer, par des feux allumés sur le rivage, les vaisseaux pour les piller. Les lettres patentes décernées par Henri II au seigneur allemand Christophe de Rocquendorf et lui conférant la propriété des îles d'Or, marquisat depuis François Ier, ne laissent planer aucun doute sur l'état de ces territoires : « Ces isles ne sont pas seulement inutiles et sans nulle valeur ni profit, mais très préjudiciables à nous et à chose publique de notre pays pour ce que c'est repaire de pirates infidèles. »

Les îles d'Hyères restèrent marquisat jusqu'en 1785, puis furent vendues pour leur plus grande partie à des propriétaires privés. Quelques garnisons y furent également entretenues, surtout depuis Napoléon, qui en avait bien saisi l'importance stratégique et en réorganisa les défenses. L'emprise militaire subsiste encore dans l'île du Levant, où la Marine nationale possède une base importante. Sous l'Occupation, les Allemands y installèrent des batteries côtières. En août 1944, les forces américaines libérèrent Port-Cros et l'île du Levant après deux jours de combat.

Au XIXe siècle, les îles d'Or avaient sombré dans l'oubli et il fallut le développement du tourisme et des loisirs pour réveiller ces « belles au bois dormant ». Elles reçoivent aujourd'hui des flots de visiteurs attirés par la douceur du climat, la beauté parfois miraculeuse du rivage et de certains sites de l'intérieur, comme par les multiples ressources sportives que l'on y a implantées. Cette évolution, qui risquait, si l'on n'y prenait garde, d'aboutir à une urbanisation désordonnée, a d'ailleurs conduit le gouvernement à faire assez tôt de Port-Cros un parc national et à acquérir, en 1971, la quasi-totalité de Porquerolles (1 100 ha sur 1 254) afin de préserver la nature et d'éviter les massacres résultant de la spéculation. Quant à l'*île de Bagaud*, inhabitée (51 m d'altitude et 2 000 m de long), elle est classée réserve ornithologique et son accès est interdit.

îles de Méditerranée. 13

Oublions le passé

Au début du XVIe siècle, les pirates turcs envahissaient périodiquement les îles d'Hyères, brûlant les navires, pillant les habitations, mutilant les prisonniers.

À la fin du règne de François Ier, les Turcs deviennent les alliés de la France contre Charles Quint, et leur flotte continue à fréquenter (mais poussée cette fois-ci par le vent de l'histoire) les ports des îles d'Or.
En 1558, ils convient les habitants des îles à célébrer avec eux les fêtes du Ramadan, à bord de leurs navires. Fort joyeuses festivités qui marquent, provisoirement tout au moins, la grande réconciliation entre les sujets du sultan et ceux du Roi Très Chrétien. ∎

Ruse de guerre

Le 27 avril 1793, les flottes anglaise et espagnole mouillent devant Toulon à l'appel des royalistes. Une armée républicaine, qui compte dans ses rangs un capitaine d'artillerie nommé Bonaparte, les met en déroute après de violents combats.

Les escadres anglo-espagnoles viennent se réfugier aux îles d'Hyères. Le commandant du fort Sainte-Agathe à Porquerolles, n'ayant que des échos fort vagues sur les événements du continent, se rend sans méfiance à l'invitation de l'amiral britannique, qui le prie à dîner à son bord... et le fait prisonnier tandis que ses troupes s'emparent de la garnison. Puis l'amiral reprend le large en emmenant l'infortuné commandant. ∎

▲ *De l'île de Porquerolles, vue sur le fort du Petit-Langoustier et sur l'île du Grand-Ribaud.*

Le fort Sainte-Agathe domine le petit port ▼ *de Porquerolles.*

Porquerolles, *Protée* ou *la Majeure* des colons grecs

« Le port minuscule avec sa jetée discrète, une pointe rocheuse couverte de pins maritimes, quelques maisons blanches et roses parmi les mimosas, les tamaris et les palmiers. » C'est ainsi que le fameux commissaire Maigret découvrit Porquerolles, lors d'une de ses enquêtes. Une grande place avec des eucalyptus, une modeste église, quelques maisons de pêcheurs, tel est bien en effet le village qui a donné son nom à l'île tout entière. Blotti au fond d'une rade miniature, bordé au nord par la grande plage de la Courtade, abritant un petit port où accostent les embarcations de plaisance et les vedettes qui assurent la liaison avec le littoral, il a été construit voici cent cinquante ans autour de l'ancien fort Sainte-Agathe (XVIe s.), afin d'offrir des logements aux familles des soldats qui s'y trouvaient en garnison. Car, fort longtemps, l'île fut un camp militaire qui servit surtout de centre de convalescence. Les blessés de la guerre de Crimée et de la campagne de Madagascar y furent soignés, ainsi que des soldats des compagnies disciplinaires. L'étonnant chemin de croix de l'église Sainte-Anne, quatorze grands panneaux de noyer massif sculptés au couteau, est l'œuvre d'un soldat d'un bataillon d'Afrique qui séjourna dans l'île en 1868.

D'autres forts, plus ou moins en ruine, témoignent de la longue présence militaire. Le plus ancien est le fort de l'Alicastre, construit sous Richelieu et dont le nom proviendrait, selon la légende, de l'existence d'un monstre fabuleux (la Lycastre) qu'un mystérieux chevalier aurait abattu. Il servit de prison d'État de 1848 à 1852 — ce qui semble être la vocation seconde d'un bon nombre de ces ouvrages — et, évidemment, la tradition affirme que le « Masque de fer » y fut enfermé lorsque le navire qui le conduisait à l'île Sainte-Marguerite fut, par suite de vents contraires, amené à faire escale à Porquerolles. Pendant la conquête de l'Algérie, de nombreux prisonniers arabes y furent déportés.

À vingt minutes de bateau seulement du petit « havre de la Tour-Fondue » (embarcadère situé à l'extrémité de la presqu'île de Giens), la plus grande des îles d'Or (7,5 km de long sur 2 de large environ) dispose de quelque 25 km de côtes, sur lesquelles pesa jusqu'en 1971 la menace de la construction immobilière « à tout prix ». Sans avoir le statut de parc, elle est aujourd'hui protégée et son infrastructure routière est désormais appelée à rester sommaire; comme dans le reste de l'archipel, les voitures y sont interdites, et c'est à pied ou à bicyclette que l'on gagnera les sites les plus pittoresques. La promenade classique conduit au phare (96 m) situé à la pointe sud et permet de traverser l'île dans toute sa largeur. Du sommet, on découvre un très beau panorama sur la presque totalité de l'île, les collines du Langoustier, le fort Sainte-Agathe, le sémaphore et, par-delà les horizons insulaires, sur le massif des Maures et ses falaises ocre plongeant dans la mer. Aucune route ne fait le tour complet de Porquerolles. D'aimables sentiers permettent toutefois d'accéder aux criques sauvages de la côte sud ou aux plages sablonneuses du nord et de l'ouest, aux pointes rocheuses du cap des Mèdes (avec son étrange chaos), du Grand Langoustier ou de l'Alicastre. Pour parvenir aux belvédères, les chemins exigent plus de peine; mais l'effort est récompensé par la vue qui s'offre alors vers le littoral ou sur l'intérieur de l'île, grand espace calme pratiquement désert, avec une belle couverture forestière (pins d'Alep, chênes-lièges), des sous-bois arborescents où voisinent lentisques et arbousiers, quelques vignobles têtus, des maquis odoriférants où chantent les cigales. Et, çà et là, des cultures d'orangers, de citronniers, de mandariniers. Les fonds sous-marins alentour ne manquent pas d'intérêt non plus (on y trouve, entre autres, éponge et corail) et sont très appréciés des plongeurs.

14. îles de Méditerranée

Rivalité au sommet

En 1635, au cours de la guerre de Trente Ans, la flotte espagnole cingle vers les îles de Lérins. Une armada de 23 galères, 5 brigantins et une trentaine de lanches débarque 3 000 soldats à Sainte-Marguerite et Saint-Honorat. En septembre Richelieu décide de reconquérir ces îles et envoie une flotte commandée par Henri d'Escoubleau de Sourdis, archevêque de Bordeaux. De son côté, le maréchal de Vitry, gouverneur de Provence, rassemble une armée sur la côte méditerranéenne.

Mais les deux chefs de guerre s'opposent au lieu de conjuguer leurs efforts et, lors d'une discussion, Vitry frappe le prélat avec sa « canne d'Inde » (bambou). Cette rivalité devait retarder de deux ans la libération des îles. ■

L'amandier de Sainte-Marguerite

La légende veut que l'île Sainte-Marguerite doive son nom à la sœur de saint Honorat, qui dirigeait une communauté de religieuses. L'abbaye de Lérins étant interdite aux femmes, son frère lui rendait visite une fois l'an, à l'époque de la floraison des amandiers. Telle était la règle qu'il s'était imposée pour ne pas se laisser distraire de son recueillement.

Marguerite pria le ciel de lui permettre de voir plus souvent ce frère qu'elle chérissait, et sa prière fut exaucée : un amandier, planté sur le rivage, fleurit désormais chaque mois. Devant pareil prodige, manifestation de la volonté divine, saint Honorat dut s'incliner. ■

▲ *Face au cap Croisette, le fort Royal de Sainte-Marguerite, que Vauban aménagea.*

La falaise de la côte sud de Port-Cros. Au large,
▼ *le rocher de la Gabinière.*

Un éden paisible, Port-Cros

Depuis la plus haute antiquité, l'histoire de Port-Cros, la *Mesé* (île du Milieu) des navigateurs grecs, a été liée à celle de Porquerolles. Plus petite (640 ha de superficie, 4,5 km de longueur, 2 km de largeur), elle doit son appellation actuelle, « Port-Creux », à l'échancrure profonde de son port. C'est un vaisseau de haut bord dont le relief, pourvu d'une étonnante parure végétale, est plus accidenté et plus élevé que celui de Porquerolles, et domine nettement celui de ses îles sœurs, avec trois sommets principaux de 143, 194 et 196 m.

Comme les autres rochers de l'archipel, Port-Cros, d'abord peuplée par les Ligures, puis par les moines de Lérins qui vinrent la défricher au Vᵉ siècle, connut au Moyen Âge la succession monotone des envahisseurs et fut, plus de cinq siècles durant, ruinée par les ravages des pirates. Ancienne propriété du comte de Beauregard, qui en louait les chasses, l'île s'est vu, en 1963, décerner le statut de parc national. La zone de protection de la flore et de la faune s'étend en mer jusqu'à 600 m des côtes et englobe les petits îlots du Rascas et de la Gabinière, l'île de Bagaud et divers îlots voisins; pêche et chasse sous-marine y sont interdites, et la vitesse des bateaux est strictement réglementée. À l'intérieur de l'île, camping et chasse sont également prohibés, ainsi que tout arrachage de plantes. Ce qui permettra peut-être à Port-Cros de demeurer cet éden paisible que l'on découvre au long de sentiers serpentant à travers les vallons encaissés, dans la pénombre de maquis élevés, souvent impénétrables, où se mêlent lentisques, bruyères arborescentes et arbousiers, mais qui ouvrent parfois de lumineuses échappées sur le bleu profond de la mer ou la silhouette des vieux fortins.

Car l'île est toute verte, et compte même douze sources, dont deux ferrugineuses; elle est drapée d'un épais manteau végétal où prospèrent des associations d'espèces inconnues sur le littoral provençal. Certaines plantes sont uniques en France, tel *Teucrium marum* qui habite les denses fourrés du maquis. Certains champignons, qui se plaisent dans les sous-bois de Port-Cros, sont très rares, comme le lactaire sanguin et les armillaires. La forêt allie les essences les plus diverses : chêne vert, pin d'Alep, eucalyptus, olivier, chêne-liège. Au milieu de cette luxuriante végétation, la faune jouit d'une liberté absolue. On y rencontre, outre la totalité des espèces communes aux pays méditerranéens, des espèces rarissimes, voire uniques. Les grands oiseaux de mer affectionnent les hautes falaises du sud : goéland argenté, cormoran huppé, puffin cendré. Les oiseaux chassés des forêts provençales ont trouvé refuge à Port-Cros : le faucon pèlerin, l'épervier, le merle bleu, le guêpier, la huppe. D'autres espèces y font régulièrement escale lors de leur migration annuelle : passereaux, palombes, tourterelles, flamants roses. Enfin, de beaux et rares papillons ajoutent les chauds coloris de leurs ailes à cette richesse inestimable.

Les environs marins sont habités d'une vie tout aussi intense et précieuse. Sur la côte sud particulièrement, l'eau est d'une extrême pureté, permettant de distinguer des fonds situés à plus de 40 m. Plantes, mousses et algues (criste-marine, lavatère, statice, euphorbe et le rarissime teucrium argenté) couvrent les rochers. C'est là, avec le rivage est, l'endroit idéal pour la plongée sous-marine (qui n'est pas interdite), et l'on peut y débusquer, au creux des grottes, mérous, dentis et murènes, frôler les sars aux rayures obliques, les rouquiers, les mulets et autres poissons de toutes formes et de toutes couleurs qui vivent librement dans ces eaux protégées.

C'est dans ce cadre idyllique que Melchior de Voguë situa son roman *Jean d'Agrève* (1897), une œuvre qui connut au début du siècle une certaine célébrité. On visite encore, à l'entrée du vallon de la Solitude, le manoir d'Hélène, l'héroïne. Autre excursion agréable, qui

Îles de Méditerranée. 15

Au départ de...

Des services réguliers de vedettes relient les îles à la côte (plus ou moins fréquents suivant la saison).

Île d'If :
Marseille.
Île Verte :
La Ciotat.
Île de Bendor :
port de Bandol.
Île des Embiez :
il est possible de s'y rendre à partir du Brusc.
Porquerolles :
Toulon (1 h 30 env.);
La Tour-Fondue, presqu'île de Giens (20 mn env.);
Hyères-Plage, Port-Saint-Pierre-de-la-Mer (1 h 15 env.);
Le Lavandou (1 heure, certains jours seulement);
Cavalaire-sur-Mer (3 heures, certains jours seulement).
Port-Cros :
Hyères-Plage, Port-Saint-Pierre-de-la-Mer (1 h 30);
Le Lavandou (45 mn - 1 h);
Cavalaire-sur-Mer (2 heures env.).
Île du Levant :
Hyères-Plage, Port-Saint-Pierre-de-la-Mer (1 h 30 env.);
Le Lavandou (1 h - 1 h 15 env.);
Cavalaire-sur-Mer (1 h 30 env.).
Pas d'embarquement d'automobiles ni de vélomoteurs, la circulation de ces engins étant interdite dans les îles.
Îles de Lérins :
Vieux port de Cannes : pour Sainte-Marguerite (15 mn), pour Saint-Honorat (30 mn);
Golfe-Juan, appontement René-Conte (via Juan-les-Pins, 45 mn env.). ■

▲ *Saint-Honorat, domaine des moines, devrait inviter au recueillement...*

laisse découvrir l'étonnante végétation, la baie de Port-Man, remarquable hémicycle de verdure. Pour y accéder, un chemin peu accidenté et ombragé sinue parmi de beaux paysages naturels, traversant l'île dans sa longueur. Du col de Port-Man, on peut contempler l'île du Levant dans le prolongement direct, et, au loin, la côte des Maures. De la baie, fort bien protégée des vents du nord, il est possible de regagner le pittoresque hameau de Port-Cros en empruntant les petits sentiers qui mènent à la pointe de la Galère, traversent le vallon du Janet, le plateau de la Marma, longent la plage de la Palu et le vallon Noir. Il est beaucoup d'autres randonnées offertes, hors de l'affluence estivale, à la rêverie du promeneur solitaire qui pourra admirer, au long du chemin de crête dominant la côte méridionale, le grandiose spectacle de ses falaises abruptes, gigantesque jeu d'orgues baigné d'indigo.

Un paradis très fréquenté, l'île du Levant

Séparée de Port-Cros par la passe des Grottes, l'île du Levant, *Hypea* (l'Inférieure), offre une topographie différente. C'est une longue et étroite arête rocheuse (sa plus grande largeur n'excède pas 1 km pour une longueur de 8 km) dont la crête court entre 100 à 138 m d'altitude, au-dessus de rochers à pic entaillés de rares calanques. Ses terrains (de l'ère primaire) sont en grande partie composés de micaschistes à cristaux de mica noir ou blanc et de gneiss, et les roches, veinées de quartz pur, contiennent de nombreux minéraux. On y trouve grenats, tourmalines noires, disthènes, staurotides, et la très recherchée pierre de fer, véritable aubaine pour les amateurs géologues.

La flore, moins abondante que dans les îles voisines, offre cependant un assez grand nombre d'essences : pins d'Alep, pins maritimes, chênes-lièges, plantes du maquis, et un spécimen botanique assez rare, l'« herbe à pomme » *(Teucrium massiliense)*, ainsi baptisée à cause de son odeur caractéristique. Papillons (plus de 60 espèces), libellules et oiseaux constituent l'essentiel de son peuplement animal.

Refuge d'anachorètes au début du christianisme, l'île du Levant abrita, au cours des siècles, différents ordres religieux : les moines de Lérins y édifièrent une succursale de leur abbaye; les bénédictins, puis les frères de la Croix y résidèrent, à partir du XVe siècle, dans un couvent dont il subsiste encore quelques vestiges dans le vallon du Jas-Vieux. Elle connut, elle aussi, l'invasion anglaise en 1793. Au siècle dernier, l'île était propriété du comte de Pourtalès. Une partie de ses terres fut transformée en colonie pénitentiaire pour adolescents et compta jusqu'à 300 détenus de quinze à dix-huit ans. Mais, en 1866, un incendie, provoqué par une révolte des prisonniers, détruisit totalement le centre d'internement.

Aujourd'hui, cette terre est devenue le « paradis des naturistes », accueillant un nombre toujours croissant d'adeptes du nudisme intégral, ce qui ne va pas sans poser de problèmes. C'est en 1931 que les docteurs Gaston et André Durville commencèrent à édifier, sur les flancs de la colline dominée par le vieux fort d'Arbousier construit par Napoléon, la première cité naturiste de France, Héliopolis, qui jouit, à l'heure actuelle, d'une réputation internationale. L'île du Levant, à cette époque, ne comptait en tout et pour tout qu'une quinzaine d'habitants. Cependant, la plus grande partie de l'île (600 ha sur 1 000 au nord-est), propriété de la Marine nationale qui y a établi un centre d'essai d'engins guidés, est interdite au public.

Marins et nudistes se partagent ainsi ce territoire exigu. L'île du Levant, compte tenu des restrictions imposées par les militaires, n'offre aux plaisanciers qu'un mouillage protégé assez modeste, l'Aygade, mais la navigation le long des côtes est magnifique. Les eaux sont transparentes, les fonds riches et variés; la pêche y est autorisée et l'on peut opérer des prises intéressantes dont le poids peut atteindre 8 à 10 kg (un mérou de 70 kg a été capturé en 1970). Des bancs de loups, daurades et mulets sont parfois visibles à l'œil nu aux heures calmes du petit matin.

« Deux jardins poussés dans l'eau », les îles de Lérins

Le paradis des îles méridionales ne s'arrête pas là. Plus avant dans la direction de la Riviera, sous la pointe de la Croisette et face à Cannes, d'autres terres « préservées » survivent loin du bruit et de la pollution.

> *Sous la tente du frais matin,*
> *Dans la lueur de leur légende,*
> *Les îles de Lérins, verte aigrette des flots,*
> *Sortaient de la mer colorée.*

Ainsi les vit Mistral. Ainsi les découvrons-nous : Sainte-Marguerite et Saint-Honorat, avec les petits îlots de Saint-Ferréol et de la Tradelière, accessibles à partir de Cannes.

La légende veut que, dans la nuit des temps, les deux grandes îles n'en aient formé qu'une, fief du diable qui y maintenait enfermés certains génies; il s'y était construit un temple, sans doute celui dont nous parle Strabon; mais Dieu, qui veillait, immergea l'île : dans sa grande mansuétude, il en fit pourtant réapparaître deux fragments, ces écrins de verdure qui jaillissent aujourd'hui d'une mer bleu de cobalt. Sculptées dans le calcaire gris, tout comme le plateau de

▲ *Le monastère moderne
de Saint-Honorat,
construit au XIXᵉ siècle.*

De farouches paysages

Au large du massif de Marseille-veyre, entre le cap Croisette et le bec Sormiou, s'aligne tout un groupe d'îles calcaires à peine séparées du massif des Calanques, et que fréquentèrent jadis les Phéniciens et les Grecs, comme l'attestent les vestiges repêchés dans les eaux environnantes.

Prolongeant en quelque sorte le cap Croisette, ce sont d'abord les îles *Tiboulen* et *Maire*; la première porte un phare; la seconde est un imposant rocher hérissé, haut de 33 m, dont le nom même apporterait la preuve d'une colonisation phénicienne au VIIᵉ siècle avant J.-C. : il aurait été à l'origine *Immadras*, ce qui, en phénicien, avait le sens de « colonne de terre ».

Puis, progressant vers le sud-est, on croise deux îles séparées par un étroit chenal; elles forment ensemble une mince échine de roc escarpée (jusqu'à 53 m de hauteur) et longue d'environ 1 600 m. *Jarros* et *Jarron* — la seconde plus communément appelée « île de Jarre » — ne sont pas tout à fait solitaires : les pêcheurs viennent nombreux explorer leurs eaux poissonneuses. Leur aridité trouve des échos dans les îles voisines : *Calseraigne*, dotée d'une calanque peu profonde, admirablement préservée des vents violents; le *Grand Congloué*, « gros caillou » culminant à 49 m, aux abords duquel furent découvertes des épaves chargées d'amphores et qui est devenu l'un des endroits favoris des amateurs de plongée sous-marine; et, enfin, l'*île Riou*, véritable montagne longue de 2 000 m, large de 500 et haute de 194,

*« Les îles de Lérins,
verte aigrette des flots,
sortaient de la mer colorée »*
▼ (Frédéric Mistral).

Valbonne au-dessus de Cannes, les îles Sainte-Marguerite et Saint-Honorat sont symétriques de forme, sises l'une derrière l'autre par rapport à la côte, séparées par un chenal, dit plateau du Milieu — un excellent plan d'eau pour la pratique du ski nautique —, et cernées de rochers et d'écueils, ces petits rochers noirs fort dangereux que les marins grecs appelèrent « fourmis » (le nom est resté, la Fourmigo désigne un îlot entre le continent et les îles). Ici, les horizons sont bas, ne dépassant pas 28 m à Sainte-Marguerite et seulement 6 m à Saint-Honorat.

La plus haute, Sainte-Marguerite (la *Lero* des Anciens), est aussi la plus vaste (210 ha, 3 000 m de longueur, 900 m environ de largeur). C'est la plus proche du littoral. « Riche de verdure, étincelante de fleurs, agréable par les spectacles qu'elle offre et les parfums qu'on y respire, Lero donne à ceux qui y vivent l'impression du paradis qu'ils posséderont plus tard » écrivait, lyrique, saint Eucher, poète et moine de l'abbaye de Saint-Honorat. Propriété de l'État — à l'exception du domaine privé du Grand Jardin qui recèle un édifice du XVIᵉ siècle parfaitement inattendu qu'on nomme, sans raison apparente, les Oubliettes —, elle est plantée de pins (pins d'Alep notamment), d'eucalyptus, de chênes verts; des sentiers de promenade, balisés, serpentent au travers. La forêt réunit quelque 13 000 arbres.

Le monument le plus célèbre de l'île est le fort Royal, situé au nord, élevé par Richelieu et remanié par Vauban. La forteresse peut, à juste titre cette fois, revendiquer le privilège d'avoir abrité à partir de 1687 l'énigmatique « Masque de fer », qui ne portait d'ailleurs, comme on sait, qu'un masque de velours. Le lieutenant de Saint-Mars, chargé de sa surveillance et qui s'ennuyait fort dans ces lieux, obtint, en 1698, la charge de gouverneur de la Bastille; son prisonnier, qui l'avait suivi, y mourut en 1703. Cette citadelle devait abriter d'autres prisonniers : des pasteurs protestants, après la révocation de l'édit de Nantes, et même, en 1874, Bazaine, qui, quoique obèse et blessé, s'en serait évadé.

îles de Méditerranée. 17

célèbre pour ses impressionnants à-pics rocheux qui font le bonheur des adeptes de varappe. De cet archipel, on jouit d'une belle vue d'ensemble sur les calanques qui, jusqu'à Cassis, dentellent la « côte de Marbre », gorges marines sculptées dans le calcaire et dominées par des rochers aux formes souvent étranges.

En mettant ensuite cap à l'est, nous rencontrons l'*île Verte*, que l'on peut gagner par bateau depuis La Ciotat. Cet îlot, dominé par un ancien fortin, a pour unique intérêt d'offrir un coup d'œil remarquable sur le cap de l'Aigle, dont la silhouette en forme d'oiseau de proie justifie alors pleinement le nom. Toutefois, les découvertes archéologiques faites à proximité sont propres à piquer la curiosité des pêcheurs sous-marins. ■

▲ *Le cachot d'Edmond Dantès, plus tard comte de Monte-Cristo, au château d'If.*

▲ *La cour intérieure du château d'If. Autrefois des prisonniers, aujourd'hui des touristes.*

Forteresse solitaire refermée sur ses secrets, ▼ *le château d'If.*

En arrière de Sainte-Marguerite, l'île Saint-Honorat (400 m sur 1 500 m, 36 ha) est la plus protégée. Certes, la côte y est moins accueillante, les cultures y sont rares, mais l'ancienne *Lerina*, dominée par la haute silhouette du monastère fortifié, que l'on aperçoit de très loin, y gagne en beauté; les pins maritimes et les pins parasols y abondent, les pins d'Alep y ont des silhouettes torturées. Comme à Sainte-Marguerite, les sous-bois arborescents foisonnent de fragrances diverses auxquelles se mêle l'odeur d'iode propre à ces pays marins.

Ce havre séduisit à la fin du IVe siècle saint Honorat, qui s'y retira après un long périple en Méditerranée. Les disciples affluèrent, et le saint fonda un monastère dont il établit les règles avec Léonce, évêque de Fréjus : sa célébrité fut grande, car les pèlerins y recevaient les mêmes indulgences que pour un voyage en Terre sainte. De nombreux évangélisateurs y furent formés : saint Patrick, saint Loup, saint Césaire. Au VIIe siècle, le monastère fut érigé en abbaye bénédictine sous le nom de Saint-Honorat. Mais les invasions sarrasines, les guerres (l'île fut notamment occupée par les Espagnols durant la guerre de Trente Ans) ruinèrent progressivement l'archipel et, à la fin du XVIIIe siècle, l'abbaye, qui ne comptait plus quatre ou cinq moines, fut fermée. Vendue sous la Révolution et acquise par Mlle de Saint-Val, actrice de la Comédie-Française, elle fut rendue au culte en 1859 et confiée en 1872 aux moines cisterciens de la congrégation de Sénanque.

18. îles de Méditerranée

Au large du château d'If

Les îles de *Pomègues* et de *Ratonneau* ne connurent pas un destin très glorieux : elles ne furent longtemps qu'un fief de la marine, qui y mettait en quarantaine les bâtiments en période d'épidémie. La seconde, seule, eut son heure de célébrité : en 1765, un soldat en garnison dans l'île, Francœur, se mit en tête de s'approprier cette terre; il fut roi deux jours durant, jusqu'à ce que le duc de Villars, gouverneur de la Provence, dépêchât une compagnie contre lui. Francœur se rendit et, roi sans royaume, fut emmené aux Invalides. De nos jours, il semble que ces îles désertes, pendant des siècles interdites au visiteur, tentent les promoteurs d'équipements touristiques, toujours à l'affût d'exploitations nouvelles. Le port de Frioul, à l'abri du mistral et du vent d'est, bénéficie de conditions climatiques particulièrement favorables : un été moins chaud, un hiver plus doux que sur le continent. Aussi prévoit-on d'installer sur ce sol « vierge » un important ensemble nautique et balnéaire, que rendront accessible vedettes et hydroglisseurs; en même temps, des dizaines d'hectares seront reboisés, redonnant vie à ces terres ingrates. ■

Le rhinocéros de l'île d'If

Le premier habitant du célèbre îlot fut, en 1516, un rhinocéros des Indes, cadeau du roi du Portugal au pape Léon X. Débarqué au cours d'une escale, il connut une gloire éphémère et une triste fin. Le bateau qui l'amenait en Italie sombra : on dut l'empailler pour l'offrir au pape! ■

▲ *Au large de Bandol, la petite île de Bendor, avec son port et son village provençal.*

De l'ancien monastère ne subsistent aujourd'hui que les vestiges du très beau cloître édifié au VIIe siècle. Un musée abrite des fragments de pierres de l'époque romaine (le nom de Lérins proviendrait d'ailleurs du nom de la divinité Lero). L'église abbatiale, de style assez massif, a été élevée sur les ruines d'une église romane.

Des sept chapelles qui parsemaient l'île, la plus intéressante et la mieux conservée, la chapelle de la Trinité, située à la pointe est, sert encore à la célébration du culte les dimanches et jours de fête, de Pâques à la Toussaint.

On visitera avec intérêt le château Saint-Honorat, ancien monastère fortifié, élevé au XIe siècle à la pointe sud de l'île pour protéger les moines contre les incursions des pirates sarrasins. Un escalier de pierre remplace aujourd'hui l'échelle qui permettait de gagner la porte, située à 4 m de hauteur. Autour de la cour intérieure, deux galeries superposées, soutenues par des colonnes de marbre, donnent accès à la chapelle et au dortoir des moines et, au second étage, à la chapelle Sainte-Croix, qui contient de nombreuses reliques. De la terrasse fortifiée, la vue découvre la lumineuse étendue de la baie de Cannes, le cap d'Antibes et les collines de l'Esterel.

De l'histoire à la fiction romanesque, le château d'If

Abrités par la vaste rade de Marseille qui, du cap Méjean au cap Croisette, a été échancrée dans les calcaires de l'Estaque et de l'Étoile, des îlots sauvages, nus et blancs et du même calcaire, émergent au milieu d'une mer bleu d'azur : les îles du Frioul, Pomègues et Ratonneau, longs et étroits rochers dénudés, reliés entre eux par la jetée du port du Frioul, et l'île d'If, la plus proche de la côte. Par leur position avancée, ces terres marseillaises furent amenées à jouer le rôle de sentinelles. Elles appelaient une défense : ce fut, au XVIe siècle, le fameux *château d'If*, celui-là même qu'Alexandre Dumas fit entrer dans l'« histoire » en écrivant *le Comte de Monte-Cristo*. Edmond Dantès (le futur comte de Monte-Cristo) en reste d'ailleurs l'hôte le plus célèbre, avec l'abbé Faria, son compagnon d'infortune. La fiction se faisant réalité, on y visite même leur prétendue cellule!

« La roche noire et ardue sur laquelle monte, comme une superfétation du silex, le sombre château d'If. Cette forme étrange, cette prison autour de laquelle règne une si profonde terreur, cette forteresse qui fait vivre depuis trois cents ans Marseille de ses lugubres traditions... » Ainsi Dumas nous décrit-il l'îlot fortifié. En fait, la roche n'est pas noire, et n'est pas de silex; mais le passé du château fut réellement aussi sinistre. La construction de cette imposante citadelle, flanquée de trois tours cylindriques, entreprise en 1524 sur ordre de François Ier, fut si promptement menée (la France était alors en guerre contre la maison d'Autriche) que l'on réquisitionna, pour en hâter l'achèvement, tous les maçons de Marseille. Cinq années plus tard, elle recevait sa première garnison et, vers le milieu du XVIIe s., elle était transformée en prison d'État. Les cachots accueillirent alors un bon nombre de détenus, les uns incarcérés pour des motifs politiques, les autres victimes de l'arbitraire. Parmi les plus connus : le « Masque de fer » (ce mystérieux prisonnier que toutes les forteresses méditerranéennes prétendent avoir hébergé) et Mirabeau (enfermé là durant huit mois, en 1775, à la demande de son père, las de ce fils turbulent). Mais, outre ces aimables souvenirs chers aux amateurs d'histoires, sinon d'histoire, la promenade au château d'If vaut par la vue magnifique qui, de la terrasse, embrasse toute la rade de Marseille, les îles de Frioul, le château du Pharo, le phare du Planier, installé sur un îlot rocheux plus au large. Un spectacle grandiose, qu'animent seulement le mouvement des grands navires qui entrent et sortent du port du Commerce et le glissement des voiles des bateaux de plaisance.

Le petit monde de Paul Ricard

Face aux palmiers de Bandol, à 600 m à peine de la côte, s'étend la petite île de *Bendor* (580 m de long, 7 ha de superficie). En partie cultivée jusqu'à la fin du siècle dernier, elle tomba ensuite dans un état de complet abandon. Paul Ricard, en 1950, se rendit acquéreur de ce rocher désert et en fit l'un des centres touristiques et sportifs les plus vivants de la Côte d'Azur. Des hôtels très confortables, des villas, des bungalows, des restaurants ont été construits pour l'accueil des visiteurs. Un club nautique comprenant plus de 1 000 membres et une flotte d'une soixantaine d'unités; un musée de la mer; un centre international de plongée (la côte sud, très rocheuse, se prête merveilleusement à l'exploration sous-marine); un petit théâtre où se produisent notamment les élèves de l'académie de chant et de danse de la fondation Paul-Ricard; un musée des vins et spiritueux qui réunit plus de 10 000 bouteilles provenant de 47 nations (collection unique au monde); une verrerie d'art, la seule en France, avec celle de Biot, à travailler le verre soufflé de façon artisanale; un zoo; un petit village provençal : voilà qui compose à Bendor un éventail d'attractions sans équivalent sur le littoral. Plus encore, ce centre de loisirs affirme une vocation culturelle : création de festivals de théâtre, de musique et de poésie, encouragement aux arts plastiques (concrétisé par l'institution d'un grand prix international de sculpture), organisation de colloques et de congrès internationaux pour lesquels l'île dispose des installations les plus modernes.

îles de Méditerranée. 19

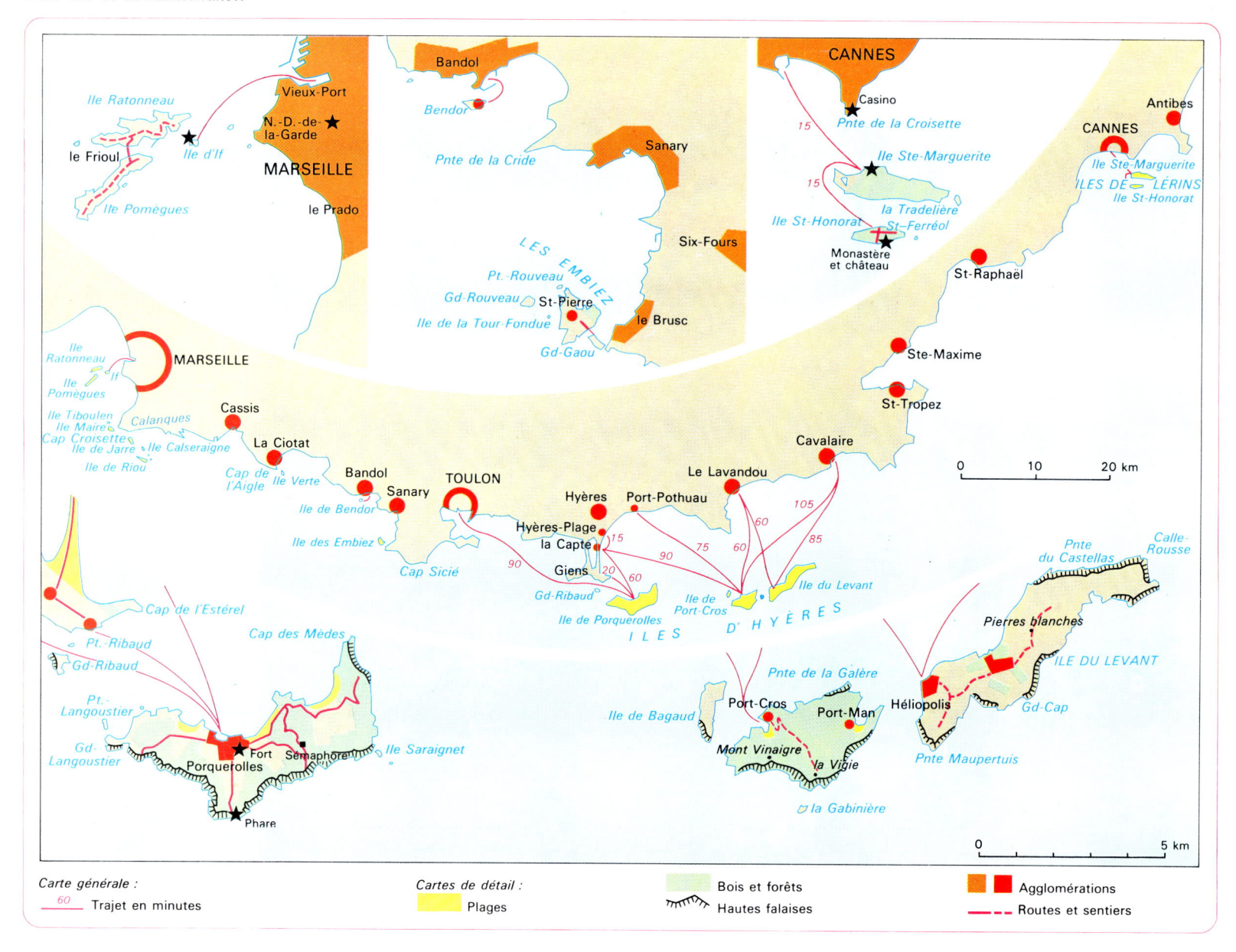

Cartes générale et détaillées des îles de la Méditerranée.

Cette réalisation privée, largement ouverte à tous (plus de 400 000 visiteurs chaque année), a sans doute quelque chose d'un peu artificiel, mais elle a su, dans l'ensemble, échapper au style « Disneyland » ou « Luna-Park » qui guette généralement ce genre d'entreprise.

À quelques milles à peine de Bendor, à la corne méridionale de la baie de Sanary, l'*île des Embiez*, acquise également par le « roi du pastis » en 1960, voit, à une échelle différente, se développer de nombreuses activités centrées sur le nautisme. C'est la plus grande île (95 ha) d'un archipel qui comprend aussi l'île de la Tour-Fondue, que des salines séparent de l'île des Embiez, le Petit Gaou et le Grand Gaou, deux îlots de faible hauteur (10-17 m), presque d'un seul tenant avec la pointe de Gaou, ainsi que des rochers au large, dont l'un porte un phare : ce sont des fragments du haut promontoire du cap Sicié, qui déjà préfigurent les îles d'Hyères. Avec ses paysages extrêmement variés où alternent les pinèdes, les vignes qui produisent un agréable vin rosé, les étendues arides, les plages de sable fin et les petites calanques aux eaux calmes et bien abritées des vents dominants par le massif du cap Sicié, l'île des Embiez s'attache à devenir la « station du nautisme de l'an 2000 ». Son port, Saint-Pierre, pourvu de deux bassins, peut recevoir quelque quatre cents yachts en eau profonde et un grand nombre de dériveurs.

Depuis le 1er janvier 1964, un centre d'essais de bateaux a été créé aux Embiez. Constructeurs et importateurs y présentent leur production, et les plaisanciers peuvent ainsi essayer les unités de tout type avant d'en faire l'achat.

De plus, cette île est un centre privilégié pour l'observation du milieu marin. À l'écart de la rade de Toulon, la mer y est relativement pure; les fonds avoisinants sont très riches. Aux abords de ses rivages, là où s'étalent des salines désaffectées et une vaste lagune, la faune et la flore sont particulièrement originales. Au large, la zone pélagique est peuplée de nombreuses espèces planctoniques. Ces richesses marines incitèrent Paul Ricard et Alain Bombard à créer l'Observatoire de la mer, qui a pour tâche d'étudier les problèmes de sa nature, de sa vie propre, de sa faune et de sa flore, ainsi que ceux de la pollution et des moyens de la réduire. Installé dans un ancien fortin de la pointe Saint-Pierre, cet observatoire abrite, outre différents laboratoires et un local de plongée, une riche bibliothèque et une cinémathèque spécialisée, ouvertes au public. Un musée réunit d'intéressantes collections concernant les principaux embranchements marins, des animaux naturalisés (poissons, oiseaux, tortues) et jusqu'au squelette d'une baleine! Quant à l'aquarium d'eau de mer, il fonctionne en circuit ouvert, ce qui est rare. Vivant complément des laboratoires, on y étudie la croissance, le comportement et la reproduction de nombreuses espèces (éponges, anémones de mer, corail rouge, mollusques, crustacés, poissons, etc.).

Pour répondre au développement touristique que ces installations ont suscité, l'île des Embiez a été, comme Bendor, dotée d'un équipement d'accueil comprenant hôtels et villas, mais l'urbanisation reste relativement discrète et l'aspect général n'a pas tellement changé depuis l'époque lointaine où le pape Grégoire y fit escale, quand l'archipel jouait son rôle dans les échanges méditerranéens.

nids d'aigle
en terre azuréenne

◂ *Peillon est tapie sur un éperon rocheux,
au débouché d'un défilé,
dans la vallée du Paillon de L'Escarène.*

Du village d'Èze, ▸
*la vue s'étend sur
la presqu'île du cap Ferrat
et la baie de Villefranche.*

◂ *Le vieux bourg d'Èze,
planté au sommet d'une falaise,
juste au-dessus de la mer.*

*Du littoral méditerranéen aux cimes du Mercantour,
les Alpes niçoises, baignées de soleil,
prêtent leur décor accidenté et sauvage à d'extraordinaires petits villages.
Juchés sur des buttes ou accrochés à flanc de montagne au-dessus de ravins,
ces nids d'aigle, souvent ceints de remparts,
furent construits pour résister aux pirates et aux Barbaresques.*

▲ *Castellar : à côté d'un paisible café, une porte-donjon donne accès à l'ancien palais des Lascaris.*

▲ *Pavage irrégulier, rues couvertes et ombragées, le*

Ruelles tortueuses, grossièrement dallées,
coupées d'escaliers, enjambées par des voûtes,
maisons à hautes et étroites façades,
qui semblent s'épauler l'une l'autre,

4. Villages azuréens

ieux village de Gorbio. ▲ *Èze, habilement restaurée, a retrouvé tout son caractère.*

*vieilles pierres patinées par le temps
mais parées de fleurs,
les bourgs perchés de l'arrière-pays azuréen
n'ont rien perdu de leur charme d'antan.*

▲ *Dans l'arrière-pays mentonnais, les cultures en terrasses font un piédestal à Castellar.*

Le vieux Roquebillière, ▶
*massé autour de la
chapelle des Pénitents-Blancs.*

*À quelques lieues de la côte,
les villages, environnés d'oliviers et de rocaille,
ont un cachet purement méridional.
Vers l'intérieur, ils prennent des allures montagnardes :
façades colorées et toitures de tuile romaine
viennent cependant égayer un paysage passablement austère.*

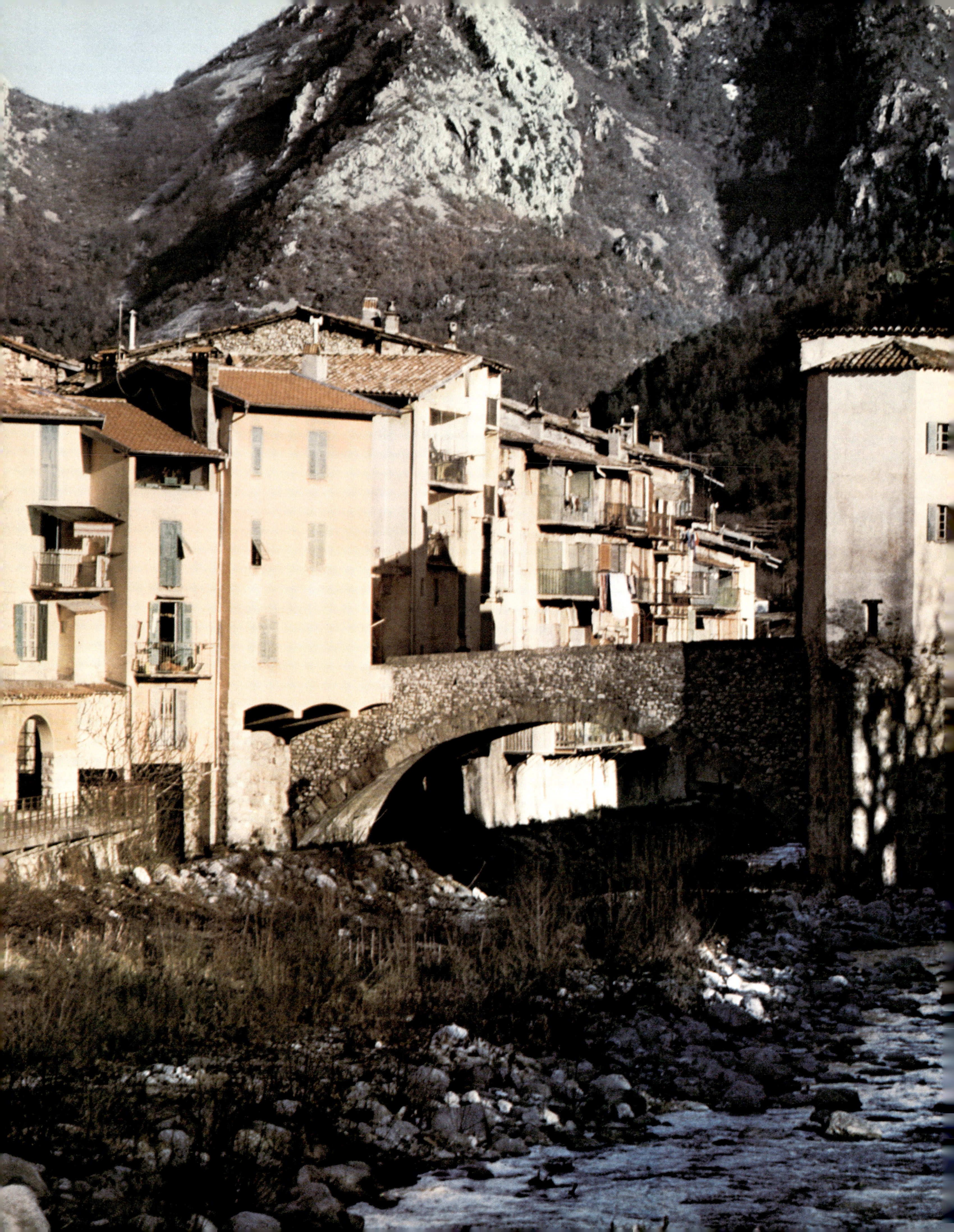

*Ces pittoresques villages perchés
jalonnent des vallées encaissées
qui tantôt s'élargissent
en de riants bassins,
tantôt se resserrent
en des gorges vertigineuses.*

◀ Les maisons de Sospel,
alignées le long de la Bévéra,
qu'enjambe un pont à tour de péage.

▲ Du belvédère du
«saut des Français»,
la vue plonge dans
les gorges de la Vésubie.

Juchée sur son rocher, ▶
Sainte-Agnès se serre
autour de l'église
à fronton triangulaire.

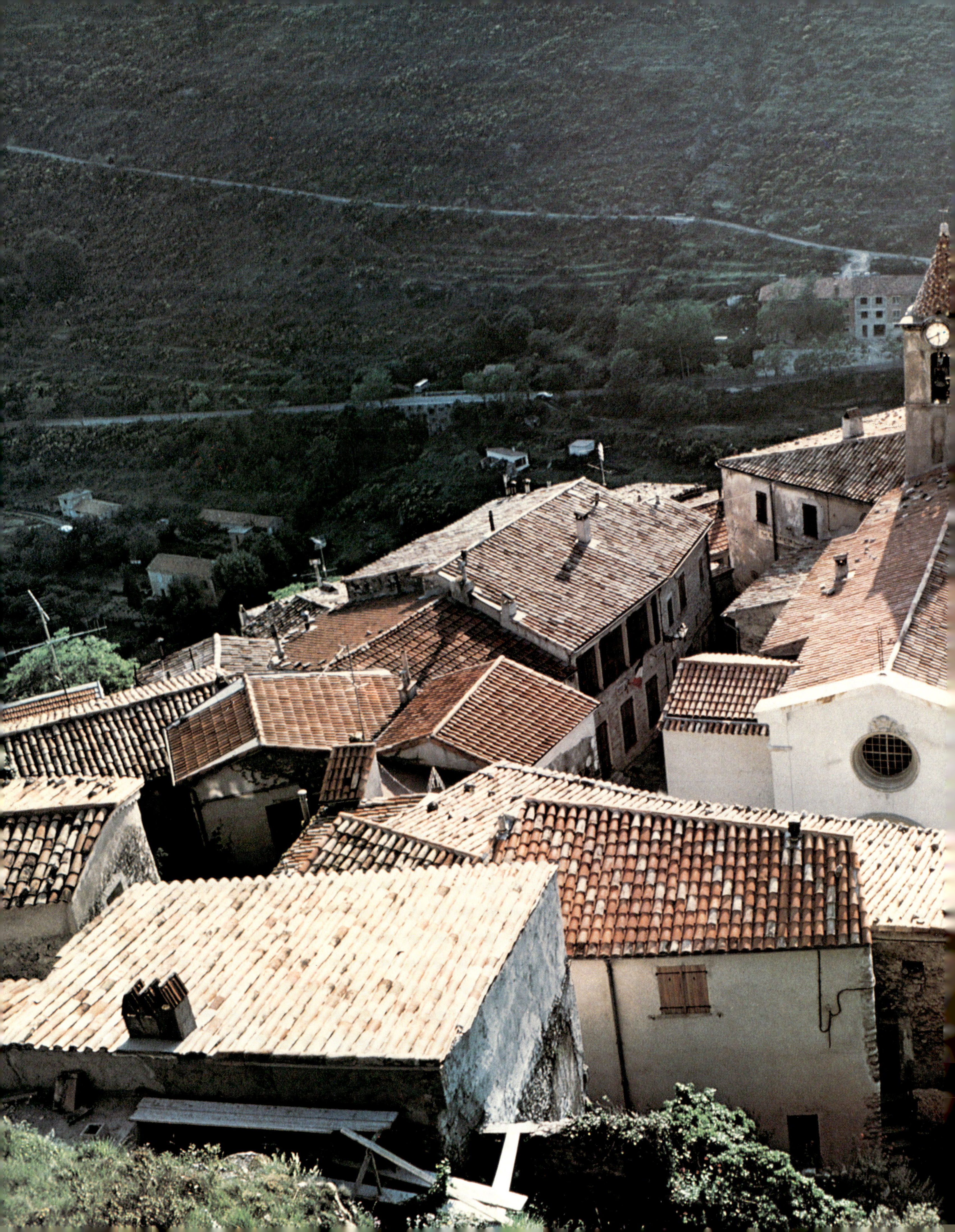

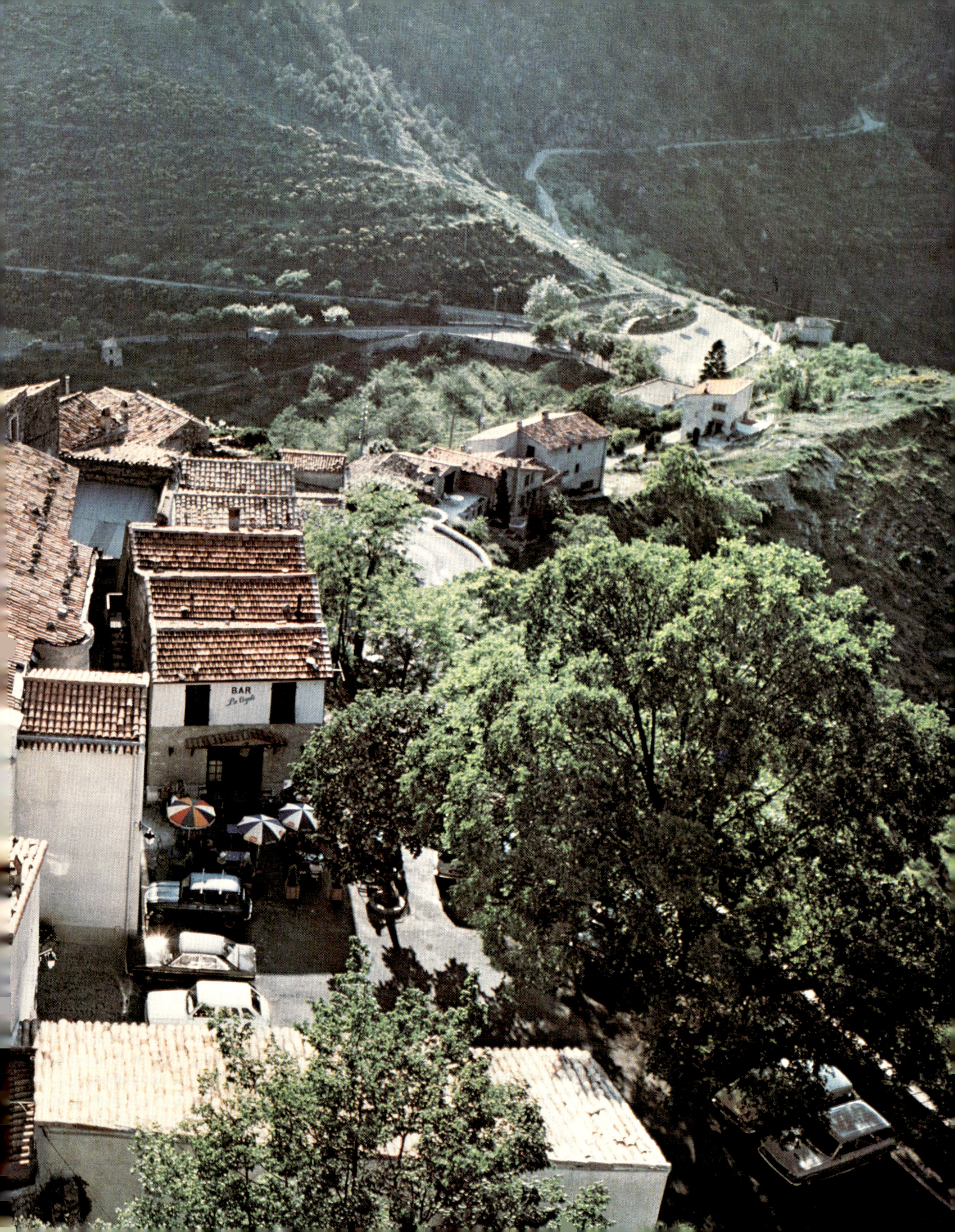
BAR

▲ *Sur une arête rocheuse
dominant la Vésubie,
Lantosque, ses façades colorées
et son église du XVIIe siècle.*

Entre les hauteurs solitaires du massif de l'Argentera-Mercantour et le littoral méditerranéen animé par un tourisme dévorant, à l'est du cours majestueux du Var, les Préalpes de Nice orientent vers la mer leur relief de crêtes austères, de versants escarpés et de gorges encaissées, paysages encore maritimes et déjà montagnards, caressés par la brise marine et fouettés par la tramontane. L'hiver apporte la neige, qui souvent couvre les sommets six mois durant; l'été, plus frais que sur la côte, s'accompagne d'orages. En raison des pluies importantes — il n'est pas rare qu'à l'automne les torrents soient en crue —, la végétation est dense et variée; elle se pare en altitude de floraisons de caractère alpin. Oliviers et pins sylvestres, remplacés par la vigne et les arbres fruitiers dans les endroits abrités, disparaissent au-dessus de 800 m pour laisser la place aux épicéas, à quelques cultures et à ces prairies où viennent estiver les troupeaux. Plus haut, au milieu des éboulis, au pied des cimes rocheuses, se nichent de petits lacs.

C'est dans les « vallées perdues » de cet arrière-pays niçois, riche en contrastes, que semble se concentrer la vie. Chacune de ces percées naturelles, où coulent Paillon, Vésubie, Bévéra et Roya, a, en effet, sa longue suite de villages, agrippés aux pentes, juchés sur des promontoires. Un univers pittoresque de rues escarpées et sinueuses, de passages voûtés, d'escaliers, d'arcades, de vieilles maisons serrées les unes contre les autres, avec des toits de tuiles romaines au rose fané par le soleil, de hautes et étroites façades burinées par les éléments. Ici et là, sur des places ombragées, jasent des fontaines. Parfois, des vestiges de remparts rappellent que la construction de ces nids d'aigle fut moins commandée par le souci de s'exposer au soleil que par celui de se protéger.

Car il n'est pas un de ces petits bourgs qui n'ait été touché par l'histoire du comté de Nice, marche frontière âprement convoitée : grandes invasions des Ve et VIe siècles, incursions sarrasines, luttes des comtes souverains de Provence pour affirmer leur mainmise sur cette contrée jusqu'à ce qu'elle devînt fief des seigneurs savoyards, rivalités entre ces derniers et les souverains français... La population de l'actuel département des Alpes-Maritimes vécut dans l'insécurité des siècles durant. Aussi se retira-t-elle dans des villages-citadelles, haut perchés et d'accès malaisé.

À cause des difficultés de communication, les habitants de ces bourgs furent longtemps contraints à l'isolement, assurant leur subsistance par une agriculture modeste et un pacage saisonnier. Mais avec le retour à la paix, avec le développement des routes et des moyens de transport, les villages commencèrent à se dépeupler. Ensuite vint le tourisme, qui bouleversa la vie du littoral et modifia celle de l'arrière-pays : il lui apporta un certain confort, mais, en même temps, attira dans les stations balnéaires une grande partie de ses forces vives. L'exode s'accrut et nombre de maisons furent abandonnées. Puis le trop-plein du littoral commença à restituer aux villages une part de ce qu'il leur avait pris et, depuis peu, des travaux d'aménagement tentent de redonner vie à ces fantômes.

Chacun de ces villages, malgré un certain air de famille, possède son originalité propre, son climat et, pourrait-on dire, son parfum particulier. Chacun mérite une visite. Et, peut-être, sera-t-on surpris d'y découvrir, au fil d'une flânerie, de véritables trésors. La plus humble chapelle abrite souvent d'admirables peintures murales ou de remarquables retables des primitifs niçois, Louis Bréa, le « Fra Angelico provençal », et ses disciples.

Èze, « la gitana sauvage »

Ainsi Stephen Liégeard, en 1887, qualifiait-il *Èze,* l'un des plus beaux de ces villages perchés bâtis à peine en retrait de la Côte d'Azur. « Sombre, au sommet d'une pyramide isolée, sa silhouette s'élève en vigueur sur les transparences de l'horizon. De plus de six cents pieds à pic, elle domine la mer. Les stries du sentier qui descend vers la grève semblent les lacets d'or de son noir corsage, le soleil a bruni son front, l'orage et le canon ont, aux éclats de leurs tonnerres, déchiqueté un diadème en ruines... » À 10,5 km à l'est de Nice et 6 seulement de La Turbie, juché à 427 m d'altitude sur un escarpement, Èze se dresse au-dessus de la Méditerranée et de la station balnéaire moderne d'*Èze-sur-Mer.* Maisons et rocher semblent ne faire qu'un. La petite cité a gardé son cachet d'autrefois. Il lui reste des portes fortifiées (XIVe s.) et un début de chemin de ronde. Ses vieilles bâtisses, souvent intelligemment restaurées, enserrent d'étroites venelles qui, par des escaliers, grimpent aux flancs du piton et ouvrent de lumineuses échappées sur la Méditerranée ou les collines de l'intérieur. Il faut s'aventurer dans ce pittoresque dédale qui attira à Èze-Village artistes et hôtes illustres : George Sand, Théodore de Banville aimèrent ce « nid de vautour », et Frédéric Nietzsche, qui séjourna dans les environs, y conçut la troisième partie de *Ainsi parlait Zarathoustra.* Une rue escarpée et un long passage voûté conduisent au terre-plein où s'élevait le château des Riquier, seigneurs d'Èze, que Louis XIV fit démanteler. Des débris de muraille en sont les seuls vestiges, et on s'extasiera davantage sur l'incomparable panorama qui s'offre au regard, du cap Ferrat au cap Roux et à la presqu'île de Saint-Tropez. Par temps clair, les montagnes corses se dessinent à l'horizon. Sur les remparts de l'ancien château a été créé un jardin exotique qui rassemble d'importantes collections de plantes grasses. À côté de la demeure seigneuriale, la chapelle de la Sainte-Croix-des-Pénitents-Blancs (XIVe s.) fut restaurée dans les

L'« école de Nice »

Sur la côte comme dans l'arrière-pays, la région niçoise se révèle extrêmement riche en peintures des XVe et XVIe siècles. Églises et chapelles abritent des retables peints sur bois, d'une grande ferveur religieuse en même temps que d'une spontanéité parfois pleine de naïveté.

Derrière ces œuvres, influencées à la fois par l'art français et l'art italien, se dissimulent des artistes qui travaillaient surtout pour les confréries de pénitents et dont l'identité ne nous est pas toujours parvenue. Aussi les regroupe-t-on sous l'appellation d'« école de Nice », à la suite de celui qui semble avoir été leur chef de file : Louis Brea, le « Fra Angelico provençal », qui vécut environ de 1458 à 1522. La Crucifixion à Èze, le retable de sainte Marguerite à Lucéram, la Crucifixion à La Brigue sont de ses chefs-d'œuvre. Son frère Antoine Brea (1504-1545) et le fils de celui-ci, François (1530-1562), firent partie de ses disciples. Au dernier on attribue la Vierge immaculée de Sospel et la sainte Madeleine de Contes. Mais il est d'autres noms connus : Jean Mirailhet (v. 1394 - av. 1457), originaire de Montpellier, Jacques Durandi († 1470), Antoine Aundi, André Manchello, Honoré Bertone, auquel revient le rosaire de Peille, G. Planeta...

À cette même époque, les sanctuaires, des plus grands aux plus modestes, s'ornèrent de peintures à la détrempe. On peut en voir à Peillon, Venanson, Saorge, Auron, Saint-Étienne-de-Tinée. Si les anonymes sont aussi fort nombreux

▲ *Dans l'église Sainte-Marguerite de Lucéram, une œuvre importante de Louis Brea : le retable de sainte Marguerite.*

Au-dessus du vallon du Faquin, dans un paysage sauvage de bois et de rochers,
▼ *le bourg de Peille.*

années 50 et décorée de panneaux émaillés qui s'accordent bien avec l'aspect dépouillé de ce sanctuaire. On remarquera dans le chœur un christ en bois (XIIIe s.) — dit « Christ de la peste noire » — et une « Vierge des forêts », du XIVe siècle, dont l'Enfant Jésus tient une pomme de pin, symbole de la pauvreté. L'église paroissiale actuelle, reconstruite au XVIIIe siècle dans le style Renaissance, domine le village de son clocher carré à deux étages.

À l'entour du mont Agel

Si Èze, par sa situation et son charme indéniable, semble canaliser l'intérêt du promeneur, il existe dans cette portion de l'arrière-pays niçois, autour de la haute stature du mont Agel (1 146 m), le sommet le plus élevé de la Côte d'Azur, bien d'autres buts d'excursion. Ainsi le monastère de la *Madone de Laghet,* bâti dans un vallon boisé, attire quantité de pèlerins. Érigée aux Xe-XIe siècles, la chapelle fut restaurée au XVIIe et devint le théâtre de guérisons miraculeuses qui amenèrent les premiers pèlerins. Les dons affluèrent et les murs se couvrirent d'ex-voto. L'évêque de Nice fit alors construire, au XVIIe siècle, une église plus vaste, de style baroque, accompagnée d'un hospice. En 1792, un détachement de troupes révolutionnaires mit à sac l'édifice, brûla les ex-voto et les pères carmes ne réintégrèrent le monastère qu'en 1814. Cependant, que les amateurs d'ex-voto se rassurent, les couloirs de l'église ont reçu, depuis lors, de nouveaux témoignages de foi et de gratitude, exprimés par des pinceaux tout aussi naïfs. Un modeste musée a recueilli, depuis 1952, les meilleures de ces petites toiles.

Quittant le sanctuaire et rejoignant la Grande Corniche, qui s'élève ici à presque 500 m au-dessus de la mer, il faut emprunter la route qui, entre les pentes du mont Agel et de farouches ravins, remonte vers *Peille.* De son rocher, à 630 m d'altitude, ce village commande le

Villages azuréens. 13

dans ce domaine, nous restent les noms d'André de Cella (la chapelle Notre-Dame-del-Bosc dans le village de La Roquette — perché sur un piton dominant le confluent du Var et de l'Estéron — possède des fresques de lui), de Buvesi (ou Brevesi) et de Baleison, qui collabora avec le plus célèbre d'entre tous, Jean Canavesi (XVe s.). Contemporain de Brea, ce Piémontais a puisé à des sources germaniques une inspiration et un art vigoureusement contrastés, où violence et délicatesse, douceur et brutalité s'affrontent constamment en des compositions saisissantes de vérité et sans cesse évocatrices de sentiments d'horreur et de terreur. Ses fresques les plus célèbres constituent la décoration de la chapelle de Notre-Dame-des-Fontaines à La Brigue (1492).

À la rencontre de la Préhistoire

À plus de 2 000 m d'altitude, dans un paysage grandiose raviné par deux torrents, la Béonia et la Valmasque, et émaillé de nombreux lacs, a lieu une rencontre bouleversante avec l'homme préhistorique. Au pied du mont Bego, face au mont du Grand-Capelet et à la cime du Diable — hautes crêtes du massif du Mercantour —, la *vallée des Merveilles* fut en effet, à l'âge du bronze, le théâtre d'un culte voué par des peuplades de bergers ligures à on ne sait quelle divinité — selon d'aucuns, le mont Bego lui-même, pour l'eau qu'il dispense, permettant d'abreuver les troupeaux et d'arroser les pâturages, mais le fait que la racine indo-européenne « beg » signifie « seigneur divin » ne l'explique qu'imparfaitement. Quoi qu'il en soit, cette présence humaine y est attestée par de nombreuses « inscriptions ». Il s'agit en fait d'images représentant des têtes de bovins, surmontées de cornes — les bovins avaient une signification religieuse (fertilité, fécondité) —, des armes et des outils (pointes de flèches, hallebardes, massues), des peaux d'animaux, des charrues, des sorciers, des mages, des figures géométriques à valeur symbolique.

De l'autre côté du mont Bego, le *vallon de Fontanalbe* possède aussi de ces « inscriptions » (laboureurs au travail, bœufs attelés à la charrue, enclos à l'intérieur desquels des points représentent des animaux ou des maisons), mais toutes gravées d'un trait plus profond, plus descriptives et plus complètes. Elles datent de l'âge du fer, certaines même du haut Moyen Âge.

Mais comment ces peuplades ont-elles procédé pour graver ces « ex-voto » que l'on découvre aujourd'hui encore sur des rochers éboulés ou sur des blocs en place? Il semble que de grandes dalles plates d'anagénite, de couleur orangée ou verte, aient particulièrement attiré le ciseau du « scripteur », qui faisait éclater par de petites incisions la mince couche superficielle de la roche. La surface ainsi libérée, plus claire, dessinait l'image souhaitée, que le temps devait ensuite patiner, la rendant souvent peu lisible de loin.

Bien des générations de passants, assez rares il est vrai sur ces hauteurs, ne virent dans ces gravures que des accidents fortuits

Sentinelle du Paillon de Contes, Coaraze sur son éperon boisé. Au fond, la Rocca Sparviera ▼ ou rocher des Éperviers.

vallon du Faquin, paré de champs d'oliviers. Le site est austère, mais la bourgade, entourée de jardins fleuris, ne manque pas de pittoresque avec ses ruelles, ses escaliers, ses passages voûtés, ses placettes, ses arcades et ses vieilles portes de ferronnerie. Pour bien la visiter, il faut suivre la ruelle de la Sauterie jusqu'à la place du Mont-Agel, que rafraîchit une fontaine gothique et que bordent de vieilles façades moyenâgeuses. Au-dessus du village subsistent les ruines du château des comtes de Provence (XIIIe s.). Le plus beau panorama se découvre du monument aux morts, dressé sur une éminence dominant la gorge du Faquin; on y jouit d'une vue incomparable sur le village et son église des XIIe et XIIIe siècles à clocher carré de style roman, sur la cime du Rastel et la vallée du Paillon, sur la baie de Nice et la côte jusqu'au cap d'Antibes.

À quelques kilomètres de Peille, dans la vallée du Paillon de L'Escarène, se trouve un autre village perché que l'on atteint après 3 km de chemin en lacet : *Peillon*. Comme pour Èze et tant d'autres villages voisins, le choix d'un éperon rocheux pour bâtir les premières maisons a, sans conteste, été commandé par le souci de se protéger des incursions sarrasines. La situation particulièrement isolée de Peillon la préserva encore, quelques siècles plus tard, de l'invasion touristique. Les admirateurs de Jean Canavesi pourront s'attarder dans la chapelle des Pénitents-Blancs, devant de belles fresques représentant des scènes de la Passion.

Les villages perchés du Mentonnais

De l'autre côté du mont Agel, dans l'arrière-pays de Menton, de charmants villages se sont établis dans des sites pittoresques. Tel *Gorbio,* niché à 359 m dans une riante vallée, au milieu de pins et d'oliviers. Il offre au visiteur une église du XVIIe siècle, et les ruines d'un château. Tel *Sainte-Agnès,* à 670 m d'altitude, accroché à une

▲ *Gravée sur un bloc rocheux
de la vallée des Merveilles,
l'image symbolique d'un sorcier.*

de la nature (érosion glaciaire notamment) ou des représentations sans conséquence. Et c'est à un Français, Émile Rivière, qu'il fut donné en 1877 de les « voir », pour la première fois, en tant que témoignages préhistoriques. De 1881 à 1918, l'Anglais Clarence Bicknell en entreprit l'étude systématique : il en dénombra 12 000. De 1923 à 1939, l'Italien Carlo Conti en releva 36 000, dont il prit des moulages; il crut pouvoir diviser la production en cinq périodes préhistoriques et une historique. Mais il fallut les travaux du professeur de Lumley pour en porter le nombre à 100 000 et pour pouvoir les dater avec précision.

En tout état de cause, c'est une visite passionnante dans un site impressionnant. Bien entendu, les vallons des Merveilles et de Fontanalbe sont classés. Il est interdit de s'y déplacer autrement qu'en sandales ou chaussures caoutchoutées et, bien plus encore, d'y prélever tout ou partie d'une gravure. Celles-ci se prêtent admirablement à la photographie en couleurs et, avec un filtre vert, au noir et blanc.

Ces sites méritent un ou deux jours de visite. Ils flanquent respectivement les versants ouest et nord du mont Bego. Pour y accéder, on peut partir de Saint-Dalmas-de-Tende et suivre la petite route des Mesches jusqu'au débouché des vallons de la Minière et de Castérine. Puis on gagne le refuge des Merveilles (2 111 m) — refuge du Club alpin français, gardé l'été —, sur la rive sud du lac Long supérieur. C'est là le point de départ de la découverte de la vallée des Merveilles.

falaise, au pied du mont Baudon : un village ancestral, à ruelles enjambées de voûtes. De sa vaste terrasse, on embrasse le golfe de Menton et les Alpes mentonnaises.

Toujours sur les hauteurs dominant Menton, entre la frontière italienne et la vallée du Careï, un chemin serpentant parmi les champs d'oliviers conduit au village de *Castellar,* juché sur un mamelon à 390 m d'altitude. Ici, la vue sur la Riviera, le cap Martin, Bordighera et la mer est admirable. L'ancien palais seigneurial des Lascaris est sans grand attrait; mais, dans l'église, une chapelle consacrée à la Vierge peut, avec ses 15 petits tableaux ronds inspirés par les mystères du Rosaire, retenir le visiteur.

Plus au nord, enfin, près de la source du Careï, sur la route qui mène à Sospel, *Castillon,* entièrement reconstruit après la guerre, s'offre comme un modèle d'urbanisme rural : ici, le passé n'est plus, la Provence s'ouvre au progrès.

En suivant les Paillons

Le modeste Paillon qui arrose Nice est, en fait, le résultat de trois torrents nés à 35 km de là. Le plus important est celui de L'Escarène, qui sourd au-dessus de Lucéram. Les deux autres jaillissent dans la Rocca Seira (Paillon de Contes) et à Levens (Paillon de Saint-André). Avant de confluer, les trois Paillons se sont frayé, au cœur de fraîches forêts, des gorges ombragées et verdoyantes. Des routes sinueuses, dont l'attrait ne se dément jamais, y conduisent le promeneur de bourgs en hameaux aux pierres patinées par le soleil.

Dans la vallée du Paillon de L'Escarène, *L'Escarène,* au pied du col de Braus, fut autrefois un relais entre Nice et le Piémont : les diligences y changeaient de chevaux avant d'entreprendre l'ascension du col. Du vieux pont enjambant le Paillon, on découvre les alignements étagés de maisons aux toits roses. L'église Saint-Pierre-aux-Liens (XVIIe s.) arbore une jolie façade de style Renaissance et possède deux chapelles des Pénitents noirs et blancs. En amont, *Lucéram* est le village le plus élevé de la vallée, sis au pied du massif de Peïra-Cava. Sous l'occupation romaine, ce bourg se trouvait sur une voie très fréquentée reliant La Turbie à la vallée de la Vésubie. Sa situation admirable, à flanc de montagne, lui valut d'attirer de nombreux voyageurs et tout particulièrement des religieux, qui y firent bâtir quatre chapelles et une église, celle-ci perchée sur une terrasse tout en haut du village. Après une promenade dans les ruelles qu'enserrent les fortifications et que dominent les ruines d'une tour médiévale, après s'être attardé devant de belles maisons gothiques, on ne manquera pas de pénétrer dans l'église Sainte-Marguerite qui doit son intérêt moins à son architecture (XVe-XVIe s.) qu'aux trésors

*Lucéram, le plus haut village
de la vallée du Paillon de L'Escarène,
dont les rues étroites*
▼ *grimpent en escalier.*

Villages azuréens. 15

De la gastronomie azuréenne

Ces hauteurs, ces forêts, ces sentiers parfumés du comté de Nice, il serait impardonnable de les parcourir sans faire étape dans l'un de leurs villages perchés, pour y savourer les mets du terroir. Rapidement, les palais se déshabitueront de ces herbes dites de Provence — dont abusent souvent les cuisiniers sans imagination — pour distinguer les subtiles nuances de la cuisine au basilic ou à base de thym. Rapidement, ils sauront qu'il n'est pour cuisiner ici qu'une huile, celle de l'olive mûre et fraîche. Après l'avoir appréciée, les gourmets pourront succomber aux tentations des huiles aromatisées, au fenouil, au piment, au romarin, au thym, au laurier, à la marjolaine ou, tout simplement, à l'ail. De cet ail que l'on trouve dans de nombreux plats, mais il s'agit de l'ail rouge, seule variété jugée digne de la cuisine azuréenne.

Aux tables de ces lieux haut perchés, on peut se régaler, tour à tour : de *soupe au pistou,* faite de légumes non passés et de basilic pilé avec de l'ail; de *pan bagnat,* pain imbibé d'huile d'olive et garni de tomates, de poivrons, de radis, d'oignons, d'œufs durs et d'olives noires; de *gnocchi;* de *cannelloni;* de *tian,* tourte composée de fèves, de petits pois, de fonds d'artichaut, d'épinards et de blettes; de *troucha de bléa,* omelette aux artichauts, aux petits pois et aux épinards; ou de *socca,* gâteau de farine de pois chiches. On apprend aussi à apprécier le *capoun,* chou farci agrémenté de riz, les *beignets de fleurs de courgette,* le *cantareu,* ragoût d'escargots à la sauce tomate, et surtout l'*anchoïade,* pâte d'anchois à l'huile d'olive, garnie d'ail pilé, de câpres et de jaunes d'œufs.

De-ci, de-là, quelques spécialités locales. À Saint-Martin-de-Vésubie, la truite (fario et arc-en-ciel), qu'on pêche dans la Vésubie et les lacs montagnards, le fromage de la région, les *brousses* (au lait de brebis ou de chèvre). Sospel a fait du ragoût de chevreau son plat préféré; elle a également son *froumaï gras* (fromage gras), à base de lait de vache, qu'il convient de manger frais sur place. C'est de fromages aussi que s'enorgueillit La Brigue : un fromage fermenté au lait de vache, qui se présente sous forme de tommes, et la *tourmeta* (pâte de lait de brebis), en forme de cœur.

Pour accompagner cette cuisine des plus variées, la région de Nice a ses vignobles, dont la production est proche parente de celle du Var. Vins de Saint-Jeannet, de Mantaleine, de Villars, de La Gaude, de Menton et, surtout, de Bellet. Presque disparu au début des années 50, le vignoble de Bellet revit depuis peu au flanc des coteaux dominant la vallée du Var et dans le moutonnement de collines autour de Nice. Placé sous le régime de l'appellation d'origine contrôlée (A. O. C.), il donne des vins blancs, rosés et rouges, ces derniers généreux et ronds. Si le rendement est encore faible, la qualité est là, que la « Confrérie des comtés de Nice et de Provence », créée en 1966, a pour tâche de défendre en même temps qu'elle se charge de mettre en valeur la cuisine de la région.

qu'elle protège. Six admirables retables de l'école de Nice, deux peints à la fin du XVe siècle et quatre au XVIe, sont remarquablement présentés : retable de saint Bernard de Menthon, exécuté en 1500, retable de saint Claude, qui date de 1566, retable de saint Antoine de Padoue, aux personnages de couleurs vives, attribué à Jean Canavesi, retable de saint Pierre et saint Paul, du XVIe siècle, et retable de Notre-Dame de Pitié, du XVIe siècle également, restauré par un Niçois au début du XIXe, toutes œuvres admirables. Mais le pur chef-d'œuvre est sans conteste le retable à dix compartiments de sainte Marguerite, que l'on doit très certainement à Louis Brea.

Les environs de Lucéram recèlent d'autres trésors pour l'amateur d'art : ainsi des fresques du XVe siècle, restaurées mais qui ont conservé un certain air de naïveté, de la chapelle Notre-Dame-de-Bon-Cœur, sur la route du col de Saint-Roch, et de la chapelle Saint-Grat, sur la route de Nice.

Mais peut-être le promeneur préférera-t-il monter à *Peïra-Cava* (1 450 m), la station d'altitude la plus proche de la côte, installée sur une crête entre la Vésubie et la Bévéra. Cet ancien poste militaire s'est métamorphosé, de nos jours, en une station de sports d'hiver, très appréciée également l'été pour la fraîcheur de son climat et la pureté de son air. De la table d'orientation de Pierre-Plate, le panorama est incomparable. D'un côté, le regard embrasse la longue chaîne des Alpes de Provence; de l'autre, la vue peut porter par temps clair jusqu'aux îles de Lérins, voire aux côtes de Corse. Et Nice est à moins de 40 km.

Au nord de Peïra-Cava s'étale l'admirable forêt de sapins et d'épicéas de Turini, aux sous-bois couverts de bruyères blanches. Du col de Turini, on peut soit rejoindre par La Bollène la vallée de la Vésubie, soit emprunter la route de l'Aution, ou bien encore atteindre Sospel par la vallée de la Bévéra. Ce dernier parcours, très pittoresque, épouse les caprices de la Bévéra, qui déroule ses méandres au milieu de défilés rocheux resserrés et abrupts : le plus sauvage d'entre eux est celui des gorges de Piaon, que l'on atteint par une route vertigineuse dominant à pic le torrent. Puis voici *Sospel,* située au centre du bassin formé par le confluent de la Bévéra et du Merlanson, entre les Alpes de Tende et les montagnes mentonnaises. Cette ancienne république gérée par des consuls, successivement sous la suzeraineté des souverains de Vintimille, de Provence et de Savoie, est aujourd'hui une charmante station estivale à 360 m d'altitude, en même temps qu'un centre de cultures maraîchères et d'élevage de vaches laitières. Un vieux pont à tour de péage, des maisons médiévales, des palais avec d'élégantes loggias — tel le palais Ricci —, des fontaines, une place à arcades, les ruines du couvent des Carmélites et les anciens remparts, qui possèdent une belle tour d'angle du XIVe siècle, font le charme de Sospel. Dans l'église

Un clocher roman lombard, une façade de style classique :
▼ *l'église Saint-Michel de Sospel.*

Saint-Michel, surmontée d'un clocher roman de style lombard, les admirateurs du peintre François Brea pourront se recueillir devant le retable de « la Vierge immaculée ». Entourée de six angelots, la Vierge aux mains jointes est l'expression même de l'innocence et de la pureté. Un tendre paysage naïf sert de toile de fond.

Encore le Midi, déjà la montagne : les maisons à balcons de Saint-Martin-Vésubie.

Sur les traces des pénitents

Blancs ou noirs, les pénitents semblent avoir joué un rôle important dans l'ancienne Provence. En témoignent de nombreuses chapelles bâties par ces confréries, en particulier à Nice et dans son arrière-pays.

C'est au XIIIe siècle, en plein Moyen Âge, qu'apparurent les pénitents. L'épidémie de peste qui ravagea alors les bords de la Méditerranée amena la création de groupements de laïcs chrétiens qui se fixèrent pour tâche d'ensevelir les cadavres, sources d'infection et de propagation du fléau. Ainsi se formèrent les confréries de pénitents, mues par un grand élan de foi et de charité. Univers très structuré, avec des officiers, des recteurs, des conseillers, des

À l'ouest du Paillon de L'Escarène, le Paillon de Contes a, lui aussi, ses villages perchés. Le plus important est *Contes,* qui domine la vallée d'une cinquantaine de mètres. Bourg romain et commune libre à partir du XVIe siècle, cette petite cité est aujourd'hui, dans son environnement de collines aux cultures prospères, la vivante illustration des hauts villages azuréens. Dans son église, un retable de sainte Madeleine est attribué à François Bréa. Aux portes de l'édifice, sur une petite place, s'élève une élégante fontaine de pur style Renaissance. À 4,5 km de Contes, dans la même vallée, *Châteauneuf-de-Contes* émerge, à flanc de colline, d'un écrin de vergers et d'oliveraies. C'est un ancien *castrum* romain, comme en font foi des inscriptions de l'époque; certaines sont encastrées dans les murs de l'église Sainte-Marie, et deux ont été recueillies au musée de Saint-Germain-en-Laye.

Plus au nord, dans un paysage boisé, planté d'oliviers qui font sa fortune, dominé par la cime de Rocca Seira (1 504 m), *Coaraze* apparaît, juchée sur un éperon que couronne son église de style baroque. Dans les ruelles à escaliers on peut voir de nombreux cadrans solaires, œuvres entre autres de Jean Cocteau et de Douking. Aux environs, d'humbles sanctuaires : la Chapelle bleue, au flanc du Férion; la chapelle Saint-Sébastien, en aval du village, décorée à fresque; la chapelle de Sainte-Eurosie, en amont dans la vallée, consacrée à la sainte que l'on prie pour obtenir la pluie, car Coaraze se prétend la commune la plus ensoleillée de France.

Pour achever cette exploration entre les Paillons de L'Escarène et de Contes, se trouve encore un nid d'aigle que l'on atteint par des chemins serpentant entre des collines plantées de splendides châtaigniers : *Berre-les-Alpes.* Aux alentours fleurissent d'innombrables mimosas et sont récoltés petits pois, pêches et cerises. De la place du village, on a un point de vue exceptionnel sur la Rocca Seira, le Mercantour, l'Argentera, les neiges des Gaisses, les bois de Peïra-Cava, la cime du Diable, le Gros-Braus et le mont Ours. À l'ouest, se dessinent le mont Chauve, les ruines de Châteauneuf et le mont Macaron. Au sud, on peut apercevoir la crête de la Grande Corniche, la trouée du col de Guerre et le mont Agel.

Au pays de la Vésubie

Formée par les torrents du Boréon et de la Madone de Fenestre, descendus du massif du Mercantour, la Vésubie décrit jusqu'à son confluent avec le Var l'une des plus belles vallées de l'arrière-pays niçois. C'est d'abord une longue entaille en montagne, à deux pas des neiges éternelles, avec de belles forêts, de verts alpages, de fraîches cascades, au pied de cimes déchiquetées qu'apprécient tout particulièrement les alpinistes; puis, de Lantosque à Saint-Jean-la-Rivière, elle est plus gaie et déjà marquée par l'influence méridionale : mélèzes et épicéas se mêlent désormais aux vignes, aux figuiers, aux plantes grasses et aux fleurs; enfin, elle entre, grandiose et sauvage, dans des gorges abruptes.

Villages azuréens. 17

▲ *Fondé en 850, reconstruit au début du XIXᵉ siècle, le sanctuaire de la Madone d'Utelle est un lieu de pèlerinage fréquenté.*

greffiers, des maîtres des cérémonies... Leur rôle ne se limita bientôt plus à enterrer les pestiférés. Et porter assistance à tous les déshérités devint la raison d'être de ces organisations.

Organisations libres : y entrait qui voulait, sans distinction d'âge ou de métier. Et si les uns portaient un capuchon blanc, les autres un capuchon noir, cela ne correspondait pas à une opposition sociale. Chaque confrérie réunissait en effet à la fois notables et gens du peuple.

La Révolution n'épargna pas les pénitents. Leurs biens furent confisqués, leurs chapelles dévastées. Mais les dommages ne furent que matériels. Bien qu'ayant perdu certaines fonctions d'assistance, les pénitents conservèrent leur attribution première : les pompes funèbres.

Pour découvrir cette vallée au charme secret, il faut d'abord grimper jusqu'à *Levens,* en haut de la vallée du Riou sec (Paillon); la vue est superbe sur les Alpes vésubiennes, où se sont creusées ces gorges étroites. La route tantôt surplombe le gouffre, tantôt serpente dans ses profondeurs entre des parois escarpées. Un arrêt s'impose au lieu-dit « le Saut des Français », aux abords immédiats du village de Duranus. Outre sa sauvage beauté, cet endroit présente un intérêt historique; c'est là qu'en 1793 un détachement de soldats républicains fut précipité au fond des gorges par des rebelles niçois. Au-dessus des gorges, sur la rive droite de la Vésubie, s'élève *Utelle,* ancienne république libre, protégée par les comtes de Provence, puis de Savoie. Les armoiries des suzerains savoyards figurent sur la façade de la mairie à côté d'un très ancien cadran solaire. Sur la place, le promeneur se délassera à l'ombre de grands châtaigniers, tout en admirant la vue sur la haute vallée de la Vésubie et les montagnes de la Gordolasque. L'amateur d'art religieux ira visiter l'église Saint-Véran (XIᵉ s.), remaniée au XIXᵉ siècle et qui possède une belle porte ornée de bas-reliefs, une Annonciation du XVIᵉ, évoquant l'art de Brea, et un retable en bois sculpté du XVIᵉ.

D'Utelle, on peut grimper à 1 174 m d'altitude jusqu'au sanctuaire de la Madone, chapelle construite en 850 et totalement réaménagée en 1806. La vue est vaste sur les Alpes-Maritimes, mais c'est surtout un lieu de pèlerinage. En des siècles reculés, deux marins allaient sombrer, ballottés sur leur esquif par les vagues déchaînées du golfe de Nice, au cours d'une de ces tempêtes dont la Méditerranée a le secret, lorsqu'une colonne de lumière surgit au-dessus d'Utelle et leur permit d'aborder sans dommage. Les deux navigateurs, retrouvant l'emplacement où s'était élevée la lueur salvatrice, apprirent des bergers d'Utelle qu'ils devaient d'avoir évité le naufrage à l'intervention de la Madone; elle s'était également manifestée à eux sous forme d'une pluie d'étoiles, leur enjoignant de bâtir une chapelle à sa gloire sur les lieux mêmes du miracle. Ainsi fut fait. S'ensuivit un premier pèlerinage, suivi de beaucoup d'autres; aujourd'hui encore, de nombreux fidèles viennent prier la Madone d'Utelle. Peut-être, au hasard de leurs pas, retrouvent-ils les étoiles tombées du ciel selon le miracle de la Vierge... (il s'agit de pierres à cinq branches fossiles, ou calcaire marin ayant nom d'« entroques », bien en accord avec la géologie locale).

De toute la vallée de la Vésubie, c'est sans doute *Lantosque,* haut perchée sur une proue rocheuse, qui possède le plus de cachet. Au-dessus de la gorge déchiquetée par les eaux s'élèvent en paliers, épousant le relief de la roche, plusieurs étages de vieilles maisons. Au creux de la vallée, parmi les pâturages, se niche *Roquebillière,* à proximité du confluent de la Vésubie et de la Gordolasque. Détruit en 1564 et en 1926 par des glissements de terrain, le village s'est reconstruit sur la rive droite autour d'une église gothique, dite des Templiers, qui recèle un retable du XVIᵉ siècle, ainsi que de petits tableaux du Rosaire de la même époque. Sur la rive gauche, dans l'ancien village, subsiste une chapelle des Pénitents-Blancs à clocher Renaissance.

18. Villages azuréens

Ainsi, pour les pénitents blancs, le règlement de 1836 précise que : « la confrérie continuera, comme par le passé, de faire gratuitement tous les enterrements quelconques..., et se trouvera toujours exactement aux heures qui lui seront indiquées ». Le XX⁰ siècle et ses sociétés de pompes funèbres porteront évidemment atteinte à ce charitable privilège. Et les confréries disparurent lentement. S'il existe aujourd'hui encore des pénitents dans le midi de la France, leurs activités ne relèvent plus que de la dévotion.

Les neiges d'Auron

L'air le plus pur, la neige la plus blanche, tel se présente Auron, à 97 km de Nice, dans la commune de Saint-Étienne-de-Tinée, entre 1 600 et 2 400 m d'altitude. Cette station, aujourd'hui très fréquentée, abrite l'École nationale du ski français. Les sportifs trouveront là à leur disposition le téléphérique de Las Donnes, aboutissant au point de départ de vingt pistes, parmi lesquelles celle du Chavalet en site découvert, celle de la Forêt, sinueuse et fort pittoresque, et celle de l'Olympique, très appréciée.

Deux remonte-pente assurent la montée jusqu'à 2 270 m : le téléski des Vallons, de 1 640 m à 1 840 m, et celui de la Chiogna, à partir de 1 860 m. Sans négliger un certain nombre de téléskis de moindre importance et de parcours plus limité, il convient de signaler le téléski du Colombier, assurant le service jusqu'à 2 100 m, dans la forêt de Blainon. D'autre part, un télébenne part du plateau pour

▲ *Les maisons à toit d'ardoise de Tende s'agrippent au flanc de la montagne dans la haute vallée de la Roya.*

Dans la moyenne vallée de la Roya, Breil-sur-Roya, ruinée au cours de la dernière guerre,
▼ *a été rebâtie dans le style du pays.*

Au pied des hauteurs des Alpes-Maritimes, tout près du massif de l'Argentera, *Saint-Martin-Vésubie*, à 960 m d'altitude et 64 km de Nice, dans un cirque majestueux où confluent les eaux du Boréon et de la Madone de Fenestre, est à la fois la station d'été et d'alpinisme de la région. D'imposants platanes ombragent sa grand-place, en terrasse au-dessus du torrent de la Madone de Fenestre, et des vergers plantés de pommiers lui font une couronne de verdure. Sur la rue centrale, fort abrupte — en son milieu coule un ruisseau rapide, pittoresque « gargouille » —, s'ouvrent une chapelle des Pénitents-Blancs, au clocher à bulbe argenté, et une église aux baies romanes, ornée d'un retable du XVI⁰ siècle de l'école de Brea, ainsi que d'une statue en bois de la Vierge de Fenestre, datant du XIII⁰ siècle. Celle-ci fait l'objet d'un pèlerinage fréquenté. On la transporte au début de l'été dans un autre sanctuaire, à 1 904 m d'altitude, situé dans un cadre austère de cimes rocheuses déchiquetées, et on la redescend à l'automne. Au Moyen Âge, cette Madone était réputée assurer de sa protection les voyageurs qui empruntaient la route du col de Fenestre pour se rendre au Piémont.

Les villages à balcons

La vallée de la Roya, la plus orientale des vallées de l'arrière-pays niçois, eut une histoire particulière. Lors du rattachement du comté de Nice à la France, en 1860, elle demeura possession italienne, à la demande du ministre Cavour qui réclama ce privilège au nom de son souverain Victor-Emmanuel II, désireux de conserver la région du Mercantour pour y aller chasser. Il fallut attendre le 15 septembre 1947 pour que le traité de paix signé avec l'Italie rectifiât la frontière et fît entrer dans le giron français les hautes vallées de la Roya, de la Tinée et de la Vésubie, par plébiscite.

En remontant la vallée de la Roya, on découvre des villages aux rues en pente, souvent en escaliers, aux maisons serrées et étagées, aux passages voûtés. Entre la montagne et le fleuve, *Breil-sur-Roya* émerge de champs d'oliviers qui font sa richesse : pas moins de 46 000 arbres, qui fournissent une olive d'un type particulier (la caillette). Parmi les plantations, la chapelle de l'Assomption élève un curieux clocher lombard à lanternule. Dans le village même, la chapelle Sainte-Catherine présente, elle aussi, un clocher original avec dôme à tuiles multicolores, et l'église Sainte-Alba recèle un splendide retable du XVI⁰ siècle.

Autre village encore bâti sur un nid d'aigle de 1 151 m d'altitude dominant la Vésubie, *Venanson*, d'où l'on découvre la belle conque de Saint-Martin-Vésubie. Au débouché de la route traversant la forêt du Tournairet, dans la chapelle de Saint-Sébastien, des fresques du XV⁰ siècle, attribuées à Baleison, sont étonnamment bien conservées.

Peu après Breil, la Roya s'engage dans des gorges sinueuses et étroites, enserrées entre des parois en surplomb. À peine s'élargit-elle pour *Saorge*, agrippée à ses parois abruptes au-dessus des gorges et entourée d'oliviers, pour la plupart centenaires. C'est l'un des plus

Villages azuréens. 19

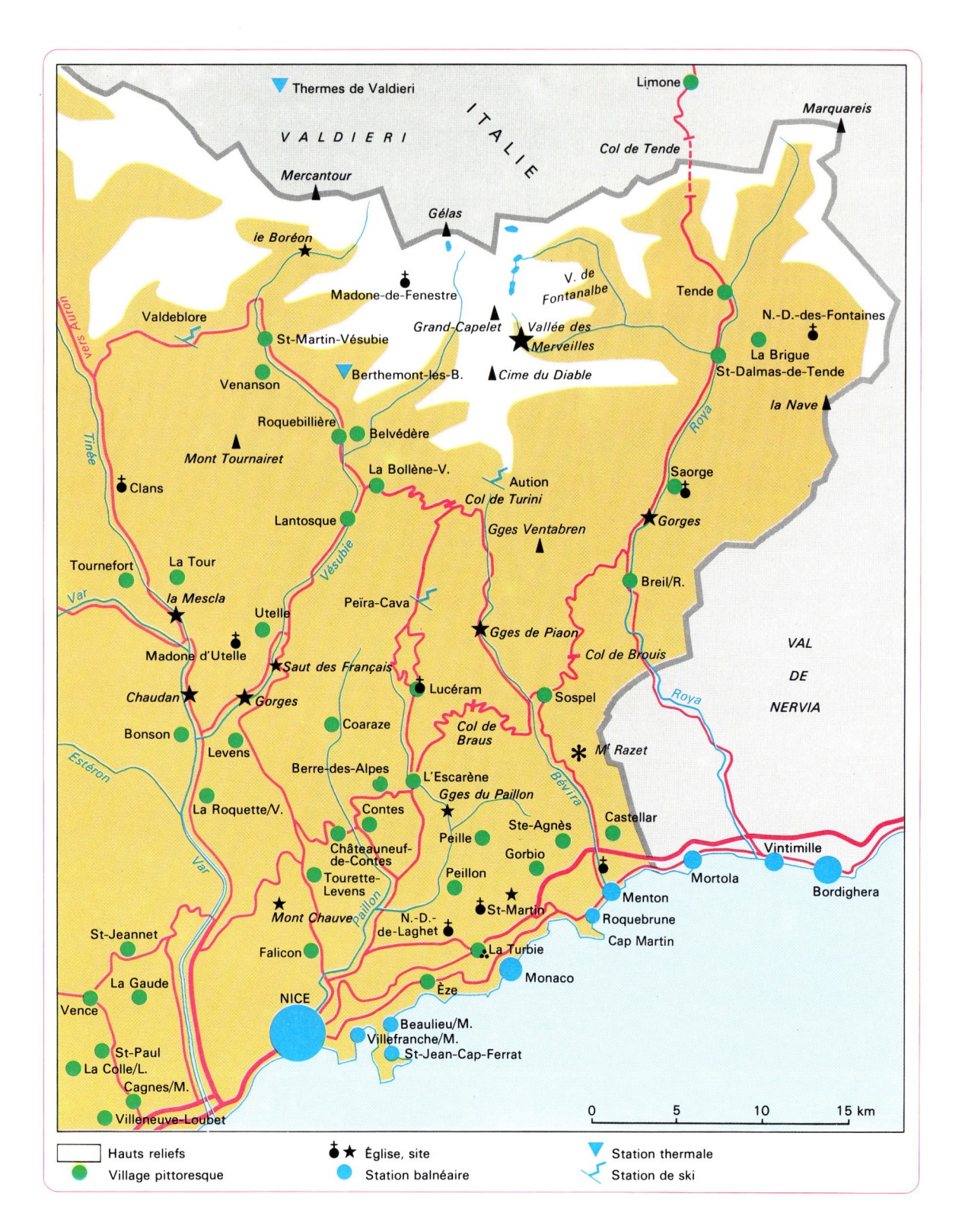

plonger dans le vallon d'Auron et atteindre 2 112 m au collet de Saume-Longue. De là, un téléski, dit de Haute-Plane, permet de gagner le sommet du Chavalet, tandis que la jonction entre le vallon et Saume-Longue s'effectue grâce au téléski de Bois-Gaston.

À Auron, l'amateur d'art a aussi sa place. La chapelle Saint-Érige, intéressante par son clocher roman quadrangulaire, l'est plus encore pour ses fresques, dont certaines datent de l'époque romane — tel un admirable Ange de l'Annonciation.

Routes et sentiers

Que de promenades s'offrent au visiteur dans l'arrière-pays niçois! Le territoire des Alpes-Maritimes dispose de quelque 250 km de sentiers balisés, qui se rattachent à la randonnée de montagne et exigent un certain entraînement. Il s'agit de deux itinéraires se recoupant à Saint-Dalmas-Valdeblore et pour lesquels la répartition des étapes peut être la suivante — sans tenir compte, pour les campeurs, du ralentissement inévitable causé par le port du matériel :

1. Pour le *sentier G.R. 5* (sentier international « Méditerranée-Hollande »), reliant, sur son tronçon Alpes-Maritimes, Larche à Nice (154 km) :
— Larche - Bouziéyas : 6 h 15.
— Bouziéyas - Saint-Étienne-de-Tinée : 5 h 10.
— Saint-Étienne-de-Tinée - Roya : 4 h 15.
— Roya - Saint-Sauveur-de-Tinée : 10 h 45.
— Saint-Sauveur-de-Tinée - Saint-Dalmas-Valdeblore : 3 h 50.
— Saint-Dalmas-Valdeblore - Utelle : 8 h 10.
— Utelle - Levens : direct 3 h 30; variante 5 h 35.
— Levens - Nice : 6 h 20.

2. Pour le *sentier G.R. 52*, reliant Saint-Dalmas-Valdeblore à Menton (95 km) :
— Saint-Dalmas-Valdeblore - Le Boréon : 7 h 20.
— Le Boréon - la Madone de Fenestre : 4 h.
— La Madone de Fenestre - refuge Nice : 3 h 15.
— Refuge Nice - refuge des Merveilles : 4 h 25.
— Refuge des Merveilles - Sospel : 8 h 20.
— Sospel - Menton : 6 h 20.

---

pittoresques villages des Alpes-Maritimes par sa situation et son dédale de rues voûtées, à escaliers. Ancienne possession des Grimaldi-Lascaris de Tende, ce bourg fut fortifié par les ducs de Savoie et mérita sa réputation de place imprenable. Les gorges de Berghe enferment de nouveau le fleuve dans leurs schistes rouges, avant le bassin riant de Saint-Dalmas-de-Tende. Non loin, c'est au sein de plantations de pêchers que *La Brigue* étale ses maisons en pierres verdâtres, dans le val d'un affluent de la Roya, la Levense. La source de Saint-Sébastien y procure des eaux thermales. Cet important village a conservé une couleur très italienne qui n'est pas son moindre charme. Sur la place, l'ancienne collégiale Saint-Martin, que surmonte un clocher lombard quadrangulaire, possède une fort belle porte en bois sculpté (1501), une Crucifixion attribuée à Louis Brea et un retable d'un primitif piémontais. À 4 km de La Brigue, une visite s'impose au sanctuaire de Notre-Dame-des-Fontaines, lieu de pèlerinage situé dans le vallon profond et désolé de la Levense, au-dessus des sources du vallon du mont Noir. Bâti vers la fin du XIVe siècle, le sanctuaire peut s'enorgueillir d'un bel ensemble de fresques de Canavesi et de Baleison, admirablement conservé. Les scènes de la Vie du Christ sont représentées avec un réalisme saisissant et une étonnante minutie dans le détail.

Enfin, à 83 km de Nice, voici *Tende* avec ses venelles enchevêtrées et ses maisons étagées, aux toits débordants, aux multiples balcons. La dominent les ruines du château des comtes de Tende, qui commandait le passage du col, voie traditionnelle des invasions. On peut y admirer la majestueuse façade de l'église Notre-Dame-de-l'Assomption (1518), qui possède un remarquable portail à la fois roman et Renaissance et un clocher lombard intéressant.

gorges du Verdon
et clues de haute Provence

▲ *Perché en nid d'aigle
à l'ombre de son rocher,
le village de Rougon,
à l'entrée du canyon.*

Sous le belvédère ▶▶
*du Point Sublime,
le rond-point où aboutit
le sentier Martel.*

◀ *Vu du col d'Ayen,
le canyon du Verdon.
Au fond, le Plan de Canjuers.*

Au fond des gorges, ▶
*le Verdon près du
chaos de Trescaïre.*

Descendu des Alpes,
un torrent
qui paraît pourtant sage
a ouvert,
dans les plateaux arides
de la haute Provence,
une entaille vertigineuse,
un long couloir étroit, sinueux,
profond comme un abîme,
resté inexploré
jusqu'au début du siècle :
le Grand Canyon du Verdon.

2. Canyon du Verdon

La Route Napoléon

Lorsque Napoléon, revenant de l'île d'Elbe, débarqua à Golfe-Juan, le 1er mars 1815, son « armée » se composait de 800 hommes, de quelques chevaux et de 2 canons. C'était peu pour affronter les embûches dont était semée la route de Paris. Aussi décida-t-il d'éviter les villes de la vallée du Rhône, qu'il savait hostiles, et de gagner Grenoble par les Alpes. Depuis 1932, une magnifique route touristique suit — à peu près — l'itinéraire qui n'était, à l'époque, qu'un mauvais chemin muletier.

Grasse, Saint-Vallier-de-Thiey, Escragnolles — où l'Empereur rendit visite à la mère d'un de ses anciens camarades, le général Mireur, tombé en Égypte —, Le Logis-du-Pin, où il se restaura : les étapes de l'illustre voyageur sont balisées de plaques commémoratives et d'aigles aux ailes déployées. Après Castellane, la route ne dominait pas encore le vaste lac créé par le moderne barrage de Castillon, mais elle traversait déjà l'étroite clue de Taulanne, taillée en plein roc, et la belle église romane de *Senez* avait déjà cessé d'être une cathédrale.

L'Empereur et sa petite troupe retrouvèrent une route carrossable à *Digne*, petite station thermale entourée de sommets dénudés. La Grande Fontaine, aujourd'hui mangée de calcaire et de mousse, n'existait pas encore. Les visiteurs admirèrent peut-être l'imposante façade romane de la basilique Notre-Dame-du-Bourg, mais ils ne prirent sûrement pas le temps de grimper au hameau perché de *Courbons*, maintenant à demi ruiné, pour voir

▲ *Vu du col d'Illoire, le lac du barrage de Sainte-Croix, dominé par le plateau de Valensole (au fond).*

Du pont d'Aiguines, un beau point de vue sur l'étroite issue
▼ *du Grand Canyon du Verdon.*

Après le Point Sublime, *l'Escalès*, le *col d'Ayen, Mayreste, le Galetas*; d'un belvédère à l'autre, l'œil s'émerveille de tant de constance dans le démesuré. Le torrent semble s'être enfoncé sans mal dans le calcaire argenté des plateaux. Les parois sont verticales, et l'entaille, au milieu de l'immensité des « plans », paraît si étroite que l'on serait tenté de la franchir d'un bond. Même en s'aventurant à l'extrême bord de la corniche, on a souvent peine à deviner l'étroit ruban du torrent au fond de l'abîme, et on frémit lorsqu'un grand rapace aux ailes immobiles glisse nonchalamment au-dessus du gouffre. Une multitude de petits oiseaux ont élu domicile dans les crevasses des rochers ou sur les arbres des gorges : bandes bruyantes de choucas, petites hirondelles de rocher au vol rapide, pigeons bisets, craves noirs à bec rouge, colonies piaillantes de martinets alpins, qui filent tout à coup en gerbes.

La Corniche Sublime

Si, au contraire, nous franchissons le pont de Soleils, nous voilà sur la rive gauche du Verdon, celle où court la nouvelle route qui, sur 40 km, offre de fantastiques points de vue sur le Grand Canyon. Nous commençons par nous écarter du gouffre pour rejoindre le pittoresque village de *Trigance*, accroché à flanc de colline sous les ruines de son château aux tours rondes. Ensuite, c'est le maquis odorant du plateau provençal jusqu'aux *balcons de la Mescla* (la mêlée des eaux), suspendus au-dessus du confluent de deux canyons. Le jade du Verdon se veine d'un vert nouveau en recevant les eaux impétueuses de l'Artuby, que franchit un peu plus loin une arche immense et pure, lancée au-dessus du précipice à 180 m de hauteur. Puis on entre dans l'ombre fraîche des *tunnels du Fayet*. Par une baie éblouissante de clarté, le regard plonge à pic 450 m plus bas.

À partir de la *falaise des Cavaliers*, d'où l'on aperçoit, sur l'autre rive, le chalet de la Maline, s'ouvre la *Corniche Sublime*, qui va longer le précipice sur plus de 3 km. Si vous avez envie de vous dégourdir les jambes, un raidillon descend au fond du gouffre. En bas, la passerelle de fer de l'Estellié enjambe le Verdon. Courage! Pour remonter sur la rive droite, il vous faudra une petite heure d'escalade abrupte, en plein soleil...

La route incruste maintenant son ourlet clair, étayé de murets, dans le rebord même de la gorge. Des *falaises de Bauchet*, le regard prend en enfilade la partie la plus étroite du canyon.

En contemplant d'en haut le torrent, qui paraît si sage, on oublie la force inépuisable qui lui a permis de sculpter un lit tourmenté, des surplombs comme le Galetas, sur l'autre rive, ou le passage des Grands-Cavalets, des grottes profondes d'une centaine de mètres

▲ *Face à Sisteron,
l'imposant rocher de la Baume,
taillé par la Durance.*

sa jolie église du XIVe siècle, et encore moins de remonter le cours torrentueux de la Bléone, pour goûter, dans les superbes clues de *Barles* et de *Verdaches*, l'émouvante impression d'isolement qui se dégage de leurs parois verticales.

Descendant le cours de la Bléone, Napoléon passa la nuit du 4 au 5 mars au château de Malijai. Au confluent de la Bléone et de la Durance, il aperçut l'étrange procession des *rochers des Mées*, hauts d'une centaine de mètres, que leur alignement a fait surnommer « les Pénitents ». Au nord, la formidable clue de *Sisteron*, qui verrouille la Durance entre Provence et Dauphiné, l'inquiétait : sur la rive gauche, un énorme piton de pierre, strié verticalement de profondes fissures, le rocher de la Baume; sur la rive droite, la vieille ville médiévale aux toits roses et aux ruelles coupées d'escaliers, étagée au pied d'un contrefort que domine une imprenable citadelle du XIIIe siècle, puissamment fortifiée au XVIe siècle. Heureusement pour l'Empereur, celle-ci n'était pas gardée, et il put continuer son voyage, de plus en plus triomphal, jusqu'à Grenoble, terme de la Route Napoléon. ■

Les faïences de Moustiers

La présence de bois et d'argile aux alentours de Moustiers-Sainte-Marie y a favorisé la fabrication de la poterie, mais c'est seulement au XVIe siècle qu'un moine de Faenza (Italie) introduisit l'usage de l'émail blanc. Un siècle plus tard, les guerres ruineuses de Louis XIV

comme la Baume-aux-Pigeons, de provoquer des éboulis énormes comme le talus de Guègues. Car le sauvage torrent est aujourd'hui presque domestiqué : les barrages de Castillon et de Chaudanne bloquent ses brutales montées de niveau, lors des crues de printemps ou des orages d'été. Il ne varie plus si vivement : 8 et 20 m³ à la seconde sont les limites extrêmes de son débit.

Plus loin, à 1 200 m d'altitude, la route domine les arbres du *cirque de Vaumale* et sa source aux eaux glacées. À l'horizon, chatoyants dans le bleu, les sommets dénudés des montagnes de Lure et du Ventoux. Après une assez rude montée au col d'Illoire, la route s'écarte de la gorge pour descendre vers les toits aux tuiles vernissées du château carré d'*Aiguines*.

De là, par une autre route, très en arrière de la corniche, on peut rejoindre le pont d'Artuby en traversant l'un des plus beaux déserts de France, le *Grand Plan de Canjuers*, aride causse à moutons, gris et ocre, sans un arbre, plat à n'en plus finir, qui déroule, entre des échines rocheuses, ses cailloutis crevés d'avens. Mais il ne vous sera pas donné d'y chasser le lézard. Défense de quitter la route : l'armée a pris possession de ces espaces sauvages.

En aval d'Aiguines, le Verdon sort de son canyon. Avant qu'il ne forme le gigantesque plan d'eau du *lac de Sainte-Croix*, un pont le franchit et permet de gagner les prairies en pente parmi lesquelles court un de ses affluents, la Maïre, et que domine le pittoresque village de Moustiers-Sainte-Marie.

Sur les pas des premiers explorateurs

Paradis ardu de la randonnée pédestre, le Grand Canyon du Verdon offre aux sportifs les frissons et les joies pures de l'aventure. Si vous êtes très entraîné, vous suivrez le fond même du défilé. Parti du Point Sublime, il vous faudra deux jours de marche et de barbotage, parfois en eau profonde, pour atteindre le pont d'Aiguines. Deux jours également si, courageusement, vous descendez le torrent en kayak : les courants sont assez violents et s'enflent parfois à l'improviste. Vous serez souvent obligé de porter votre embarcation. Et pas question de vous échapper en cours de route! Du pont de Caréjuan à celui d'Aiguines, aucun point de sortie pour les canoës.

Si vous êtes moins sportif, mais bon marcheur, si vous aimez la solitude, laissez-vous tenter par le *sentier Martel*. On part du chalet de la Maline pour descendre au fond des gorges et, en six heures environ — sans compter les arrêts —, on parcourt une quinzaine de kilomètres au bord de l'eau avant de remonter au Point Sublime. Petits escaliers de bois ou de fer, échelles, tunnels (n'oubliez pas votre torche électrique!), l'aventure vaut la fatigue, offrant des surprises d'une infinie variété : plage de sable fin de Mouillat, prés verdoyants d'Issane, avant le tunnel de Guègues, fissure profonde du Styx, chaos de l'Imbut, sous lequel le torrent, traversant un siphon, disparaît brutalement, étroit et sombre passage des Cavaliers, profond de 500 m, où il semble que, en étendant les bras, on pourrait toucher les deux parois, vaste grotte de la Baume-aux-Bœufs, qui permettra éventuellement de bivouaquer... Au passage du Hêtre, fraîche halte, surprenante, sous un feuillage frémissant, qui, bien qu'enserré de murailles, et malgré le bruit du torrent, rappelle les hautes forêts de montagne. Mais, ici, quelques ifs se mêlent aux hêtres.

À mi-chemin, on atteint le confluent de l'Artuby. La vue est grandiose : en face, les deux canyons se rejoignent en formant un éperon aigu. À gauche, le défilé des Baumes-Fères, abrupt, égayé pourtant de verdure. Car la rocaille des gorges est souvent ponctuée de vert. Et quel fouillis, quel foisonnement de verts! Dans la pierraille aride, où s'accrochent la saxifrage et des lichens, poussent de petits bois, dans l'ombre tamisée desquels fleurissent des anémones ou les hautes clochettes vénéneuses de la digitale jaune. À mesure qu'on s'enfonce dans les gorges, les petites feuilles persistantes et l'écorce brune du chêne vert font place au chatoiement gris perle et au tronc noirâtre du chêne blanc, puis aux ramures étalées du hêtre. Cet étagement est dû à l'encaissement des gorges : en haut, à l'abri des vents, le soleil dessèche le rebord des falaises, tandis que vers le fond persistent une humidité et une fraîcheur pénétrantes.

Moustiers-Sainte-Marie et le plateau de Valensole

Porte ouest du Grand Canyon du Verdon (comme Castellane en est la porte est), la petite cité typiquement provençale de Moustiers-Sainte-Marie, fondée par les moines de Lérins (*moustiers* signifie « monastère »), est blottie dans la verdure, au pied d'une haute muraille de calcaire dont la blancheur fait ressortir ses toits roses, ses maisons ocre et le joli clocher roman de son église. La falaise est entaillée par une énorme brèche au fond de laquelle un petit torrent, le Rioul, cascade sous une série de ponts. À 150 m de hauteur, une chaîne de fer forgé, longue de 227 m, relie les deux rebords de la faille. En son centre est suspendue une étoile dorée. L'origine de cet étrange pendentif est incertaine. La tradition — qui est peut-être fondée — voudrait qu'il s'agisse d'un ex-voto, offert au XIIIe siècle à Notre-Dame-de-Beauvoir par un certain baron de Blacas, qui avait été fait prisonnier par les Infidèles au cours de la 7e croisade. On dit même que la chaîne était initialement en argent, mais qu'elle fut volée à l'époque des guerres de Religion et remplacée par la chaîne actuelle. La chapelle de Notre-Dame-de-Beauvoir, qui aurait été élevée par

14. Canyon du Verdon

ayant obligé les grands du royaume à fondre leur vaisselle d'or et d'argent, la faïence blanche connut brusquement une vogue extraordinaire. En 1679, Pierre Clérissy construisit à Moustiers le premier des fours qui allaient transformer en industrie l'artisanat local. Sous sa direction (et celle de ses descendants), les Viry (Jean-Baptiste et son fils Gaspard) fabriquèrent au « grand feu », de 1680 à 1720, des pièces décorées en camaïeu bleu foncé, dont les illustrations étaient inspirées des peintures et des gravures florentines de Tempesta. Dans une seconde période, les camaïeux bleu clair dominent, avec des sujets, classiques ou grotesques, tirés des dessins de Bérain et de Toro. Enfin, Olerys, en introduisant le décor polychrome à partir de 1737, marqua l'apogée de la renommée de Moustiers, tant par la finesse de sa faïence que par celle de ses dessins.

Au XVIIIe siècle, Moustiers était une ville prospère, comptant 3 000 habitants et 12 faïenciers. Les marchands s'y arrêtaient en se rendant de Nice ou de Grasse à Lyon, et l'animation était grande : transport de l'argile à dos de mulets, lavage, séchage, tamisage, transport de genêts, de bois de chêne et de pin pour le feu, commerce. À la fin du XVIIIe siècle, le recours au procédé du « petit feu » provoqua la décadence de Moustiers. Les derniers fours s'éteignirent en 1874... pour se rallumer en 1927 et fournir aux nombreux touristes qui traversent aujourd'hui la ville des reproductions plus ou moins fidèles des grandes œuvres de jadis.

Au musée de Moustiers, on peut

▲ *Vestiges d'un temple, les colonnes corinthiennes de Riez, ancienne cité gallo-romaine du plateau de Valensole.*

Au débouché de la gorge du Rioul, Moustiers-Sainte-Marie étale ses toits roses
▼ *dans un bassin verdoyant.*

Charlemagne, se dresse sur un piton au fond de la crevasse, sous la chaîne, dans un bouquet de cyprès.

À l'ouest de la ville, l'immense plateau de Valensole — un des plus étendus de France — déploie ses champs de blé et de lavande ou, pour être plus précis, de lavandin, un hybride un peu moins fin, mais beaucoup plus productif, dont les parfumeurs du monde entier consomment l'essence par centaines de tonnes.

En mars, lorsque les amandiers sont en fleur, le plateau est toute douceur. En juillet, le « vaste désert lavandier » cher à Giono embaume. Les champs pointillés de mauve se succèdent à l'infini, séparés par des touffes de buissons épineux. Quelques ifs et cyprès rigides ponctuent le paysage, et la terre rouge laisse affleurer le blanc du rocher.

Peu d'agglomérations dans cette immensité. À l'ouest, le bourg de *Valensole* se love en spirale derrière ses remparts, sur la molle rondeur d'une petite colline. C'est la patrie d'un glorieux vaincu, l'amiral de Villeneuve, qui, après avoir perdu la bataille de Trafalgar, préféra se suicider plutôt que de subir les foudres de Napoléon. À l'est, la très ancienne cité de *Riez* a conservé de son passé des maisons de la Renaissance, des portes fortifiées du Moyen Âge, des colonnes gallo-romaines et l'un des rares monuments encore debout de l'époque mérovingienne : un original baptistère paléochrétien, carré à l'extérieur et octogonal à l'intérieur.

Gorges, clues et villages perchés

Si le Grand Canyon du Verdon est unique par son ampleur, il est loin d'être le seul défilé de la région. Dans toute la haute Provence, des torrents vifs ont fouillé, entaillé, cisaillé les Préalpes, coupant dans la roche tendre des traits de scie verticaux et souvent très profonds. Les plus longs, qui épousent le relief, sont des gorges. Les plus courts, qui le traversent de part en part, portent ici le nom de « clues », équivalent de « cluses ».

Beaucoup de ces spectaculaires balafres sont peu connues, quelques-unes parce qu'elles ne sont accessibles qu'à pied, les autres parce qu'elles sont à peu près désertes. Si nos ancêtres empruntaient parfois ces défilés aux falaises abruptes pour se rendre d'un point à un autre, ils ne s'y fixaient pas : les vallées encaissées n'abritent que de minuscules villages, perchés et fortifiés, où, au Moyen Âge, on se barricadait contre les pillards. Depuis que le pays est sûr, châteaux, donjons et tours de garde, comme s'ils avaient conscience de leur inutilité, se laissent peu à peu tomber en ruine.

Est-ce à cause des remparts qui les enserrent ou du soleil dont il faut s'abriter : les ruelles sont raides, étroites, tortueuses. Aux heures suivre l'évolution complète des styles et des couleurs, des décors bleus classiques de Clérissy aux scènes champêtres de Féraud. La « cuisine d'un paysan » groupe un assortiment d'objets usuels ou familiers en moustiers blanc, et un petit atelier technique de la faïence de Moustiers (moules, « casettes », belle « pièce d'essai » et d'autres objets utilisés jadis pour la fabrication) complète cette simple et attachante exposition historique. ■

Le canyon de l'Artuby

Pour qui aime marcher dans les cailloux et les herbes odorantes, au sein d'une nature sauvage et solitaire, c'est une magnifique excursion, mais elle exige des mollets solides. On part de

▲ *À Daluis, une vieille tour en ruine s'élève au-dessus du lit de galets qu'emplira à ras bord la prochaine crue du Var.*

les plus chaudes, on n'y voit que des chats. En fin d'après-midi, elles s'animent avec le retour des champs. Auprès des grosses fontaines moussues, les joueurs de boules commentent leurs exploits en faisant chanter les mots, les terrasses de café s'emplissent d'hommes. Puis on entend l'huile d'olive grésiller dans les poêles : c'est le dîner. Jusqu'à ce que tombe tout à fait la nuit, tard dans la soirée, des enfants à la peau brunie jouent au ballon. Mais cette vie tranquille tente de moins en moins les jeunes, et les villages perchés s'endorment l'un après l'autre... jusqu'au jour où des citadins en mal de solitude viennent rendre la vie aux vieilles pierres.

Les gorges de la haute vallée du Var

Ces gorges, ces clues et ces nids d'aigle, on les rencontre aussitôt franchis les derniers balcons alpins. Passé le col de la Cayolle, on aborde le monde méditerranéen, son ciel bleu et ses cigales, par la haute vallée du Var.

Après avoir dévalé un lit caillouteux, les eaux très claires du torrent s'enfoncent dans le rouge : rouge schisteux de la falaise, rouge des *gorges de Daluis*. Pendant 5 km, la route sinueuse s'accroche en corniche ou en balcon à la paroi, et souvent même s'y enfonce en tunnel. Au-dessus, rouge et vert, le dôme de Barrot. À l'entrée des gorges, *Guillaumes* est dominée par les ruines d'un puissant château féodal. À la sortie, *Daluis* possède la plus vaste grotte des Alpes-Maritimes, la très accessible *grotte du Chat*.

Poursuivant sa route, le Var oblique brusquement vers l'est, et son lit sert de douves aux remparts dont Vauban ceintura *Entrevaux*. Demeurée telle qu'elle était au XVIIIe siècle, la petite place forte, adossée au rocher, est gardée par trois portes à pont-levis, dont l'une est précédée d'un pont fortifié. Au-dessus, plantée au sommet du piton au bout d'un long chemin retranché en zigzags, la citadelle veille sur l'étranglement de la vallée.

Plus loin, au pied du château des Grimaldi, dont les ruines se décolorent au soleil, *Puget-Théniers* écoute bourdonner les mouches à l'ombre paisible de ses platanes. À l'entrée du cours, une forme sombre et vigoureuse, « l'Action enchaînée », de Maillol, rappelle le combat d'un grand révolutionnaire : Auguste Blanqui est né ici, dans la maison où se trouve maintenant la mairie, à l'ombre du clocher roman de la petite église qui abrite l'un des merveilleux retables que l'école de Nice dissémina dans la région à l'époque de la Renaissance. Au nord de la ville, les *gorges de la Roudoule*, un affluent du Var, s'enfoncent dans la montagne, traversées par une voie antique dont les dalles tiennent toujours bon : un vieux pont romain enjambe le torrent dans un site impressionnant, sous un moderne pont suspendu.

Un autre affluent du Var, le *Cians*, s'est creusé dans le schiste rouge des gorges dont la partie supérieure rivalise avec les plus belles curiosités naturelles de France. Beaucoup plus étroites que les gorges de Daluis, elles sont d'une teinte encore plus vive, rehaussée par le vert foncé des mousses qui se cramponnent à la pierre. Aux endroits

16. Canyon du Verdon

Comps-sur-Artuby, dont la belle église gothique a plus de 700 ans d'âge. Le village s'accroche au rocher et l'accompagne progressivement, vers le bas, de ses maisons neuves, plus blanches, qui viennent se nicher sous les anciennes. Deux heures de marche à travers le causse à peine vallonné — où, au petit matin, l'altitude fait courir dans les herbes et les graminacées jaunes, brûlées par le soleil, un petit vent de folie venu des vastes horizons parfois coupés de quelques arbres verts — vous amènent au pont de Praguillem. Le regard, plongeant dans l'étroite gorge de l'Artuby, découvre le torrent qui se glisse dans le fond, entre les éboulis de rochers calcaires où frémissent quelques chênes blancs mêlés de hêtres. Se risquera-t-on jusqu'au fond de la gorge?

Prudence! L'état des sentiers, la présence de multiples gours qu'on ne peut traverser qu'à la nage demandent une certaine expérience. Mieux vaut suivre le rebord du canyon sur sa rive gauche. Trois heures de chemin, et voici la Mescla, le point de rencontre où, 200 m plus bas, vertes comme l'Artuby et vertes comme le Verdon, les eaux des deux torrents s'épousent en bruissant. ∎

L'aigo boulido

Huile d'olive et plantes aromatiques donnent à la cuisine provençale tout le parfum et toute la saveur de ce pays de soleil. C'est sur le versant ensoleillé des collines rocailleuses et des gorges que sont cultivées les plantes qui embaument les cuisines et parfument les plats :

▲ *Sigale, un des villages, jadis fortifiés, accrochés aux rochers abrupts de la haute Provence.*

Taillées dans le schiste rouge, emmitouflées de verdure,
▼ *les gorges supérieures du Cians.*

les plus resserrés, la route est taillée dans la paroi. On lève la tête : l'hiver a suspendu à la voûte de roc de longues aiguilles de glace dont il reste, au printemps, un ruissellement qui n'en finit pas. Plus bas, le Cians débouche dans les sapins. Plus bas encore, dans ses basses gorges, il roule toujours quelques galets rouges, mais son lit est devenu gris, gris comme les murs de calcaire rongé qui se rapprochent en un étroit défilé où, de justesse, s'insinue la route.

À *Lieuche,* qui domine les gorges au bout d'une vertigineuse route en lacet dépourvue de tout parapet, l'église possède un des retables de l'école de Nice. Près du confluent du Cians et du Var, *Touët-sur-Var* plaque contre une falaise presque verticale l'entassement de ses maisons aux greniers béants, desservi par un dédale de ruelles, de passages et de galeries.

Les Hautes Clues de Provence

Au sud de la haute vallée du Var s'étend une région pauvre, peu peuplée, formée de plateaux calcaires séparés par des « barres » rocheuses. Les routes nationales la contournent sans y pénétrer, et l'on n'y trouve aucune agglomération importante. Connue sous le nom de « Hautes Clues de Provence », cette contrée aride, désertique, n'est pourtant pas complètement desséchée : quelques torrents fantasques ont profité de leurs crues irrégulières pour cisailler transversalement les chaînons de roche blanche, y creusant des clues fraîches et ombreuses, où les pêcheurs viennent taquiner les truites.

Courant d'ouest en est, l'Estéron — un affluent du Var, qui, jusqu'en 1860, servit de frontière entre la France et la Savoie — commence sa fougueuse carrière en tourbillonnant dans les marmites de la *clue de Saint-Auban,* dont les parois verticales sont percées de multiples grottes. Après *Briançonnet,* dont l'église romane contient un beau retable de l'école de Nice, le torrent suit la longue et mystérieuse *clue d'Aiglun,* une entaille de 200 à 400 m de profondeur, large seulement de quelques mètres. Poursuivant sa course vagabonde au pied des pentes boisées du Cheiron, il reçoit ensuite le *Riolan,* qui débouche d'une clue tellement resserrée qu'on la devine à peine lorsqu'on passe en voiture au confluent.

Au flanc d'un grand escarpement, entre deux pitons, voici les ruines du château féodal de *Sigale,* dominant les toits de tuiles pâles du village, ses maisons carrées à petites fenêtres et les terrasses cultivées où scintille dans le soleil le feuillage d'argent des oliviers. À quelques kilomètres en aval, *Roquestéron* est bâtie à cheval sur la rivière; un escalier soutenu par des murets de pierres sèches mène à sa petite église romane, surmontée d'un étage fortifié.

Encore deux clues sauvages sur la rive droite, que dévalent en bondissant la *Bouisse* et la *Péguière,* et l'Estéron va mêler ses eaux à celles du Var.

Sur le versant sud du Cheiron, dont le sommet (1 777 m) est relié par télébenne à la nouvelle station de ski de *Gréolières-des-Neiges,* c'est la *clue de Gréolières,* qui entaille le calcaire de sa trouée aride,

Canyon du Verdon. 17

ail, thym, romarin et laurier, sans doute, mais aussi sauge, marjolaine, basilic, sarriette, serpolet, genièvre...

Curiosité de la cuisine provençale, l'*aigo boulido sauvo la vido* (« l'eau bouillie sauve la vie »), une soupe vite préparée qui passe pour guérir bien des maladies. Si vous voulez éprouver ses vertus, jetez cinq à six gousses d'ail écrasées dans de l'eau bouillante salée. Attendez six minutes, puis éteignez. Ajoutez alors une branche de sauge, une feuille de laurier, un brin de thym. Quand ce bouillon a infusé quelques minutes, liez-le avec un jaune d'œuf, ou même un œuf entier, puis versez-le sur des tranches de pain arrosées d'huile d'olive, et dégustez...

Mais, au fil des saisons, d'autres fumets flottent dans les cuisines : le gratin d'aubergines, le tian de courges (du nom de la terrine qui sert à passer la préparation au four), la ratatouille, les artichauts barigoule, les bécasses en salmis, les petits oiseaux à la broche, le civet de sanglier, le gigot de mouton sauce à l'ail, la confiture de mûres ou la pâte de coings ... autant de plats fameux qui embaument les villages des vallées et des plateaux de haute Provence. ■

Le Verdon électrique

En proie à une sécheresse souvent persistante, coupée de crues et d'orages brusques, dévastateurs, le pays provençal, pendant longtemps, n'a étanché sa soif que par à-coups. Mais la côte, de Marseille à Toulon, se peuplant, bâtissant, allongeant les tentacules de ses villes, multipliant

▲ *Le modeste village de Saint-Auban a donné son nom à l'une des plus belles clues de haute Provence.*

L'Estéron au sortir de l'étroite clue d'Aiglun, que son accès difficile
▼ *laisse emplie de mystère.*

peuplée d'étranges rochers ruiniformes. Planté à 200 m au-dessus du Loup, le village perché de *Gréolières*, dont l'église renferme un superbe retable à six compartiments de l'école de Nice, est dominé, d'un côté, par les ruines d'un château médiéval et, de l'autre, par un hameau abandonné. Encore des ruines à l'ouest, avec le château fort de *Castelleras*, planté sur un piton d'où l'on découvre le site alpestre et les coquettes villas de la verdoyante vallée de *Thorenc*, tandis que, à l'est, la petite église romane de *Coursegoules*, typiquement provençale, a été restaurée.

Les gorges du Loup et de la Siagne

Peu après Gréolières, le Loup prend la direction du sud et de la mer en se ruant dans un formidable canyon, une colossale entaille aux parois verticales, qui est une des curiosités naturelles les plus spectaculaires de la Provence. Çà et là, des ruisseaux rejoignent en cascades le torrent bondissant qui, au *saut du Loup*, creuse des vasques profondes, d'énormes marmites aux flancs lisses. Sous les frondaisons, un sentier descend aux terrasses ombragées de l'ermitage Saint-Arnoux, au bord de l'eau qui se faufile entre les rochers. Un autre passe sous la *cascade de Courmes*, où le Loup, d'un seul bond, fait une chute de 40 m. Au sommet de la falaise, inaccessible sur une avancée rocheuse, le site fortifié de *Gourdon* commande l'issue des gorges. Le château médiéval (restauré) abrite un musée. Dans les boutiques du village, les artisans travaillent, sous vos yeux, le verre et le bois d'olivier, tandis que des odeurs suaves émanent des distilleries de lavande. Tout au bout de l'éperon rocheux, un large parapet de pierre domine un à-pic de plusieurs centaines de mètres, au fond duquel un viaduc en ruine franchissait autrefois la rivière : c'est *Pont-du-Loup*, que l'on peut rejoindre par le sentier muletier du Paradis, raide comme un escalier, dont les lacets serrés descendent parmi les arbustes et des buissons.

Au sortir de la gorge, *Le Bar-sur-Loup*, dont les ruelles concentriques enserrent une colline pointue, mérite le détour. L'église abrite deux chefs-d'œuvre de l'école de Nice, un grand retable, dont les quatorze panneaux sont peints sur fond d'or, et une étonnante *Danse macabre*, souvenir du temps où sévissait la terrifiante peste.

Sur la rive droite du Loup, le *plan de Caussols* étend le désert de son plateau rocailleux. Des moutons, parfois, le traversent, malgré les gouffres (les « embuts ») qui le trouent. Au-delà, vers le sud-ouest, commence le vert pays de la Siagne.

Près de Saint-Vallier-de-Thiey — un ancien *castrum* romain où Napoléon fit halte à son retour de l'île d'Elbe —, au pied du *pas de la Faye*, un col d'où l'on découvre tout le bassin de Grasse, l'Esterel, le

18. Canyon du Verdon

▲ *Au sommet d'un haut rocher, une église romane fortifiée semble protéger Roquestéron.*

ses industries, réclama bientôt un approvisionnement en eau plus régulier et plus abondant. Alentour, les champs, les fleurs, les primeurs se mirent à l'unisson, et les regards, de plus en plus nombreux, de plus en plus insistants, se tournèrent vers le Verdon, principal affluent de la Durance, qui irriguait déjà le Vaucluse, le Comtat et la Crau.

Assagir le Verdon n'était pas chose aisée. Si sa pente forte était favorable, l'irrégularité de son débit et son étiage très marqué impliquaient la construction de barrages-réservoirs énormes. Or, le sol des vallées ne s'y prêtait pas : établir des retenues dans des calcaires perméables pose de sérieux problèmes techniques.

De projet en projet, deux familles de barrages virent enfin le jour, et l'impétueux Verdon se régularisa sans que l'on eût à noyer les merveilles du Grand Canyon.

Au-dessus de Castellane, depuis 1948, un lac long de 10 km étend son immense miroitement (500 ha). Retenue par le vertigineux mur blanc du *barrage de Castillon* (95 m de haut, 170 m de long, 6 m d'épaisseur à la crête, 26 m à la base), une eau intensément verte s'est immobilisée, engloutissant le village de Castillon et noyant la maigre végétation des pentes, qui plongent brusquement. Pas un souffle, pas un bruit dans ce paysage lunaire. Seules traces humaines : les constructions anonymes d'E. D. F., qui produisent 80 millions de kilowatts-heures par an. À son extrémité nord, vers Saint-André-les-Alpes, le lac, peu à peu, s'adoucit, s'anime : verdure des pins et des épicéas, installations nautiques.

Sentinelle des gorges du Loup, Gourdon se cramponne à la pointe
▼ *d'une pyramide de roc.*

massif des Maures et l'immensité bleue de la Méditerranée, l'arche rocheuse du *Ponadieu* (« Pont-à-Dieu ») dresse son imposante voûte en dos d'âne à une quinzaine de mètres au-dessus de la Siagne, qui prend sa source un peu plus haut, au milieu des prairies, dans une gorge sauvage.

Après s'être enrichi des eaux de la Siagnole, que l'aqueduc romain tout proche de *Rochetaillée* — creusé, comme son nom l'indique, en plein roc — conduisait jadis à Fréjus, le torrent s'engage dans un canyon profond et verdoyant. Sur le rebord du plateau, 300 m plus haut, un magnifique belvédère : le village médiéval de *Saint-Cézaire-*

Canyon du Verdon. 19

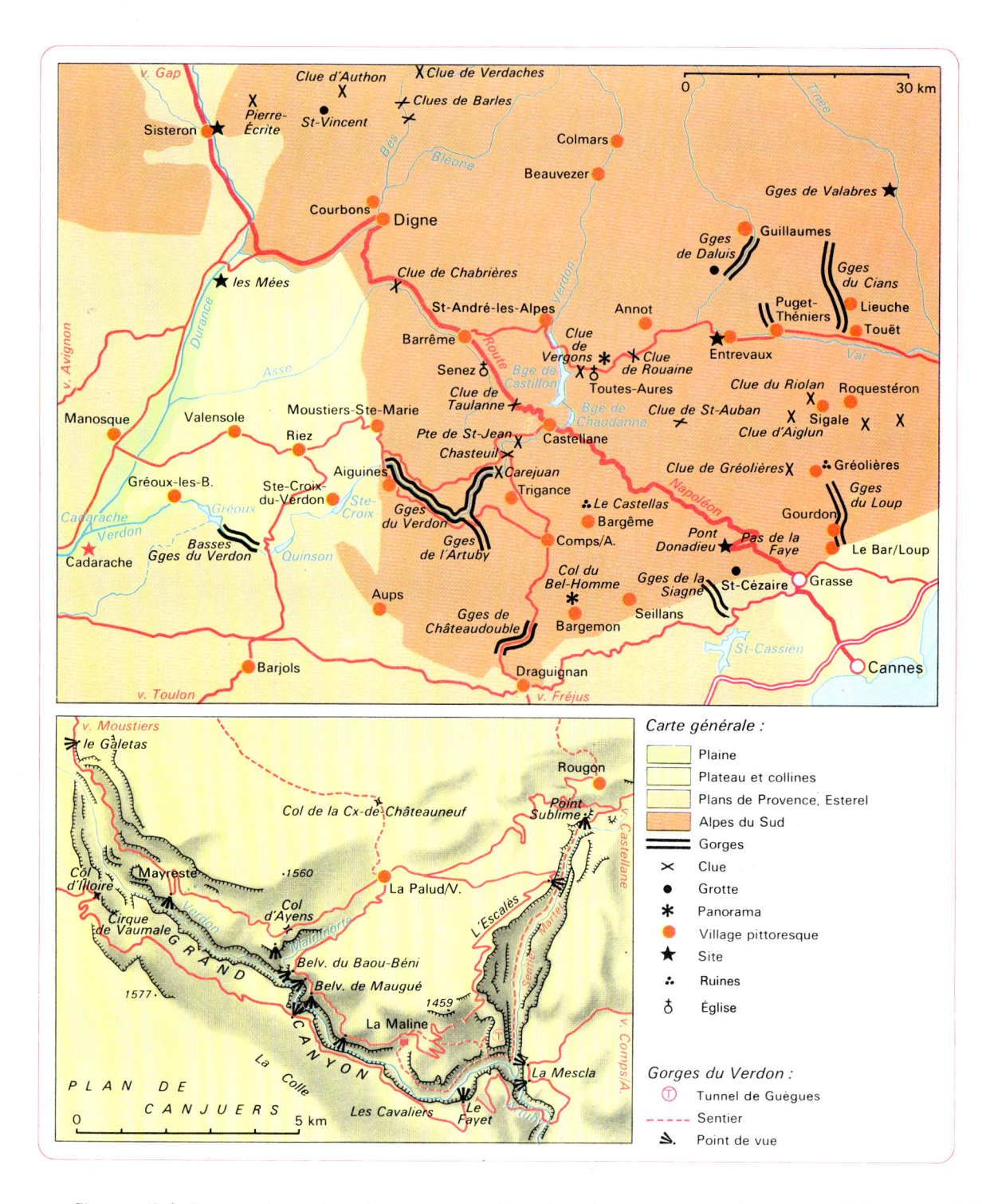

Le *barrage de Chaudanne*, 4 km plus bas, quoique de moindre importance (62 millions de kilowatts-heures), est tout aussi impressionnant de blancheur et de perfection technique. Haut de 72 m, large de 95 m, il retient, depuis 1952, un lac de moins de 4 km de long, encadré de montagnes pelées.

Puis, entre le Grand Canyon et la Durance, on édifia trois grands ouvrages. Près du confluent avec la Durance, à *Gréoux-les-Bains*, antique et charmante station thermale où les Romains venaient déjà célébrer les nymphes et soigner leurs rhumatismes, un lac de retenue de 360 ha alimente la centrale électrique de Vinon et, par le canal de Provence, long de 220 km, approvisionne en eau les villes d'Aix-en-Provence, de Marseille et de Toulon. Sur les basses gorges du Verdon, la retenue du *barrage de Quinson* (230 ha) se déverse dans le vieux canal du Verdon, creusé, au XIXe siècle, pour alimenter Aix-en-Provence et devenu très insuffisant. Enfin, la toute jeune (1974) *retenue de Sainte-Croix*, au débouché du Grand Canyon, est une des plus vastes de France. Avec ses 2 000 ha, elle peut se comparer au lac d'Annecy. À eux trois, Sainte-Croix, Quinson et Vinon produiront bientôt 450 millions de kilowatts-heures par an.

L'eau est ainsi domestiquée, canalisée, stockée. Mais les villages? Les habitants de ce pays noyé? Que sont-ils devenus? Si le village de Sainte-Croix-de-Verdon, sur la rive droite, a été préservé, les eaux ont dévoré Bauduen et Les Salles-sur-Verdon, et leurs populations ont été déplacées. Avec les champs submergés, l'activité traditionnelle a partiellement disparu, ce qui a réduit les possibilités d'emploi local. Des sites touristiques ont été engloutis, tels le pont romain d'Aiguines et la source vauclusienne de Fontaine-l'Évêque, qui restituait au Verdon quelque 5 000 litres d'eau à la seconde, que les avens du Plan de Canjuers lui avaient dérobés et qui ressortaient en cascade, à 12 m de hauteur, près des ruines de la villa de l'évêque de Riez et des tonnelles d'un restaurant. L'équilibre écologique et le cadre de vie sont bouleversés. Quelles compensations s'offrent à ceux qui sont nés là? ∎

sur-Siagne, d'où la vue plonge dans les gorges et s'étend, au loin, jusqu'à Sainte-Maxime... Les environs sont riches en curiosités : une douzaine de dolmens enterrés, des gouffres impressionnants et, surtout, les belles *grottes de Saint-Cézaire*, dont les stalactites, colorées de rose par l'oxyde de fer, tintent comme des cloches quand on les heurte.

Plus bas, après les gorges, un petit affluent de la Siagne, le Biançon, retenu par un barrage, a formé, au milieu des pins, le solitaire *lac de Saint-Cassien*, un immense réservoir aux formes tourmentées, qui irrigue toute la contrée et dans lequel les avions Canadair viennent se ravitailler en eau pour éteindre les incendies qui ravagent périodiquement les pinèdes.

Sur la bordure des Plans de Provence

À l'ouest du massif de l'Esterel, l'aimable sous-préfecture de *Draguignan*, que foires et marchés tirent périodiquement de sa somnolence, est située au pied de la cassure abrupte qui sépare la haute et aride région des Plans de Provence de la basse et riante Côte d'Azur. Adossés au talus, surveillant la plaine, bourgs et villages perchés se succèdent au long de cette imposante marche de pierre. Vers l'ouest, c'est *Salernes* et ses fontaines, sous les ruines de son château fort; *Aups* et sa belle église de style gothique provençal; *Sillans-la-Cascade,* où la Bresque saute dans le vide de 42 m de haut; *Cotignac,* dominée par un rocher de 80 m, percé de grottes et couronné de deux tours; *Barjols,* que ses promenades ombragées ont fait surnommer « le Tivoli provençal ». Vers l'est, c'est *Callas,* accrochée à la montagne au milieu des pins; *Bargemon* et les quatre portes fortifiées de son enceinte médiévale; *Seillans,* ses vieux remparts et sa petite église romane; *Fayence,* enfin, et son campanile de fer forgé si typiquement provençal.

Au nord de Draguignan, un affluent de la Nartuby a entaillé le premier palier des Plans de Provence en y creusant les pittoresques gorges de *Châteaudouble,* aux méandres boisés, sur lesquelles semblent veiller les ruines du château de la Garde.

20. Canyon du Verdon

du Queyras au Mercantour
les Alpes du soleil

◀ *Les hauteurs dénudées
du col de l'Izoard,
qui relie le Briançonnais
au Queyras.*

À la belle saison, ▶
*les moutons gagnent
les alpages...*

◀ *Le mélèze,
roi des montagnes
queyrassines.*

$\mathcal{A}$ux confins des Alpes du Nord, et déjà en Provence,
chaînes, crêtes et vallées s'ordonnent en un ensemble sauvage,
sous une lumière méridionale.
Solitudes pierreuses, vertes prairies émaillées de fleurs,
futaies de mélèzes aux lumineux sous-bois,
se retrouvent là tous les aspects
d'un pays montagnard et pastoral.

*Mille couleurs vives ▶
pour les pelouses
du Queyras.*

◄ *Les gorges du Guil
dans la Combe du Queyras.*

Le lac Miroir ▶
au pied de la Font-Sancte.

*Fortifié, telle une citadelle,
par une imposante ceinture de montagnes,
le Queyras rassemble, de part et d'autre
de la vallée drainée par le Guil,
des horizons au relief accusé.*

4. Alpes du Sud

Alpes du Sud. 5

▲ *Entre Cervières
et le col de l'Izoard,
le hameau du Laus.*

*Au soleil de l'adret,
une vieille ferme
curieusement occupée.* ▶

Décor villageois ▶
*traditionnel,
une fontaine de bois
à Saint-Véran.*

*Cernés de cimes enneigées
aux pentes sèches et rocheuses,
nichés dans le secret
de vallons verdoyants
ou agrippés
aux versants ensoleillés,
de pittoresques villages de pierre et de bois
semblent encore vivre
à l'heure du passé.*

6. Alpes du Sud

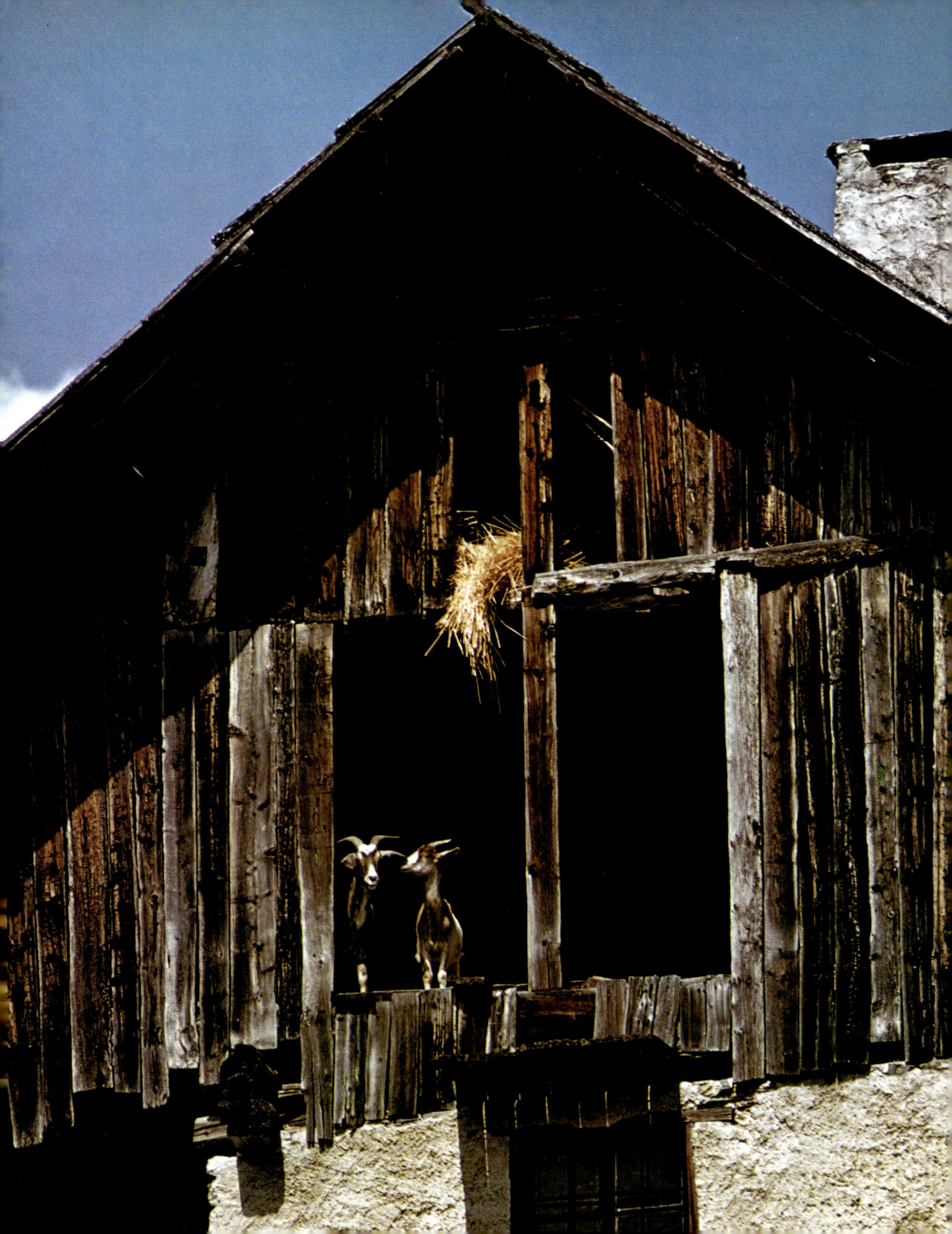

*À-pics rocheux ▶
et blanche solitude,
le Pré de Madame Carle,
dans la Vallouise.*

8. Alpes du Sud

▲ Pâturages
et vastes horizons
non loin de la cime
de la Bonette.

Vallée de la Clarée : ▶
les chalets de Laval
à l'abri du haut pic
de la Moulinière.

*Dans ces Alpes sèches à la solitude, semble-t-il, inviolée,
en maints endroits domine la pierre
qui teinte les montagnes, au gré de la lumière, de couleurs chaleureuses ou sévères.
Et d'impressionnants abrupts invitent aux émotions grisantes de l'escalade.*

Alpes du Sud. 9

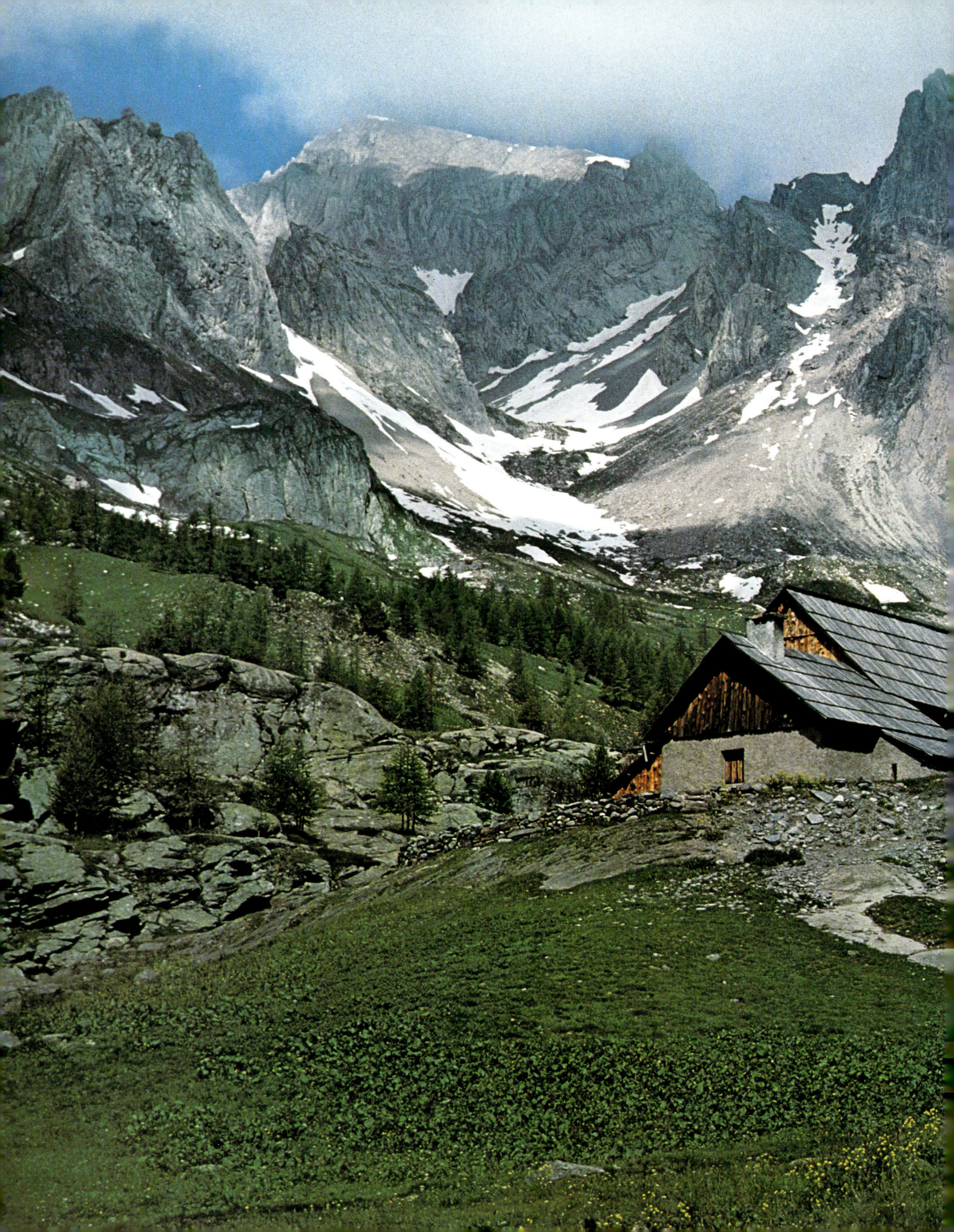

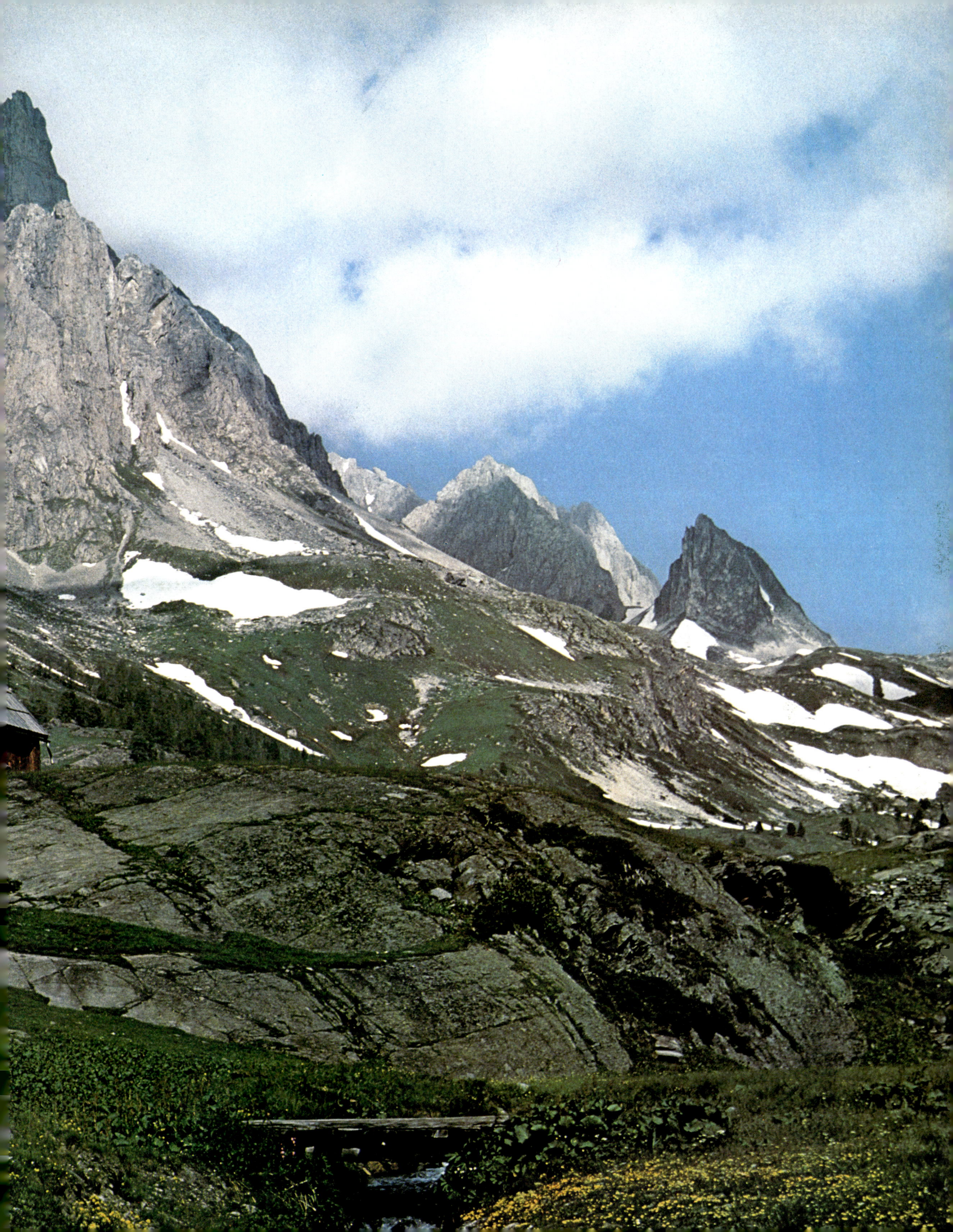

▲ *Le mont Viso
vu de la vallée
du haut Guil.*

*D*u Briançonnais au Mercantour, la complexité des reliefs alpins revêt mille nuances où déjà fleure bon la Provence. Toute une gamme de paysages réunis sur un territoire qui, par sa situation à l'écart des grandes agglomérations et des principaux axes de communication, a longtemps échappé à l'emprise du monde contemporain. De ce fait, son originalité a été préservée, et aujourd'hui, malgré le développement des routes, malgré un effort d'adaptation à l'économie moderne, l'arrière-pays souffre encore d'un certain isolement. Ainsi peut-on voir, chaque nuit, le transporteur de journaux des Hautes-Alpes quitter Grenoble pour Gap avec une pile d'exemplaires gratuits qu'il dépose sur son trajet à certains points précis : au col de la Croix-Haute, dans le Dévoluy, ou au col Bayard. Offrande aux dieux de la montagne peut-être... mais ces journaux atteindront probablement quelqu'un, qui, sans eux, serait seul. Sans ce quelqu'un d'ailleurs, le pilote ne passerait pas toujours dans la vallée du Buech, où, dans le tournoiement des tempêtes de neige, il lui faut d'abord viser le cap de la lampe de Saint-Julien-en-Beauchêne, ni dans les congères du Champsaur où le menace l'enlisement. Car telles se présentent parfois aux yeux du tâcheron solitaire les Alpes du Sud!

Les signes avant-coureurs du Midi

Mais c'est en tant que monts du soleil, trait d'union entre le Midi et les Alpes du Nord, que les découvre le visiteur. Si le climat est celui des pays montagnards, le froid y est moins âpre que dans les Grandes Alpes. Les altitudes y sont moindres, et déjà on sent la Méditerranée : ciel lumineux; sécheresse et orages, l'été; bise fréquente — une variante alpine du mistral; brouillards rares. Cela est vrai pour le Gapençais, le Briançonnais, le Queyras et l'Ubaye. Trois cents jours par an, d'opportuns reliefs empêchent les vents de la pluie de ternir le bleu du ciel. N'y coule que le soleil. Alpes ensoleillées donc, et presque autant que la Côte d'Azur.

La disparité géologique et la puissance de l'érosion ont donné à cette partie de la chaîne alpine un visage aux multiples facettes. Ici, de hautes montagnes couronnées de glaciers; là, des vallées façonnées par les torrents. Ici, des bassins fertiles; là, de vastes plateaux voués à de maigres prairies. Ici, d'impressionnants escarpements calcaires burinés par le soleil; là, des cols élevés que redoutent les coureurs du Tour de France. Enfin, d'étranges sculptures minérales, joliment appelées «demoiselles coiffées», colonnes d'argile et de gravier dressées entre des ravines, et protégées de l'érosion par un bloc rocheux de plusieurs tonnes jouant le rôle de parapluie. Certaines de ces «cheminées des fées» — ainsi parlent parfois les géologues — sont de dimensions colossales. Extraordinaires mises en scène de la Nature, qu'il faut voir dans la lumière du soleil levant ou couchant : elles prennent alors une allure presque fantastique, comme celles de Théus dans le vallon du torrent de Valauria. D'autres «demoiselles», plus ou moins décoiffées, ont rendu célèbre le paysage de la Casse déserte, près du col de l'Izoard. D'autres encore se trouvent au sud de Savines-le-Lac : «demoiselles coiffées» de Pontis, au nombre de douze, ou sur la route de Molines-en-Queyras.

À cette variété des sites participent aussi les nuances du climat, qui font que, si la forêt est moins dense qu'en Savoie, la végétation monte plus haut. Le mélèze se plaît jusqu'à 2 500 m. Les alpages atteignent près de 3 000 m, le seigle, qui, il est vrai, mûrit mal, 2 200 m, les arbres fruitiers 1 400 m. Des villages les accompagnent, se hissant très haut dans les vallées heureuses et peu accessibles du Queyras et de la haute Ubaye, sur les versants ensoleillés *(adrets)* des montagnes. Tandis que, dans la vallée de l'Arc, Modane se fixait à 1 000 m, de ce côté-ci, Briançon est à 1 326 m; en Queyras, Saint-Véran (entre 1 990 et 2 040 m) est la commune la plus élevée d'Europe, *lou plus haout païs enté se mandja de pan,* affirme le dicton («le plus haut pays où l'on mange du pain»), celui «où les coqs picorent les étoiles».

Alpes du mouton, des abeilles... et du ski

Des siècles durant, repliées sur elles-mêmes en raison du cloisonnement que leur imposaient le relief et les difficultés de communication, les Alpes du soleil ne fondèrent leur subsistance que sur une agriculture précaire et un élevage transhumant. Les paysages et le mode de vie se ressentent de ce choix et attestent l'immense labeur qu'il requit. Ces Alpes-là sont donc celles du mouton. Depuis la plus haute antiquité, le bas pays provençal, incapable de le nourrir pendant l'été, l'envoie à la montagne. Il y arrive au printemps, l'automne l'en chasse. Ainsi en sera-t-il toujours pour la stabilité économique de 5 ou 6 départements. Mais le pittoresque a disparu : les moutons ne se déplacent plus comme autrefois en longues cohortes conduites par les bergers à pied. Après avoir «tâté» du chemin de fer, la transhumance a adopté le camion. En escaladant les cimes sur des routes dont la qualité ne cesse de s'améliorer, celui-ci, tout comme l'automobile, a insufflé une nouvelle vie à des régions que le chemin de fer, amateur de vallées, contribua à rendre exsangues. Grâce à lui maintenant, d'autres bêtes transhument. Et, si l'on estime à quelque 400 000 le nombre de moutons venus des trois départements de la côte, il faut porter à 1 milliard 400 millions celui des abeilles dont la transhumance est plusieurs fois répétée dans la saison. Environ 150 000 ruches! Seule l'automobile permet pareil résultat.

12. Alpes du Sud

Toscane en Dévoluy

Encadré par la dépression du Trièves et par les terroirs du Valgaudemar et du Champsaur, au sud du mont Gargas, le massif du *Dévoluy* étire en couronne jusqu'à la vallée du Petit Buech ses hautes parois calcaires, abruptes, imposantes (les sommets les plus élevés sont l'Obiou, 2 790 m, et le Grand Ferrand, 2 759 m). La Ribière et le Béoux serpentent capricieusement dans la dépression qu'enserrent ces escarpements, percés d'innombrables *chourums*, ces gouffres encore peu explorés où se conservent des névés. Ce relief tourmenté tire toute sa grandeur de son aspect désolé : peu d'arbres, et les eaux sont souterraines. Un univers de pics et de chaos rocheux, qui, dans la lumière du soir, se pare de reflets mordorés.

On contourne le massif par la route Napoléon qui va de lacs en belvédères. Le lac du barrage du Sautet, que domine Corps, mérite bien une flânerie. Il s'étale au pied de l'Obiou, dans la vallée de la Souloise, un affluent du Drac; nappe tranquille dont une route, souvent en corniche, permet de faire le tour. La promenade est riche de points de vue sur les montagnes environnantes. Prenant la rive sud, et s'engageant entre les à-pics calcaires (jusqu'à 200 m de hauteur) du défilé de la Souloise, on gagne bientôt les résurgences des Grandes Gillardes, approvisionnées par les eaux que les *chourums* ont absorbées.

Le Dévoluy se révèle au fur et à mesure que l'on progresse vers le

▲ *Le paisible village d'Eygliers, vu de Mont-Dauphin.*

Horizons plus lunaires qu'alpins : la Casse déserte,
▼ *sous le col de l'Izoard.*

De même, on lui doit l'étonnant essor du tourisme, sans lequel ces régions étaient condamnées à une mort lente. Dans la première moitié de ce siècle, de Briançon à Barcelonnette, la population diminua de moitié. Les lourdes pertes de la Grande Guerre, les difficultés rencontrées par l'émigration saisonnière, la disparition du colportage, l'effacement progressif de l'agriculture de subsistance devant la concurrence des produits de la plaine favorisèrent l'exode, qu'aucun développement industriel ne put enrayer. Moins élevées et moins humides que les Alpes du Nord, les Alpes du Sud n'avaient ni barrages ni stations de ski. Mais, à partir de 1960, l'extraordinaire essor des sports d'hiver et l'équipement de la Durance justifièrent subitement les investissements les plus audacieux : les Alpes du Sud saisirent alors leur chance. Plans d'eau, stations et centres de ski s'y créèrent : lac de Serre-Ponçon; Serre-Chevalier, dans la vallée de la Guisane, qui est devenue l'une des plus importantes stations du Briançonnais; Montgenèvre, entre Serre-Chevalier et Sestrières, par exception l'une des plus anciennes stations de ski français (en 1907, elle fut le théâtre du premier concours international de ski en France); Vars (1 650-1 850 m), vaste ensemble aux confins du haut Embrunais, du Queyras et de l'Ubaye. Puis ce furent Superdévoluy; Pra-Loup et Le Sauze à proximité de Barcelonnette; Isola 2000 tout au sud. Du travail pour tous, autochtones et immigrants. Si la nivosité est moins élevée que dans les Alpes du Nord, le froid de l'altitude conserve la neige, la permanence du soleil permet d'en user plus longtemps, et les avalanches sont moins redoutables.

Le « pays des pierres » : le Queyras

Ainsi explique-t-on son nom, qui dérive du celtique. Mais il ne s'applique qu'aux sommets ou au lit des torrents, puisque le haut Queyras, avec ses pentes couvertes de pelouses, ses quelque 11 600 ha de forêts, ses sous-bois où s'abrite une flore très riche, et ses eaux vives, n'évoque en rien un désert de cailloux. À environ 200 km de la côte méditerranéenne, à la limite du Dauphiné et du Piémont, ce petit pays est un domaine fermé, protégé sur sa périphérie par de véritables barrières qui culminent au mont Viso (3 841 m), en territoire italien. Ce sommet, accessible depuis l'Échalp, découvre, par temps clair, un large panorama sur toutes les Alpes, de la Suisse à la mer, et sur la plaine du Pô. Le Grand Pic de Rochebrune (3 325 m), au nord, est aussi un excellent belvédère. Une vingtaine de cols percent cet encerclement montagneux, passages ouverts à une altitude moyenne de 2 670 m, «une hauteur vraiment inhumaine», s'était écrié le géographe Raoul Blanchard. L'Izoard (2 361 m), au nord, est passé dans la légende à la faveur du Tour de France.

Alpes du Sud. 13

sud. Ici, au-dessus du village de Saint-Disdier, une église solitaire du XIIIe siècle, la « mère-église », comme on l'appelle dans la région, avec son abside recouverte de chaume et son clocher élancé. Là, dans le défilé des Étroits, l'étonnante entaille que la Souloise s'est façonnée dans le roc — d'une profondeur qui atteint 60 m. Plus loin, le col de Rioupes, d'où l'on embrasse du regard les hauteurs dénudées des Aiguilles, du Grand Ferrand, de l'Obiou, cette grandiose montagne qui, comme le pic de Bure au sud-est, produit une laine, un « bleu du Dévoluy » et un miel également estimés. Le col du Festre (1 441 m) est la meilleure introduction qui soit à ces mises en scène tragiques dont le Dévoluy a le secret : squelettes blanchis d'arbres déracinés sur des lits de torrents dévastés par l'été. Mais c'est au col du Noyer (1 664 m) que, comparant les crêtes du Dévoluy avec les horizons des régions voisines (Champsaur, Gapençais), on perçoit le plus intensément l'originalité de ce petit pays aride qui, en son cœur, porte une oasis, celle où s'est établi *Superdévoluy*. Type même de la station en multipropriété qui livre aux plus exigeants les services les plus divers; surnommée le « paquebot des neiges », elle est ancrée en face nord, à 1 500 m d'altitude. Son capitaine est le soleil.

Car, comme partout, du Briançonnais au Mercantour, le Dévoluy annonce le Midi. Les paysages méridionaux ne sont en fait pas loin. Légèrement à l'ouest, la *vallée du Buech*, que l'on peut descendre jusqu'à Sisteron, appartient déjà à la Provence. Venue des hauteurs du Dévoluy, la rivière court d'abord entre des pentes couvertes de belles forêts de sapins que dominent alpages et abrupts calcaires. La crête des Aiguilles, avec les cimes des Vachères (2 400 m) et du Roc de Garnesier (2 388 m), donne aux sites les dimensions de la haute montagne. Et l'hiver apporte son flot de skieurs… à la Jarjatte, à Lus-la-Croix-Haute, joli village sis un peu à l'écart de cette vallée supérieure du Buech (Trabuech). Mais, au-delà de Saint-Julien-en-Beauchêne, où la Buriane conflue avec le Buech, le climat méditerranéen s'accuse, les horizons deviennent provençaux. Des éboulis rocheux barrent la vallée. Les terrains pierreux ne s'accommodent plus que de pins, de chênes ou de lavande. Le petit pays de Bochaîne, qui s'étire jusqu'aux abords de Mison, et que jalonnent des vieilles

▲ *Étranges sculptures minérales, les « demoiselles coiffées » de Pontis, perchées au-dessus du plan d'eau de Serre-Ponçon.*

Ainsi fortifié, le Queyras est, à l'intérieur de son quadrilatère, fortement cloisonné par des crêtes qui atteignent de 2 500 à 3 000 m; le Guil, venu du versant français du mont Viso, s'y est frayé un passage vers la Durance, et, pénétrant dans le canton de Guillestre, s'est creusé dans le calcaire d'« épouvantables gorges » qui ont accentué l'isolement de la région. « La combe de Guillestre qui descend dans l'Embrunois est si affreuse qu'on ne peut y passer qu'avec danger de vie, soit par les précipices, éboulemens des rochers ou par la quantité des ponts qu'il faut y passer, et on est obligé d'y mander, sept ou huit fois de l'année, 80 hommes chaque fois pour réparer les chemins, afin de pouvoir tirer de dehors le nécessaire, tant pour la garnison qui est dans la vallée que pour ses habitants, qui n'ont d'autre récolte que quelque foin et du seigle, orge ou avoine », lit-on dans un document de 1750. Sombre image de ce qui constitue l'artère vitale du Queyras. C'est là en effet, en dehors des cols de la périphérie, la grande voie d'accès, défendue par l'imposante forteresse de *Château-Queyras*, juchée sur un verrou glaciaire. Cependant, en amont de cette « Combe du Queyras », la vallée du Guil, façonnée là dans les schistes, offre des paysages riants de prairies et de bois, au pied de hauts alpages et de pics rocheux, qui contrastent avec l'étroit défilé où la route se faufilait entre le roc et le torrent. Ici, le soleil et la douceur d'un cadre alpestre, des flots assagis qui s'étirent au milieu de la verdure et des fleurs, des hameaux, des chalets semés au flanc des montagnes.

Sur ce couloir, qui, de Guillestre au cirque du Mont-Viso, donne au Queyras sa personnalité marquée et diversifiée, se greffent des petites vallées qui grossissent le Guil des eaux de leurs torrents : vallées de Ceillac, d'Arvieux, de Fontgillarde et de Saint-Véran, jalonnées de villages, de pittoresques chalets, et d'où, empruntant des routes en lacet, on gagne rapidement les sommets et des sites souvent hallucinants, tel le décor âpre et rocailleux de la *Casse déserte*, où le sable ocre ou blanc des versants se mêle au rouge des aiguilles rocheuses.

Prisonnier de ses montagnes et de l'altitude, le Queyras doit aussi subir les outrances de son climat. Les écarts de température y sont sans nuances. Quarante degrés parfois entre les deux extrêmes d'une même journée! Il tombe 3,75 m de neige à Saint-Véran. Quant à la pluie, gare à la *lombarde* qui vient d'Italie : si, par malheur, elle souffle sa douche tiède sur des neiges fraîches, le Guil s'encolère; on voit encore les cicatrices de son énorme crue de 1957.

Mais, face à une nature violente, l'homme s'est-il révélé plus doux? Annibal est peut-être passé par là sur la route d'Espagne en Italie, en 218 av. J.-C.; d'aucuns l'affirment, il aurait emprunté le col de la Traversette avec ses 38 000 hommes à pied, 8 000 chevaux, 37 éléphants d'Afrique du Nord, agiles comme des chèvres. En 58 et 51 av. J.-C., ce fut au tour de César de franchir les Alpes. Puis les grandes invasions des Sarrasins laissèrent le Queyras dans un tel état que, selon la légende, trois bergers venus de Provence s'en partagèrent les sept villages. Passé trois siècles de paix avec les Dauphins dont les territoires s'étendaient jusqu'à Oulx, la persécution des vaudois (disciples de Pierre Valdo ou de Vaux), les guerres d'Italie et de Religion déferlèrent sur la région. La Première et la Seconde Guerre mondiale ne l'ont pas davantage ménagée! La première anéantit le quart d'une génération, la seconde libéra le Queyras, mais en le ravageant une nouvelle fois.

Le terroir des « marchands de participes »

Dès le printemps, les champs de neige se changent en un océan de fleurs peuplé de plus de 2 000 espèces, parmi lesquelles des variétés rares ou menacées, arcto-alpines ou méditerranéennes, qui profitent de microclimats comme aux environs des lacs Egourgéou et Foréant. Ces prairies aux mille couleurs se mêlent aux forêts de mélèzes qui, à haute altitude, se substituent aux pins sylvestres. Arbre de soleil par excellence, le mélèze affectionne le sol queyrassin où son ombre ténue ne gêne pas les fleurs. Tandis qu'il se plaît sur les adrets, sapins et épicéas garnissent les ubacs, plus froids. Et, tout en haut, quelques pins s'agrippent aux rochers, avant la pelouse aride qui pare les cimes. De même que la flore a gardé son originalité, la faune n'a pas eu trop à souffrir des méfaits de la chasse ou des herbicides : les papillons s'y trouvent en nombre, les oiseaux également. Quant à la marmotte, le climat queyrassin lui convient à merveille (sa graisse permettait à Saint-Véran de s'éclairer). Et le chamois demeure le seigneur des lieux. L'éventail de ces richesses peut facilement être découvert par le touriste au sein de la *Réserve de nature du Val-d'Escreins* (1 780 m); là, au hasard d'une promenade dans les pinèdes ensoleillées ou les forêts alpines, au milieu d'horizons de crêtes altières, il pourra observer la flore et la faune de la région.

Au visiteur émerveillé, huit villages, *Arvieux, Aiguilles, Abriès, Ristolas, Château-Ville-Vieille, Molines, Saint-Véran* et *Ceillac*, offrent leurs vieilles maisons, leurs églises, leurs chapelles. Rien n'est plus surprenant que les chalets de bois de Saint-Véran. Ils sont tous orientés au midi et groupés par échelons séparés pour éviter les risques d'un incendie. Sur un rez-de-chaussée maçonné qui abrite l'étable voûtée, s'élève une immense grange à claire-voie, faite de troncs de mélèzes entrecroisés à angle droit et précédée d'un balcon. On y stocke les fourrages, on y fait mûrir les récoltes, le seigle notamment. Égrenées dans le village, de monumentales fontaines de bois qui se contractent sous l'action du gel, tandis qu'au printemps l'eau regonfle le bois pour colmater les fissures.

cités pittoresques (Serres, Eyguians, Laragne-Montéglin), est essentiellement terre de soleil, et l'on y trouve les premiers oliviers. Un avant-goût du Midi! ■

Un futur parc national : le Mercantour

Sur une soixantaine de kilomètres entre le col de Larche et le col de Tende, le massif cristallin de l'Argentera, dit Mercantour en français, étire sa longue crête, à cheval sur la France et l'Italie. Gigantesque muraille frontière que seul perce le col de la Lombarde (2 350 m). Les cimes y sont élevées, souvent plus de 2 500 m (3 143 m pour le Gélas). À partir de cette échine, se ramifie « le plus beau

▲ *Chaos désolé,
domaine de la pierraille,
le massif du Mercantour
près de la vallée des Merveilles.*

*Une forteresse médiévale
modifiée par les siècles
et par Vauban :*
▼ *Château-Queyras.*

désordre qui soit de chaînes, de défilés et de gorges » (Raoul Blanchard). Un relief accidenté, façonné par les glaciers. L'eau y est partout présente, dans les vallées profondes en auge qu'empruntent la Tinée, la Vésubie, la Roya et leurs affluents, dans les cirques ou dépressions occupés par des lacs (lacs de Rabuons, de Terre Rouge, lacs Nègre, Vert, Noir, Long, etc.). Sur ces hautes terres criblées de nappes tranquilles (quelque 250 pour l'ensemble du massif), le climat, sensible à l'humidité de la mer, rappelle davantage celui des Pyrénées que celui auquel nous ont habitués les Alpes sèches : des hivers relativement doux, des étés longs et chauds. Mais la neige peut y être abondante, surtout à l'ouest et au nord. Cette somme de facteurs explique l'étonnante diversité des →

Ainsi se sont écoulés les siècles, sous le bardeau ou la lauze. On vivait au rez-de-chaussée, près des bêtes dont la chaleur économisait les bûches. On ne se servait du bois que pour cuire la soupe ou sculpter, d'où cette profusion d'objets usuels. L'hiver, on s'instruisait. « Tout ce peuple sait lire », écrivait Catinat à Sa Majesté Quatorzième. « Marchand de participes », l'instituteur queyrassin, rivalisant avec le Vallouisan, se proposait sur les foires. Avec une, deux, trois plumes à son chapeau, selon qu'il était capable d'enseigner la lecture et l'écriture, le calcul ou les rudiments du latin. Pour 30 F, il était en outre domestique. D'autres transhumaient comme garçons

Alpes du Sud. 15

▲ *Façades aux chaudes couleurs et toits de tôle : Briançon, « la plus haute ville d'Europe ».*

paysages et la richesse de la végétation qui réunit là les espèces les plus variées (boréales, alpines, méditerranéennes) et même des associations rares. Il est en effet fréquent de voir des mélèzes à proximité des chênes verts, des oliviers non loin des sapins. La garrigue atteint Saint-Martin-de-Vésubie. Amandiers, figuiers et vignes se plaisent dans les vallées. La saxifrage teinte de rose les falaises d'altitude (2 500-3 000 m), là où vivent bouquetins et chamois. Car la faune aussi ne manque pas d'intérêt. La constitution d'une Réserve de chasse du Mercantour, qui prolonge du côté français la réserve italienne de Valdieri-Entracque, et englobe quatre vallons — ceux de Mollières, de Salèse, du Boréon et de la Gordolasque —, a largement contribué à la préservation de la vie animale sur ces hauteurs solitaires. On y a introduit le mouflon de Corse et le cerf sika. Le lagopède des Alpes, le tétras-lyre, quelques aigles royaux et bien d'autres oiseaux habitent cette zone de 27 843 ha, protégée au cœur du massif.

Tout autant que le magnifique ensemble de gravures rupestres que le temps nous a conservé dans la vallée des Merveilles et dans le val de Fontanalba, la flore et la faune du Mercantour représentent un patrimoine inestimable que la création d'un parc national (aujourd'hui à l'étude) mettrait à l'abri de divers fléaux (cueillette, vandalisme, abus immobiliers). Ce parc comporterait la Réserve de chasse qui, autrefois propriété du roi Victor-Emmanuel II, ne fut rattachée à la France qu'en 1947.

charcutiers à Marseille ou comme colporteurs, raccommodeurs de « fa-ïen-en-ces » et de « por-ce-lè-enne ». Les filles se plaçaient. Au pays, s'organisaient les corvées, dont la plus redoutée était l'accompagnement aux foires de Guillestre, tant on y était assailli par les loups. À la fin de l'hiver, on avait encore pour six mois de pain, que l'on cuisait une fois l'an. À peine la mauvaise saison achevée (« neuf mois d'hiver, trois mois d'enfer »), les prés, les champs, l'élevage réclamaient simultanément les mêmes bras. Garçons et filles rentraient. On semait le seigle en septembre pour l'an d'après, et la moisson, faite prématurément, finissait de mûrir sur le balcon. Il en fut ainsi jusqu'à la fin du XIXᵉ siècle.

Sous le sifflet des marmottes

Sorti de sa longue et douloureuse histoire, le Queyras entend aujourd'hui garder le patrimoine architectural et naturel que lui a conservé son isolement. Aussi fut-il amené à étudier le projet d'un parc naturel régional, vaste de 60 000 ha, étagé de 950 m, au niveau du Guil, à 3 387 m, au pic de la Font-Sancte. C'est donc un univers préservé, qui dans un même temps s'ouvre à des activités modernes : promenades pédestres, ski de fond ou de descente, canoë-kayak sur le Guil, alpinisme, randonnées naturalistes...

Il s'agit ici de protéger un pays pour lui permettre de vivre au rythme de l'économie actuelle sans s'y perdre. Il faut, en particulier, éviter les pollutions de toutes natures. Or la pollution esthétique de l'habitat est l'une des plus dangereuses. Pour la prévenir, l'Atelier d'architecture des Hautes-Alpes s'est penché sur l'évolution souhaitable de cet habitat adapté à ses nouvelles fonctions. Besoin est maintenant de concevoir une architecture nouvelle s'harmonisant avec l'ancienne. D'autre part, dans ce cadre pastoral et agricole, l'essentiel doit être maintenu sous peine d'échec. Et notamment les canaux d'irrigation, sans lesquels l'alpage devient lande, puis forêt sauvage, dont le seul aspect rebute l'estivant.

Désireux de se soustraire à toute pression, le Queyras doit penser collectivement, chaque propriétaire n'étant que partie prenante d'un ensemble qui, seul, atteint la dimension opérationnelle. C'est ainsi que Molines et Saint-Véran jouent la même carte que Ceillac (qui a construit un village de vacances à services collectifs) avec des moyens plus artisanaux. L'extension hivernale de l'équitation et la pratique du traîneau rentabiliseront les écuries. La saison d'hiver s'allonge, avec des pointes à Noël et à Pâques. Le paysan élargit ses compétences, il devient moniteur, cavalier, guide...

La reprise des alpages abandonnés permettra de maintenir d'importants troupeaux en Queyras, même l'hiver. Les bovins seront

Briançon, sur trois étages : la forteresse, la vieille cité ▼ et la ville moderne.

rassemblés en ateliers de traite collective équipés d'un matériel ultra-moderne, augmentent la productivité et libérant la main-d'œuvre pour d'autres travaux. À La Chalp, une fabrique de « jouets du Queyras » fournit du travail à façon. À Gaudissard, une école de ski de fond a été créée en 1969, avant celle d'Autrans. S'ouvrent à elle

16. Alpes du Sud

En fait, un vaste territoire qui, par la proximité de la Côte d'Azur, pourrait s'ouvrir aux amateurs de repos et de beauté. ■

En compagnie de M. de Vauban dans le Queyras

En donnant aux Alpes du Sud un relief souvent compact, en limitant le nombre de cols praticables, la nature a d'elle-même dessiné les grandes voies de passage, que peuples et armées empruntèrent au cours des siècles. Dès le Moyen Âge, l'homme s'employa à les contrôler, par des tours carrées et des châteaux forts, dont nous sont parvenus des vestiges. Plus tard, dans son souci de fortifier les frontières du royaume, Vauban n'oublia pas cette région, alors dangereusement convoitée par le duc de Savoie. À une époque où il fallait 17 jours pour joindre Versailles à Briançon, il n'hésita pas à effectuer de nombreux voyages dans ce pays montagnard.

Dans la sauvage combe du Guil, à *Château-Queyras,* une citadelle existait déjà, campée à 1 384 m sur un piton dominant la rivière et barrant presque les gorges. Elle avait été bâtie au XIe ou au XIIe siècle pour fermer aux pillards montant de Provence l'accès de la vallée. Mais, en dépit de sa situation privilégiée, elle présentait bien des défauts; elle ne surveillait que les attaquants venant de l'ouest, ne possédait aucune artillerie et, de toutes parts dominée par les montagnes, elle se trouvait réduite au seul rôle de poste avancé, sans possibilité de résistance →

▲ *Au pied des murailles de Mont-Dauphin, le lit sinueux du Guil.*

300 km de piste qui s'ajoutent aux 250 km que parcourent, l'été, les mêmes « mordus », tandis que dans cette vallée, où le bruit se dilue, fonctionne également une école de « trial ». On pourrait s'en offusquer, mais sur ce point la jurisprudence des marmottes est sans appel : elles sifflent à 100 m du promeneur et à 10 seulement du motard. Au demeurant, les chemins des uns et des autres ne se rencontrent qu'à la table d'hôte. On fait le tour du Queyras à pied en cinq jours; à skis, sur des itinéraires bien plus longs, en six jours; à moto, prétendent les spécialistes, on n'en a jamais fini. Bref, le pays ne s'est jamais mieux porté. Non seulement les autochtones ne désertent plus, mais certains, qui en étaient partis, reviennent, et des immigrants, flairant ici un avenir, s'installent. Sans doute cet avenir aurait-il été plus sûr si le projet de percement d'un tunnel routier sous le col de la Croix n'avait été abandonné pour celui du col de l'Échelle dans la vallée de Névache : il aurait mis le Queyras à une heure de voiture de Turin.

« Le passé répond de l'avenir »

Cette noble inscription figurant sur la porte Pignerol de *Briançon* pourrait résumer le prestigieux destin de « la plus haute ville d'Europe », capitale d'une région qui allie à un paysage montagnard l'atmosphère légère et aimable du Midi. Forte de son passé, de la qualité de ses neiges et de l'étonnante luminosité qui la baigne, comme de sa position au confluent de quatre vallées (Guisane, Clarée, Durance et Cerveyrette), sur la voie internationale du Montgenèvre, Briançon nous apparaît telle qu'elle fut conçue sous Louis XIV, à la croisée des grandes voies d'invasion, devenues aujourd'hui de pacifiques chemins qui divergent sur l'Italie, la Savoie, l'Isère et la Méditerranée.

En 1692, quand le Roi-Soleil envoya Vauban à Briançon, 260 maisons venaient de flamber et il fallait protéger la ville contre le duc de Savoie. Plus de deux siècles et demi après, cette urgence se sent encore. Briançon est une ville grouillante de vie. Sous l'œil de *la France* de Bourdelle, à l'intérieur des fortifications, les vieilles maisons entrechoquent autour de l'église Notre-Dame, élevée par Vauban entre 1703 et 1718, leurs toits de tôle aux pansements de rouille. Dans la gouttière centrale de la « Grande Gargouille », l'eau descend, animant de son flot continu la Grande-Rue. Si Vauban, mort en 1707, n'a pas eu le temps d'achever son œuvre, elle présentait en 1775 un ensemble unique en France, avec ses remparts qui lui donnent l'aspect de citadelle. En 1815, le général Éberlé y soutint un siège victorieux contre une armée austro-sarde. En 1940, Briançon eut un rôle à jouer dans la réplique contre l'attaque italienne.

Mais, si Briançon s'est surtout illustrée comme ville militaire, on tend par trop à oublier que, des siècles durant, lui fut dévolu le rôle de capitale parlementaire... au temps de la république des Escartons. C'est en effet au Moyen Âge qu'apparut dans les Alpes du Sud l'association qui prit le nom de Grand Escarton. Sa charte (que l'on

Alpes du Sud. 17

prolongée. Vauban l'améliora donc en développant les moyens de défense et en étendant l'enceinte sur le front ouest.

Jusqu'en 1964, la forteresse conserva son rôle militaire. Elle fut alors enlevée aux enchères par un expert en peinture, qui investit un million de francs (lourds) en restaurations et aménagements de la plus haute qualité. Son intention était d'en faire un centre artistique et culturel. Mais la mort ne lui permit pas de mener à terme ce projet.

« On n'aurait plus que faire du Château de Queyras », écrivait Vauban en 1692, alors qu'il songeait à modifier ce fort et qu'il érigeait *Mont-Dauphin* sur un éperon dénudé au confluent de la Durance et du Guil, à 1 030 m d'altitude. Cette citadelle n'a guère été marquée par le temps. Aujourd'hui désaffectée, elle se dresse telle qu'au Grand Siècle, avec ses ponts-levis et ses imposants bâtiments qui allient la sobriété de l'architecture militaire à l'élégance du marbre rose utilisé pour la construction. ■

De la technique à l'agrément

D'Embrun à Espinasses, sur une vingtaine de kilomètres, le lac de *Serre-Ponçon* étale ses 3 000 ha d'eaux dormantes. Amateurs de ski nautique, de natation, de motonautisme ou de navigation à voile, campeurs et randonneurs y trouvent les agréments d'un climat où prédomine le soleil. Le deuxième plan d'eau (27 ha), aménagé près d'Embrun, le circuit routier qui désormais permet de faire le tour du

▲ *Au creux de la baie Saint-Michel, une petite chapelle émerge à peine de la nappe tranquille de Serre-Ponçon.*

peut aujourd'hui voir dans la salle d'honneur de la ville de Briançon) fut en 1343 arrachée contre une forte somme à Humbert « aux Mains vides », deuxième dauphin du nom, prince du Briançonnais, marquis de Sézanne. Cette petite république regroupait de part et d'autre de l'actuelle frontière franco-italienne cinq *escartons* : Oulx, Val Cluson ou Pragela, Château-Dauphin du côté piémontais; Queyras et Briançon du côté français. Les trois premiers, intégrés au duché de Savoie après le traité d'Utrecht (1713), redevinrent plus tard italiens. Les autres ont gardé le même statut jusqu'à la nuit du 4 août 1789.

S'unir pour faire face aux ennemis éventuels? Assurer la répartition (escartonnement) des contributions? L'on ne sait avec certitude ce qui motiva la création de la république des Escartons. Toujours est-il qu'elle disposait de pouvoirs considérables, qu'elle frappait monnaie et qu'elle assujettit à l'impôt tous les propriétaires fonciers, nobles ou non. Le premier consul de Briançon en était le président de droit.

Un véritable musée d'art religieux

Pour le visiteur d'aujourd'hui, Briançon est la capitale d'une région montagnarde dont il attend les agréments habituels : alpinisme, randonnées, ski... Et le Briançonnais ne saurait le décevoir. Au nord-ouest, la *vallée de la Guisane*, que l'on peut remonter jusqu'au col du Lautaret, est un large couloir, pelé sur la rive gauche, peuplé de mélèzes sur la rive droite, dans lequel se sont blottis villages et hameaux. *Le Monêtier-les-Bains* est fort apprécié des alpinistes. Plus en aval, *Serre-Chevalier-Chantemerle* est le point de départ des grandes courses vers les cimes de l'Oisans et met 5 000 ha de champs de neige à la disposition des skieurs (entre 1 350 et 2 575 m). Tout le versant nord, le long de la Guisane, est donc devenu un immense terrain de jeux d'hiver. Au sommet des remontées, on jouit d'une vue splendide sur le Pelvoux.

Plus à l'est, la *vallée de la Clarée* s'enorgueillit de la proximité de *Montgenèvre*, qui, par les privilèges de son ensoleillement et de sa neige persistante, n'a rien perdu de sa vieille renommée, face aux stations modernes. Mais, au simple amateur de randonnées, la Clarée offre l'attrait des pures vallées de jadis. À la limpidité des eaux s'allie la fraîcheur de la végétation sur laquelle viennent parfois trancher les couleurs vives des rochers. Site riant, promis à un avenir moins calme par le percement du tunnel routier du col de l'Échelle, il a conservé l'habitat traditionnel qui fait son charme : ces élégantes maisons de pierre à arcades qui rappellent l'architecture du versant italien. Ses petites églises, heureusement accordées au style régional, font figure d'œuvres d'art. Celles de Val-des-Prés, de Plampinet (XVIe s.), la chapelle Notre-Dame-de-Grâces, avec ses peintures murales sur le thème des vertus et des vices, enfin l'église de Névache (XVe s.), avec son remarquable portail gothique, méritent une visite. Mais cet art religieux n'est pas spécifique de la vallée de la Clarée. Il est propre à tout le Briançonnais qui, jusqu'à la Révolution française, était rattaché à l'archevêché d'Embrun. Le seul canton de Briançon compte huit ou neuf églises paroissiales et quatre-vingt-six chapelles. Les unes et les autres recèlent mille merveilles : maîtres-autels, retables, toiles peintes, statues, fresques; riche ornementation intérieure qu'explique l'histoire de la région, traversée par la voie de passage de la Durance, et sise au point de convergence des vallées, donc ouverte au monde extérieur et à ses influences.

Le Pré de Madame Carle

En allant à *L'Argentière-la-Bessée*, qui gît si profondément dans un bassin qu'on l'y devine à peine, on surprend le bond d'une conduite forcée qui alimente une importante usine d'aluminium et de chlorate de sodium. On s'arrêtera dans la jolie église du XVe siècle de L'Argentière-Église, dotée de belles fresques extérieures (XVIe s.), et, non loin, à la chapelle des Templiers (XIIe s.). Nous sommes au confluent de la Gyronde et de la Durance. Là s'ouvre la Vallouise; cette vallée prit le nom de Louis XI, qui y arrêta la persécution des vaudois.

Creusée par la Gyronde, la Vallouise s'enfonce assez avant dans le massif de l'Oisans. Sa situation privilégiée, à l'abri des vents, lui vaut un ensoleillement exceptionnel et attire à elle alpinistes, skieurs, estivants. De L'Argentière-la-Bessée au Pré de Madame Carle, elle déploie des paysages pittoresques qui, pour rappeler la Savoie, ne sont pas moins baignés d'une lumière presque méridionale. Les montagnes entre lesquelles serpente la rivière, dans un couloir glaciaire au profil en U, sont élevées : la pointe de l'Aiglière (3 308 m), le pic de Montbrison (2 825 m), l'une des cimes les plus nues des Alpes. Les torrents ont raviné les versants, qui prennent parfois un aspect ruiniforme. La végétation y est variée, du chêne pubescent, qui pousse dans les coins abrités, au pin sylvestre, qui se plaît sur les sols secs, et au mélèze, le « chêne des Alpes », qui domine sur les hauteurs de 1 200 à 2 400 m. Ce sillon, qui, par endroits, à l'ubac, apparaît tel un frais bocage, est jalonné de villages aux maisons de style briançonnais, imposantes bâtisses à arcades et à couverture de schiste clair, serrées les unes contre les autres. C'est d'abord *Vallouise*, avec ses belles maisons, les fresques de la chapelle des Pénitents, la serrure à chimère (début du XVIe s.) et les fonts baptismaux de l'église paroissiale. Puis, au fil de la route, *le Poët-en-Pelvoux, le Sarret, le Fangeas, Saint-Antoine, les Claux,* et enfin *Ailefroide,* au pied des lac (120 km), la possibilité de pratiquer, à quelques kilomètres de là, l'alpinisme ou le ski (Vars, Les Orres), tels sont les nombreux attraits qu'offre Serre-Ponçon.

Et peut-être, devant pareil éventail de richesses touristiques, oublie-t-on que cette vaste nappe, installée dans un étranglement de la vallée de la Durance, en amont du confluent de la rivière avec l'Ubaye, représente une réalisation gigantesque. L'idée d'un barrage qui mettrait un frein au cours fantasque de la Durance, prévenant ainsi les crues dévastatrices et répondant aux besoins des terres cultivées d'en bas, souvent victimes de la sécheresse, remonte en fait à la seconde moitié du XIXᵉ siècle. Mais c'est l'ingénieur Ivan Wilhelm (1867-1951) qui mit au point, dans les dernières années du XIXᵉ siècle et au début du XXᵉ, un projet de barrage-réservoir à Serre-Ponçon. Celui-ci dut attendre les progrès de la technique (barrage en terre, notamment) pour voir le jour. Réétudié à partir de 1947, il fut véritablement entrepris en 1955 et cinq années suffirent à sa construction. La mise en eau se fit progressivement de 1959 à 1961.

Deux bourgades (Ubaye, Savines) et une dizaine de hameaux condamnés à disparaître, l'élévation d'une digue de 115 m de haut, de 600 m de développement, d'environ 650 m d'épaisseur à la base, la constitution d'un plan d'eau emmagasinant quelque 1 200 millions de mètres cubes, l'implantation d'une usine souterraine (pour laquelle furent déblayés 4 millions de mètres cubes de rocher), ce furent là les travaux colossaux qui ajoutèrent un nouveau visage au pays gavot. ■

▲ *Un paysage qui annonce le Midi : la vallée de l'Ubaye près du village de Grande-Serenne.*

L'austère paysage du val d'Escreins, près de Vars. Au fond, la vallée de la Durance ▼ *et le massif de l'Oisans-Pelvoux.*

contreforts du Pelvoux. De ce dernier hameau, sis à 1 250 m, dans un cadre d'alpages, au confluent des vallées de la Celse Nière et du torrent de Saint-Pierre, partirent les vainqueurs du Pelvoux (3 946 m). C'est aussi le point de départ des randonnées vers le glacier Blanc, le glacier Noir et les divers refuges des Écrins.

Au bout de la vallée, *le Pré de Madame Carle* fut le rendez-vous des plus grands alpinistes anglais de la fin du siècle dernier (Whymper, Coolidge, Mummery). La langue râpeuse du glacier Noir, couvert de pierres, y rejoignait jadis le glacier Blanc. Le Pré se présente comme un lit de caillasse, arrosé par le torrent de Saint-Pierre, dominé par la barre des Écrins (4 103 m) et par la Grande Sagne (3 660 m), et qui ouvre sur le Parc domanial du Pelvoux. De cet âpre domaine, la susdite dame Carle hérita au XVIᵉ siècle. La légende veut que la femme de Geoffroy Carle, seigneur de La Bâtie, président du parlement de Grenoble, y ait trouvé la mort, son cheval, privé d'eau pendant des jours, l'ayant désarçonnée pour boire dans le ruisseau de Saint-Pierre.

L'Embrunais : capitale, un lac

De Briançon à Gap se succèdent des paysages extrêmement variés : le cours supérieur de la Durance, profondément encaissé; le belvédère du Pelvoux, d'où l'on aperçoit les grands sommets du massif; le gouffre de Gourfouran, où la Biaysse conflue avec la Durance — le tumulte des eaux retentit dans une gorge aux sombres colorations, profonde d'une centaine de mètres. Au carrefour de cette route et de la route Napoléon, *Gap* s'étale dans un riant bassin. À l'époque où la papauté était installée à Avignon, la capitale du Gapençais fut le foyer d'un important trafic : pour éviter les Barbaresques, les émissaires de Leurs Saintetés faisaient le détour par le Montgenèvre. Bien placée, la ville devient au XXᵉ siècle le centre d'une étoile de bonnes routes et s'étend sur les pentes du Bayard. Jadis s'y tenaient des foires célèbres. Aujourd'hui, elle bénéficie de l'attrait touristique exercé par la vaste nappe de *Serre-Ponçon,* à une trentaine de kilomètres à l'est.

Avant qu'existât le barrage, *Embrun* était la capitale de ce pays, la « Nice des Alpes » : seul le titre lui est resté, que lui vaut son climat méridional. Vissée par sa magnifique église Notre-Dame (fin du XIIᵉ s.) sur une butte qui domine de 80 m la Durance, elle y donnait, depuis douze siècles, le spectacle d'une cité sûre d'elle-même. Destituée, au fil des temps, de ses dignités et de ses charges, elle n'en garde qu'une importante collection d'ornements sacerdotaux et des orgues de la fin du XVᵉ siècle, parmi les plus anciennes de France. Capitale du passé? Du moins, avec le lac de Serre-Ponçon, Embrun est-elle devenue station balnéaire.

Alpes du Sud. 19

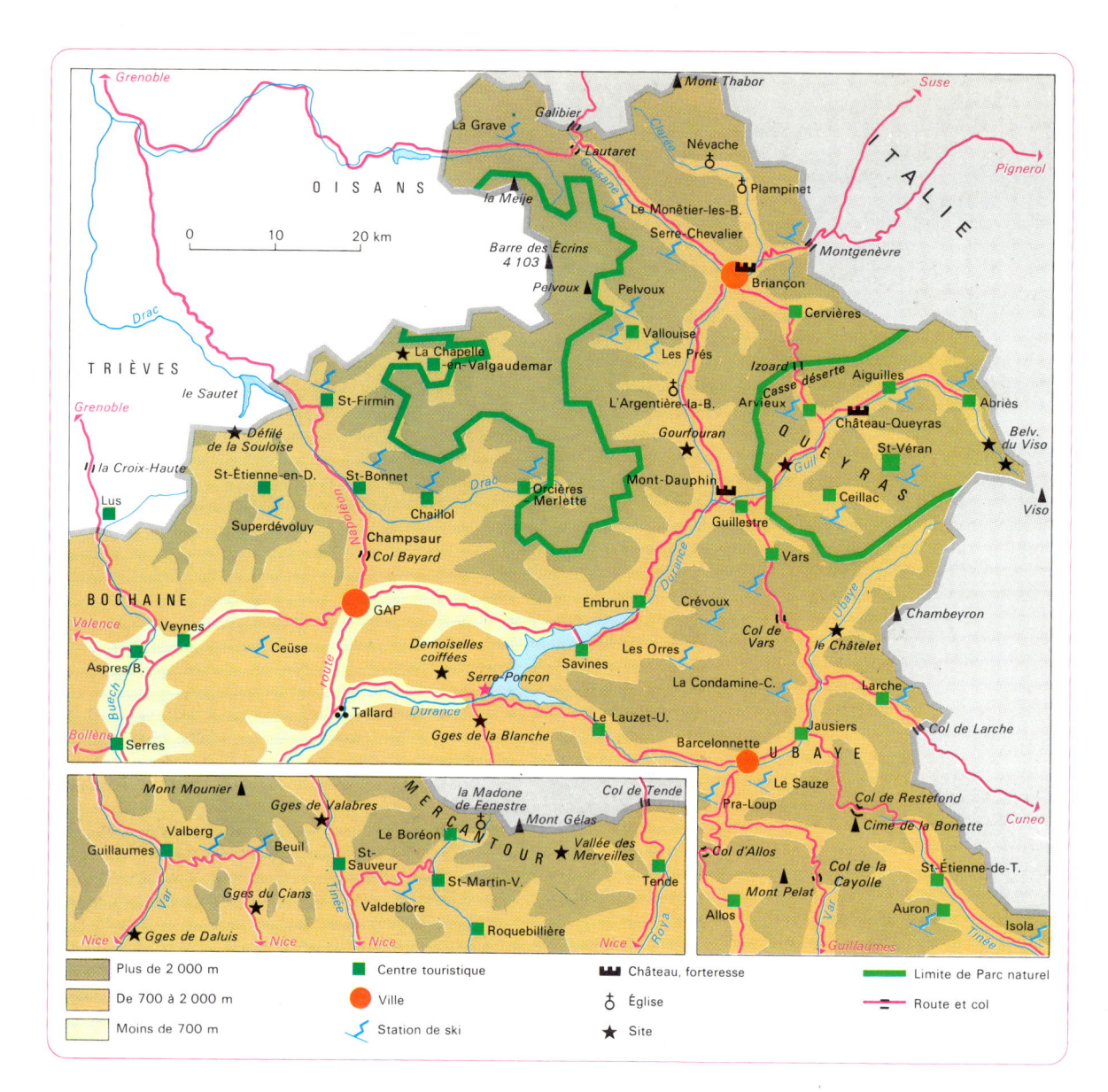

Terres de randonnée

Pour les amateurs de tourisme pédestre, les Alpes du Sud, riches d'un climat ensoleillé, d'une très grande variété de paysages, des trésors de la faune et de la flore, prennent allure de paradis. C'est à la fin du mois de juin, lorsque les jours sont le plus longs et que la floraison est le plus importante, qu'il est souhaitable d'emprunter les sentiers de grande randonnée : surtout le *G. R. 58*, qui effectue le tour du Queyras et auquel on accède le plus souvent par Guillestre, ainsi que la portion Modane-Larche du *G. R. 5*, sentier international Méditerranée-Hollande. Ces deux itinéraires constituent des courses de moyenne montagne, réalisables par tout randonneur quelque peu entraîné. À titre indicatif, telles sont les principales étapes du G. R. 58 :
1. Ceillac-Saint-Véran (6 h),
2. Saint-Véran-cabane pastorale du col Agnel (5 h 30),
3. Cabane pastorale du col Agnel-Ristolas (5 h 40),
4. Ristolas-Abriès (5 h 45),
5. Abriès-Aiguilles (7 h 30),
6. Aiguilles-Arvieux (7 h 15),
7. Arvieux-hameau de Bramousse (7 h),
8. Hameau de Bramousse-Ceillac (4 h 15).

Quant au G. R. 5 :
1. Modane-refuge du C. A. F. de la vallée Étroite (6 h 30),
2. Refuge du C. A. F. de la vallée Étroite-Névache (3 h 30),
3. Névache-Montgenèvre (8 h 30),
4. Montgenèvre-Briançon (2 h 15),
5. Briançon-La Chalp (7 h),
6. La Chalp-Ceillac (7 h 30),
7. Ceillac-refuge du C. A. F. de Maljasset ou Fouillouze (6 h 40 ou 9 h 15),
8. Refuge du C. A. F. de Maljasset ou Fouillouze-Larche (9 h 15 ou 5 h 15). ∎

L'Ubaye et le pactole mexicain

Au nord des Alpes de Provence et au sud du pays queyrassin, l'Ubaye a, elle aussi, été de par son relief contrainte à un long isolement. Fermée en aval du vaste bassin de Barcelonnette, elle n'a trouvé d'ouverture sur Digne qu'en dynamitant le goulet du Lauzet qui refusait le passage d'une route. Jusque-là, les cols constituaient les seuls passages vers l'extérieur : col de Vars (2 109 m), qui la relie au haut Embrunais et au Queyras; col de Larche (1 991 m), à la frontière italienne; col d'Allos (2 240 m), qui, par Allos et Colmars, permet de gagner la vallée supérieure du Verdon.

Car la région est domaine de la montagne, de la haute montagne même : au col de la Bonette, entre la vallée de l'Ubaye et celle de la Tinée, passe la plus haute route carrossable d'Europe, qui s'élève à 2 802 m peu après le franchissement du col. De la cime de la Bonette, qui la domine d'à peine 60 m, le regard embrasse de larges horizons : le Queyras, le Pelvoux, les Alpes de Provence, les Préalpes de Digne. Mais il est d'autres panoramas qui méritent la promenade : celui qui se découvre depuis la route du col de Restefond, celui qu'offre le col de la Cayolle (2 327 m), ouvert sur la vallée du Var. De ce dernier, quelqu'un rapporta en 1953 une corde de *sol*, tout ce qui restait du stradivarius du grand violoniste Jacques Thibaud : le Super-Constellation qui le transportait à Tokyo s'était écrasé la veille.

La vallée de l'Ubaye, aux versants ravinés, aux cimes dénudées, semées de maigres broussailles, peut sembler âpre et austère, d'autant que la lumière méridionale qui consume ses hauteurs accuse son aspect désolé. De belles forêts de conifères, des bouquets de lavande sauvage piqués de-ci de-là sur les flancs rocheux, des lacs secrets, des petits villages de montagne viennent cependant tempérer cette rudesse toute alpine.

Rudesse qui ne fut pas sans rebuter les gens du pays! Nombreux furent ceux qui partirent chercher fortune outre-Atlantique. Et l'Ubaye fit du Mexique sa terre d'élection. À l'origine de cette émigration massive, les trois frères Arnaud, qui quittèrent en 1821 leur village de Jausiers pour le lointain « paradis » mexicain, et y prospérèrent aussitôt. Pourtant, personne ne vint les rejoindre avant 1838, et il fallut, pour provoquer un rush, en 1845, que quelques « enrichis » fussent de retour au pays. Ce fut alors l'exode : de 1850 à 1859, 217 passeports furent délivrés, dont 102 pour Jausiers; de 1850 à 1914, 50 jeunes gens partirent chaque année pour le Mexique... Les « Barcelonnettes » possèdent là-bas bon nombre de bazars où l'on trouve les marchandises les plus diverses. Pendant la Seconde Guerre mondiale, leur journal *le Courrier des Français* contenait une chronique locale de Barcelonnette et Jausiers; organe officiel de la colonie française, soutenu par Churchill, il tira jusqu'à 15 000 exemplaires.

De cette curieuse émigration qui fit des « Barcelonnettes » les rois du négoce, le pays porte la marque : de riches propriétés, des demeures luxueuses bâties dans la vallée par ceux qui sont revenus. Et, aujourd'hui, les capitaux mexicains s'investissent dans les sports d'hiver : *Le Sauze* et *Super-Sauze, Sainte-Anne-la-Condamine, Larche*. À *Pra-Loup* (1 630 m) s'est créé un vaste complexe qui exploite le domaine skiable de la face nord de la Grande Séolane (2 903 m). Mais, désormais tournée vers le ski, l'Ubaye est en même temps découverte par les alpinistes, dont le pic de la Font-Sancte (3 387 m) et l'aiguille de Chambeyron font le bonheur.

Index

Les lettres placées devant l'indication des pages renvoient aux chapitres suivants :

RIV (La Riviera, empire du soleil)
CE (L'Esterel, Cannes et l'arrière-pays azuréen)
CM (Saint-Tropez et la côte des Maures)
IM (En Méditerranée, les îles du soleil)
VA (Nids d'aigle en terre azuréenne)
CV (Gorges du Verdon et clues de haute Provence)
QYM (Du Queyras au Mercantour, les Alpes du soleil)

Les pages sont indiquées en **gras** lorsqu'il s'agit d'une illustration, en *italique* pour le renvoi à la carte.

ABRIÈS [Hautes-Alpes], QYM 14, *20*.
AGEL (mont), comm. de Peille [Alpes-Maritimes], RIV **2**, 15, *20*. VA 13.
AIGLIÈRE (pointe de l'), comm. de Vallouise [Hautes-Alpes], QYM 18.
AIGLUN (clue d') [Alpes-Maritimes], CV 17, **18**, *20*.
AIGUEBELLE, comm. du Lavandou [Var], CM 16, *20*.
AIGUILLES ou AIGUILLES-EN-QUEYRAS [Hautes-Alpes], QYM 14, *20*.
AIGUINES [Var], CV 14, *20*.
AILEFROIDE, comm. de Pelvoux [Hautes-Alpes], QYM 18.
ALICASTRE (fort de l'), île de Porquerolles, comm. d'Hyères [Var], IM 14.
ALLOS [Alpes-de-Haute-Provence], QYM 20, *20*.
ALPES (HAUTES-) [département], QYM 12.
ALPES-DE-HAUTE-PROVENCE (département), CV 1 à 20.
ALPES-MARITIMES (département), CE 1 à 20. VA 1 à 20.
ANTIBES [Alpes-Maritimes], CE 13, 14, **14**, 16, 20, *20*.
ANTIBES (cap d'), comm. d'Antibes [Alpes-Maritimes], CE **7**, 14, 19, *20*.
ARC (cours d'eau et vallée de l'), QYM 12.
ARGENTERA. Voir Mercantour.
ARGENTIÈRE-LA-BESSÉE (L') [Hautes-Alpes], QYM 18, *20*.
ARTUBY (cours d'eau et gorges de l'), CV **4**, 13, 14, 16, 17, *20*.
ARVIEUX [Hautes-Alpes], QYM 14, *20*.
AUPS [Var], CV 20, *20*.
AURIBEAU-SUR-SIAGNE [Alpes-Maritimes], CE 18, *20*.
AURON, comm. de Saint-Étienne-de-Tinée [Alpes-Maritimes], VA 13, 19, 20, *20*.
AYENS (col d'), comm. de La Palud-sur-Verdon [Alpes-de-Haute-Provence], CV 13, *20*.
BAGAUD (île de), comm. du Lavandou [Var], IM 12, 13, 15, *20*.
BANDOL [Var], CM **18**, 19, *20*.
BARGEMON [Var], CV 20, *20*.
BARJOLS [Var], CV 20, *20*.
BARLES [Alpes-de-Haute-Provence], CV 14, *20*.
BAR-SUR-LOUP (Le) [Alpes-Maritimes], CV 18, *20*.
BAUCHET (falaise de), comm. d'Aiguines [Var], CV 13.
BAUME (rocher de la), comm. de Rougon [Alpes-de-Haute-Provence], CV **14**.
BAYARD (col), comm. de Gap [Hautes-Alpes], QYM 12, *20*.
BEAULIEU-SUR-MER [Alpes-Maritimes], RIV 17, **17**, *20*.
BEAUSOLEIL [Alpes-Maritimes], RIV **2**, *20*.
BÉGO (mont), comm. de Tende [Alpes-Maritimes], VA 14.
BENDOR (île de), comm. de Bandol [Var], IM 16, 19, **19**, *20*.
BÉONIA (cours d'eau), VA 14.
BÉOUX (cours d'eau), QYM 13.
BERRE-DES-ALPES [Alpes-Maritimes], VA 17, *20*.
BÉVÉRA (cours d'eau), VA **8, 9,** 12, 16, *20*.
BIOT [Alpes-Maritimes], CE 14, **15,** 19, *20*.
BLANC (glacier), comm. de Pelvoux [Hautes-Alpes], QYM 19.
BOCHAÎNE [Hautes-Alpes], QYM 14, *20*.
BONETTE (col de la), comm. de Saint-Dalmas-le-Selvage [Alpes-Maritimes], QYM **8, 9,** 20, *20*.
BORMES-LES-MIMOSAS [Var], CM 16, *20*.
BOUISSE (cours d'eau), CV 17.

BRÉGANÇON (fort de), comm. de Bormes-les-Mimosas [Var], CM 18, 19, *20*.
BREIL-SUR-ROYA [Alpes-Maritimes], VA **18,** 19, **19,** *20*.
BRIANÇON [Hautes-Alpes], QYM 12, **16,** 17, **17,** 18, *20*.
BRIANÇONNAIS [Hautes-Alpes], QYM 12, 13, 17, 18.
BRIANÇONNET [Alpes-Maritimes], CV 17.
BRIGUE (La) [Alpes-Maritimes], VA 13, 14, 20, *20*.
BRUSC (Le), comm. de Six-Fours-la-Plage [Var], CM 19.
BUECH (cours d'eau et vallée du), QYM 12, 14, *20*.
CAGNES-SUR-MER [Alpes-Maritimes], CE 13, 14, **18,** 20, *20*.
CALLAS [Var], CV 20.
CALSERAIGNE (île de), comm. de Marseille [Bouches-du-Rhône], IM 17, *20*.
CANADEL-SUR-MER. Voir Rayol-Canadel-sur-Mer (Le).
CANJUERS (Grand Plan de) [Var], CV 14.
CANNES [Alpes-Maritimes], CE **1, 6, 7,** 12, **12,** 13, **13,** 19, 20, *20*.
  Californie, CE 13.
  Croisette (la), CE **6, 7,** 12, **12,** *20*.
  Croix des Gardes, CE 13.
  Lérins (îles de), CE 13.
  Notre-Dame-de-l'Espérance, CE 13, **13**.
  Palm Beach, CE 13, *20*.
  Pierre-Canto (port), CE 13, *20*.
  Super-Cannes, CE 13, *20*.
  Suquet (butte du), CE 12, 13, **13**.
CANNET (Le) [Alpes-Maritimes], CE 18, *20*.
CAP-D'AIL [Alpes-Maritimes], RIV 17, *20*.
CARÉJUAN (clue de), comm. de Rougon [Alpes-de-Haute-Provence], CV 12, *20*.
CASSE DÉSERTE, comm. d'Arvieux [Hautes-Alpes], QYM 12, **13,** 14, *20*.
CASTELLANE [Alpes-de-Haute-Provence], CV 12, *20*.
CASTELLAR [Alpes-Maritimes], VA **4, 6, 7,** 15, *20*.
CASTELLERAS (château de), comm. d'Andon [Alpes-Maritimes], CV 18.
CASTILLON [Alpes-Maritimes], VA 15.
CASTILLON (lac de), comm. de Castellane [Alpes-de-Haute-Provence], CV 12, 14, 19, *20*.
CAUSSOLS (plan de) [Alpes-Maritimes], CV 18.
CAVALAIRE-SUR-MER [Var], CM 16, *20*.
CAVALIÈRE, comm. du Lavandou [Var], CM 16, *20*.
CAVALIERS (étroits des), comm. d'Aiguines [Var], CV 13, *20*.
CEILLAC [Hautes-Alpes], QYM 14, 16, *20*.
CHALP (La), comm. d'Arvieux [Hautes-Alpes], QYM 16.
CHAMPSAUR [Hautes-Alpes], QYM 13, 14, *20*.
CHASTEUIL (clue d') [Alpes-de-Haute-Provence], CV 12, *20*.
CHAT (grotte du), comm. de Daluis [Alpes-de-Haute-Provence], CV 16.
CHÂTEAUDOUBLE (gorges de) [Var], CV 20.
CHÂTEAUNEUF-DE-CONTES [Alpes-Maritimes], VA 17, *20*.
CHÂTEAU-QUEYRAS, comm. de Château-Ville-Vieille [Hautes-Alpes], QYM 14, **15,** 17, 18, *20*.
CHÂTEAU-VILLE-VIEILLE [Hautes-Alpes], QYM 14.
CHAUDANNE (lac de), comm. de Castellane [Alpes-de-Hte-Provence], CV 12, 14, 20, *20*.

CHEIRON (montagne du) [Alpes-Maritimes], CV 17.
CIANS (gorges du), CV 16, **16,** 17, **17,** *20*.
CLARÉE (vallée de la) [Hautes-Alpes], QYM **10, 11,** 18, *20*.
COARAZE [Alpes-Maritimes], VA 14, 17, *20*.
COGOLIN [Var], CM **6,** 15, *20*.
COLETTES (domaine des), comm. de Cagnes-sur-Mer [Alpes-Maritimes], CE 18.
COLLE-SUR-LOUP (La) [Alpes-Maritimes], CE 16, *20*.
COLLOBRIÈRES [Var], CM **8, 9,** 15, *20*.
COMPS-SUR-ARTUBY [Var], CV 15, *20*.
CONTES [Alpes-Maritimes], VA 13, 17, *20*.
CORNICHE SUBLIME, comm. d'Aiguines [Var], CV 13.
COTIGNAC [Var], CV 20.
COURBONS, comm. de Digne [Alpes-de-Haute-Provence], CV 13, *20*.
COURMES (cascade de) [Alpes-Maritimes], CV 18.
COURSEGOULES [Alpes-Maritimes], CV 18.
CROIX (col de la), comm. de Ristolas [Hautes-Alpes], QYM 17.
CROIX-HAUTE (col de la), comm. de Lus-la-Croix-Haute [Drôme], QYM 12.
CROIX-VALMER (La) [Var], CM 16, *20*.
CROS-DE-CAGNES, comm. de Cagnes-sur-Mer [Alpes-Maritimes], CE 14, *20*.
DALUIS [Alpes-Maritimes], CV 16, **16,** *20*.
DÉVOLUY [Hautes-Alpes], QYM 12, 13, 14.
DIGNE [Alpes-de-Haute-Provence], CV 13, *20*.
DOM (forêt du), comm. de Bormes-les-Mimosas [Var], CM 16, *20*.
DONADIEU (pont), comm. de Saint-Vallier-de-Thiey [Alpes-Maritimes], CV 19, *20*.
DRAGUIGNAN [Var], CV 20, *20*.
DURANCE (cours d'eau et vallée de la), QYM 18, 19, *20*.
ÉCHELLE (col de l'), comm. de Névache [Hautes-Alpes], QYM 17, 18.
ÉGOURGÉOU (lac), comm. de Ristolas [Hautes-Alpes], QYM 14.
EMBIEZ (îles des), comm. de Six-Fours-la-Plage [Var], IM 16, 20, *20*.
EMBRUN [Hautes-Alpes], QYM 19, *20*.
ENTREVAUX [Alpes-de-Haute-Provence], CV **10, 11,** 16, *20*.
ESCALÈS (belvédère de l'), comm. de La Palud-sur-Verdon [Alpes-de-Haute-Provence], CV 13, *20*.
ESCARÈNE (L') [Alpes-Maritimes], VA 15, *20*.
ESCREINS (val d') [Alpes-Maritimes], QYM 14, 19.
ESTEREL [Var], CE **2, 3, 4, 6,** 19, 20, *20*.
ESTÉRON (cours d'eau), CV 17, **18**.
ÉTROITS (défilé des), comm. de Saint-Étienne-en-Dévoluy [Hautes-Alpes], QYM 14.
EYGLIERS [Hautes-Alpes], QYM **13**.
EYGUIANS [Hautes-Alpes], QYM 15.
ÈZE [Alpes-Maritimes], VA **1, 2, 5,** 12, 13, 20, *20*.
ÈZE-SUR-MER, comm. d'Èze [Alpes-Maritimes], RIV 17, *20*. VA 12.
FARON (mont), comm. de Toulon [Var], CM 18, *20*.
FAYENCE [Var], CV 20.
FAYET (tunnel du), comm. d'Aiguines [Var], CV 13, *20*.
FERRAT (cap), comm. de Saint-Jean-Cap-Ferrat [Alpes-Maritimes], RIV 16, 17, *20*. VA **2,** 12.
FESTRE (col du), comm. d'Agnières-en-Dévoluy [Hautes-Alpes], QYM 14.
FONTANALBE (vallon de), comm. de Tende [Alpes-Maritimes], VA 14, 15, *20*.

Font-Sancte, comm. de Ceillac [Hautes-Alpes], QYM **4, 5,** 16, 20.
Foréant (lac), comm. de Ristolas [Hautes-Alpes], QYM 14.
Français (saut des), comm. de Duranus [Alpes-Maritimes], VA **9,** 18, *20.*
Fréjus [Var], CM 19, 20, *20.*
Frioul (îles et port du), comm. de Marseille [Bouches-du-Rhône], IM 19, *20.*
Gabinière (îlot de la), comm. du Lavandou [Var], IM 15, **15,** *20.*
Galère (La), comm. de Théoule-sur-Mer [Alpes-Maritimes], CE 20, *20.*
Galetas (belvédère de), comm. de Moustiers-Sainte-Marie [Alpes-de-Haute-Provence], CV 13, *20.*
Gap [Hautes-Alpes], QYM 19, *20.*
Gapençais [Hautes-Alpes], QYM 12, 14.
Garavan, comm. de Menton [Alpes-Maritimes], RIV **4,** 20, *20.*
Garde-Freinet (La) [Var], CM 14, **14,** 15, *20.*
Garnesier (roc de), comm. de La Cluse [Hautes-Alpes], QYM 14.
Gassin [Var], CM 14, *20.*
Gaude (La) [Alpes-Maritimes], VA 16, *20.*
Gaudissard, comm. de Château-Ville-Vieille [Hautes-Alpes], QYM 16.
Gélas, comm. de Saint-Martin-Vésubie [Alpes-Maritimes], QYM 15, *20.*
Giens (presqu'île et golfe de), comm. d'Hyères [Var], CM 18, *20.* IM 12.
Golfe-Juan, comm. de Vallauris [Alpes-Maritimes], CE 19, *20.*
Gorbio [Alpes-Maritimes], VA **4, 5,** 14, *20.*
Gourdon [Alpes-Maritimes], CE 17, *20.* CV 18, **19,** *20.*
Grand Congloué (île), comm. de Marseille [Bouches-du-Rhône], IM 17.
Grande Séolane, comm. des Thuiles [Alpes-de-Haute-Provence], QYM 20.
Grandes Gillardes, comm. de Monestier-d'Ambel [Isère], QYM 13.
Grand Ferrand, comm. de Saint-Disdier [Hautes-Alpes], QYM 13, 14.
Grand-Gaou (île du), îles des Embiez, comm. de Six-Fours-la-Plage [Var], IM 20, *20.*
Grand-Ribaud (île du), comm. d'Hyères [Var], IM **14,** *20.*
Grasse [Alpes-Maritimes], CE 13, **13,** 14, 17, 18, **18,** 20, *20.*
Gréolières [Alpes-Maritimes], CV 17, 18, *20.*
Gréolières-des-Neiges, comm. de Gréolières [Alpes-Maritimes], CV 17.
Gréoux-les-Bains [Alpes-de-Haute-Provence], CV 20, *20.*
Grimaud [Var], CM 14, *20.*
Guil (cours d'eau et vallée du) [Hautes-Alpes], QYM **4, 12,** 14, 16, **17,** *20.*
Guillaumes [Alpes-Maritimes], CV 16, *20.*
Guillestre [Hautes-Alpes], QYM 16, *20.*
Guisane (vallée de la) [Hautes-Alpes], QYM 18, *20.*
Héliopolis, île du Levant, comm. du Lavandou [Var], IM 16, *20.*
Hyères [Var], CM 16, 17, **17,** *20.*
Hyères (îles d') [Var], IM 12 à 16, *20.*
If (île et château d'), comm. de Marseille [Bouches-du-Rhône], IM **3, 10, 11,** 16, **18,** 19, *20.*
Isola 2000, comm. d'Isola [Alpes-Maritimes], QYM 13.
Issambres-San-Peire (Les), comm. de Roquebrune-sur-Argens [Var], CM 20, *20.*
Izoard (col de l'), comm. de Cervières [Hautes-Alpes], QYM **2, 3,** 13.
Jarjatte, comm. de Lus-la-Croix-Haute [Drôme], QYM 14.
Jarron (île), comm. de Marseille [Bouches-du-Rhône], IM 17, *20.*
Jarros (île), comm. de Marseille [Bouches-du-Rhône], IM 17.
Jausiers [Alpes-de-Haute-Provence], QYM 19, *20.*
Juan-les-Pins [Alpes-Maritimes], CE 19, 20, *20.*
Laghet, comm. de La Trinité [Alpes-Maritimes], VA 13, *20.*
Lantosque [Alpes-Maritimes], VA **12,** 18.
Laragne-Montéglin [Hautes-Alpes], QYM 15.
Larche [Alpes-de-Haute-Provence], QYM 20, *20.*
Larvotto [principauté de Monaco], RIV **10, 11.**
Laus, comm. de Cervières [Hautes-Alpes], QYM **6.**
Lauzet-Ubaye (Le) [Alpes-de-Haute-Provence], QYM 19, 20, *20.*
Laval, comm. de Névache [Hautes-Alpes], QYM **10, 11.**
Lavandou (Le) [Var], CM 16, **16,** *20.*
Lecques (Les), comm. de Saint-Cyr-sur-Mer [Var], CM 19, *20.*
Lérins (îles de), comm. de Cannes [Alpes-Maritimes], IM 16, 17, **17,** 18, *20.*
Levant (île du), comm. du Lavandou [Var], IM **2, 7, 8,** 12, 13, 16, *20.*
Levens [Alpes-Maritimes], VA 18, *20.*
Lieuche [Alpes-Maritimes], CV 17, *20.*
Lombarde (col de la), comm. d'Isola [Alpes-Maritimes], QYM 15.
Loup (cours d'eau et gorges du), CV 18, 19, **19,** *20.* CE 17, *20.*
Loup (saut du), comm. de Gourdon [Alpes-Maritimes], CV 18.
Lucéram [Alpes-Maritimes], VA 13, **13,** 15, **15,** 16, *20.*
Lus-la-Croix-Haute [Drôme], QYM 14, *20.*
Maeght (fondation), comm. de Saint-Paul [Alpes-Maritimes], CE 16, 17, **17.**
Maire (île), comm. de Marseille [Bouches-du-Rhône], IM **5,** 17, *20.*
Martin (cap), comm. de Roquebrune-Cap-Martin [Alpes-Maritimes], RIV 20, *20.*
Maures [Var], IM 12.
Maures (côte des) [Var], CM 1 à 20.
Mayreste, comm. de La Palud-sur-Verdon [Alpes-de-Haute-Provence], CV **9,** 13, *20.*
Méditerranée (îles de la), IM 1 à 20.
Mées (Les) [Alpes-de-Haute-Provence], CV **12,** 14, *20.*
Menton [Alpes-Maritimes], RIV **4,** 20, *20.* VA 16, *20.*
Mercantour [Alpes-Maritimes], QYM 15, **15,** 16, *20.*
Merveilles (vallée des), comm. de Tende [Alpes-Maritimes], QYM **15,** 16, *20.* VA 14, 15, **15,** *20.*
Mescla (balcon de la), comm. de Rougon [Alpes-de-Haute-Provence], CV **4,** 13, *20.*
Miramar, comm. de La Londe-les-Maures [Var], CE 20, *20.*
Modane [Savoie], QYM 12.
Môle (La) [Var], CM 16, *20.*
Molines-en-Queyras [Hautes-Alpes], QYM 14, 16.
Monaco (principauté de), RIV **1, 5, 7, 8, 9, 10, 11,** 18, **18,** 19, **19,** 20, *20.*
Monêtier-les-Bains (Le) [Hautes-Alpes], QYM 18, *20.*
Montbrison (pic de), comm. de Pelvoux [Hautes-Alpes], QYM 14.
Mont-Dauphin [Htes-Alpes], QYM **17,** 18, *20.*
Monte-Carlo [principauté de Monaco], RIV **1, 7, 8, 9, 10, 11,** 18, **18,** 19, **19,** 20, *20.*
Montgenèvre [Hautes-Alpes], QYM 13, 18, *20.*
Mougins [Alpes-Maritimes], CE 18, *20.*
Moulinière (pic de la), comm. de Névache [Hautes-Alpes], QYM **10, 11.**
Moustiers-Sainte-Marie [Alpes-de-Haute-Provence], CV 14, 15, **15,** 16, *20.*
Napoléon (route), CV 13, 14, *20.*
Napoule (La), comm. de Mandelieu [Alpes-Maritimes], CE **4, 5,** 20, *20.*
Napoule (golfe de La) [Alpes-Maritimes], CE **3, 6,** 12.
Névache [Hautes-Alpes], QYM 18, *20.*
Nice [Alpes-Maritimes], CE 13. RIV **6, 7, 8,** 12, **12,** 13, **13,** 14, **14,** 15, **15,** 16, 17, 18, *20.* VA 13, 16, 17, *20.*
  Alban (mont), RIV 13, *20.*
  Anges (baie des), RIV 12, **12.**
  Anglais (promenade des), RIV **6, 8,** 12, 14, *20.*
  Babazouk, RIV 13.
  Boron (mont), RIV 12, **12,** *20.*
  Château (colline du), RIV 12, **12,** 13, *20.*
  Cimiez, RIV **6,** 12, 13, **14, 15,** 15, 16, *20.*
Noir (glacier), comm. de Pelvoux [Hautes-Alpes], QYM 19.
Notre-Dame-de-Brusc, comm. de Valbonne [Alpes-Maritimes], CE 14.
Notre-Dame-de-la-Roquette, comm. de Roquebrune-sur-Argens [Var], CM **8,** 20, *20.*
Notre-Dame-de-Protection, comm. de Cagnes-sur-Mer [Alpes-Maritimes], CE 15.
Noyer (col du), comm. du Noyer [Hautes-Alpes], QYM 14.
Obiou, comm. de Pellafol [Isère], QYM 13, 14.
Paillon (cours d'eau), RIV 12, *20.* VA 12, 15, *20.*
Paillon de Contes (cours d'eau), VA 15, 16.
Paillon de L'Escarène (cours d'eau), VA **2, 3,** 15.
Paillon de Saint-André (cours d'eau), VA 15.
Pampelonne, comm. de Ramatuelle [Var], CM **6,** *20.*
Pégomas [Alpes-Maritimes], CE 18, *20.*
Péguière (cours d'eau), CV 17.
Peille [Alpes-Maritimes], VA 13, **13,** 14, *20.*
Peillon [Alpes-Maritimes], VA **2, 3,** 13, 14, *20.*
Peïra-Cava, comm. de Lucéram [Alpes-Maritimes], VA 16, *20.*
Pelvoux (mont), comm. de Pelvoux [Hautes-Alpes], QYM 19, *20.*
Petit-Langoustier (fort du), comm. d'Hyères [Var], IM **14,** 20.
Plampinet, comm. de Névache [Hautes-Alpes], QYM 18, *20.*
Plan-de-la-Tour [Var], CM 20, *20.*
Point-Sublime (belvédère du), comm. de Rougon [Alpes-de-Haute-Provence], CV **2, 3,** 12, 14, *20.*
Pomègues (île de), comm. de Marseille [Bouches-du-Rhône], IM **3,** 19, *20.*
Ponadieu. Voir Donadieu (Pont).
Pont-du-Loup, comm. de Gourdon [Alpes-Maritimes], CV 18.
Pontis [Alpes-de-Haute-Provence], QYM 12, **14.**
Porquerolles (île de), comm. d'Hyères [Var], IM **4, 6,** 12, 13, 14, **14,** 16, *20.*
Port-Cros (île de), comm. du Lavandou [Var], IM **7, 9, 11,** 12, 13, **13,** 15, **15,** 16, *20.*
Port-Grimaud, comm. de Grimaud [Var], CM **6, 7,** 14, **15,** *20.*
Port-La-Galère, comm. de Théoule-sur-Mer [Alpes-Maritimes], CE **3,** 20.
Port-Man, île de Port-Cros, comm. du Lavandou [Var], IM 16, *20.*
Praguillem (pont de), comm. de Comps-sur-Artuby [Var], CV 17.
Pra-Loup, comm. d'Uvernet [Alpes-de-Haute-Provence], QYM 13, 20, *20.*
Pré de Madame Carle, comm. de Pelvoux [Hautes-Alpes], QYM **8,** 18, 19.
Puget-Théniers [Alpes-Maritimes], CV 16, *20.*
Queyras [Hautes-Alpes], QYM **1, 2, 3, 4, 5, 6, 7, 8, 9,** 12, 13, 14, 15, 16, 17, *20.*
Quinson (lac de) [Alpes-de-Haute-Provence], CV 20, *20.*
Ramatuelle [Var], CM **2,** 14, *20.*
Rascas (îlot du), comm. du Lavandou [Var], IM 15.
Ratonneau (île), comm. de Marseille [Bouches-du-Rhône], IM **3,** 19, *20.*
Rayol-Canadel-sur-Mer (Le) [Var], CM 16, *20.*
Ribière (cours d'eau), QYM 13.
Riez [Alpes-de-Haute-Provence], CV **15,** *20.*
Riolan (cours d'eau et clue de), CV 17, *20.*
Riou (île de), comm. de Marseille [Bouches-du-Rhône], IM **1,** 17, *20.*
Rioupes (col de), comm. de Saint-Étienne-en-Dévoluy [Hautes-Alpes], QYM 14.
Ristolas [Hautes-Alpes], QYM 14.
Riviera [Alpes-Maritimes], RIV 1 à 20.
Rochebrune (Grand Pic de), comm. de Cervières [Hautes-Alpes], QYM 13.
Rochetaillée (aqueduc de), comm. de Saint-Cézaire-sur-Siagne [Alpes-Maritimes], CV 19.
Roquebillière [Alpes-Maritimes], VA **6,** 18, *20.*
Roquebrune-Cap-Martin [Alpes-Maritimes], RIV **18,** 19, **19,** 20, *20.*
Roquestéron [Alpes-Maritimes], CV 17, **19,** *20.*
Roquette-sur-Var (La) [Alpes-Maritimes], VA 14, *20.*
Roudoule (cours d'eau et gorges de la), CV 16.
Rougon [Alpes-de-Haute-Provence], CV **2,** 12, *20.*
Roya (cours d'eau et vallée de la) [Alpes-Maritimes], QYM 15, *20.* VA 12, 19, **19,** *20.*
Royal (fort), île Sainte-Marguerite, comm. de Cannes [Alpes-Maritimes], IM 17.
Sablettes (Les), comm. de La Seyne-sur-Mer [Var], CM 19, *20.*
Salernes [Var], CV 20.
Sanary-sur-Mer [Var], CM 19, *20.*
Saorge [Alpes-Maritimes], VA 13, 19, 20, *20.*
Sautet (barrage du), comm. de Corps [Isère], QYM 13.
Sauze (Le), comm. d'Enchastrayes [Alpes-de-Haute-Provence], QYM 13, 20, *20.*
Savines-le-Lac [Hautes-Alpes], QYM 12, 19, *20.*
Seillans [Var], CV 20, *20.*
Senez [Alpes-de-Haute-Provence], CV 13, *20.*
Serre-Chevalier, comm. de Saint-Chaffrey [Hautes-Alpes], QYM 13, 18, *20.*
Serre-Ponçon (lac et barrage de) [Hautes-Alpes], QYM 13, **14,** 18, **18,** 19, *20.*
Serres [Hautes-Alpes], QYM 15, *20.*
Siagne (cours d'eau), CE 12, *20.*
Sigale [Alpes-Maritimes], CV 17, **17,** *20.*
Sillans-la-Cascade [Var], CV 20.
Sisteron [Alpes-de-Hte-Provence], CV 14, *20.*
Six-Fours-la-Plage [Var], CM 19, *20.*
Sospel [Alpes-Maritimes], VA **8, 9,** 13, 16, **16, 17,** *20.*
Superdévoluy, comm. de Saint-Étienne-en-Dévoluy [Hautes-Alpes], QYM 13, 14, *20.*
Saint-Arnoux (ermitage), comm. de Gourdon [Alpes-de-Haute-Provence], CV 18.
Saint-Auban (clue de) [Alpes-Maritimes], CV 17, 18, *20.*
Saint-Aygulf, comm. de Fréjus [Var], CM 20, *20.*
Saint-Cassien (lac de), comm. de Montauroux et de Tanneron [Var], CV 20, *20.*
Saint-Cézaire-sur-Siagne [Alpes-Maritimes], CV 19, *20.*
Saint-Clair, comm. du Lavandou [Var], CM 16, *20.*
Saint-Dalmas-de-Tende, comm. de Tende [Alpes-Maritimes], VA 15, *20.*
Saint-Disdier [Hautes-Alpes], QYM 14.
Sainte-Agathe (fort), île de Porquerolles, comm. d'Hyères [Var], IM 14, **14.**
Sainte-Agnès [Alpes-Maritimes], VA **10, 11,** 14, *20.*
Sainte-Anne (église), île de Porquerolles, comm. d'Hyères [Var], IM 14.
Sainte-Anne-La-Condamine, comm. de La Condamine-Châtelard [Alpes-de-Haute-Provence], QYM 20.
Sainte-Baume (massif de la) [Bouches-du-Rhône et Var], CM 16, **16,** 17, **17,** 18, *20.*
Sainte-Croix (lac de), comm. de Sainte-Croix-du-Verdon [Alpes-de-Haute-Provence], CV 12, **13,** 14, 20, *20.*
Sainte-Marguerite (île), comm. de Cannes [Alpes-Maritimes], IM **2, 12,** 15, **15,** 16, 17, 20.
Sainte-Maxime ou Sainte-Maxime-sur-Mer [Var], CM 19, *20.*
Saint-Etienne-de-Tinée [Alpes-Maritimes], VA 13.
Saint-Ferréol (île), comm. de Cannes [Alpes-Maritimes], IM 16, *20.*
Saint-Honorat (île), comm. de Cannes [Alpes-Maritimes], IM **8, 9, 10,** 15, **16, 17,** 18, *20.*
Saint-Jean (clue de), comm. de Castellane [Alpes-de-Haute-Provence], CV 12, *20.*
Saint-Jean-Cap-Ferrat [Alpes-Maritimes], RIV 16, *20.*
Saint-Jeannet [Alpes-Maritimes], VA 16, *20.*
Saint-Julien-en-Beauchêne [Hautes-Alpes], QYM 12, 14.
Saint-Laurent-du-Var [Alpes-Maritimes], CE 13, *20.*
Saint-Martin-Vésubie [Alpes-Maritimes], VA **17,** 19, *20.*
Saint-Maximin-la-Sainte-Baume [Var], CM 15, 16.
Saint-PAUL [Alpes-Maritimes], CE **8, 9,** 15, 16, *20.*
Saint-Paul-de-Vence. Voir Saint-Paul [Alpes-Maritimes].
Saint-Pierre, île des Embiez, comm. de Six-Fours-la-Plage [Var], IM 20, *20.*

Saint-Pilon (chapelle du), comm. de Plan-d'Aups [Var], CM **16,** 17, **17,** *20.*
Saint-Raphaël [Var], CE 20, *20.* CM **10, 11, 19,** 20, *20.*
    Agay, CE 20, *20.*
    Anthéor-Cap-Roux, CE 20, *20.*
    Boulouris-sur-Mer, CE 20, *20.*
    Dramont (Le), CE 20, *20.*
    Ours (pic de l'), CE 20, *20.*
    Trayas (Le), CE 20, *20.*
    Valescure, CE 20, *20.*
Saint-Tropez [Var], CM **1, 2, 3, 4, 5, 6,** 12, **12,** 13, **13,** 14, 15, *20.*
Saint-Véran [Hautes-Alpes], QYM **6,** 12, 14, 16, *20.*
Tanneron [Var], CE 18.
Tende [Alpes-Maritimes], VA 19, 20, *20.*
Tête-de-Chien, comm. de La Turbie [Alpes-Maritimes], RIV 15, 17, *20.*
Théoule-sur-Mer [Alpes-Maritimes], CE 20, *20.*
Théus [Hautes-Alpes], QYM 12.
Thorenc (vallée de), comm. d'Andon [Alpes-Maritimes], CV 18.
Tiboulen (îles), comm. de Marseille [Bouches-du-Rhône], IM 17, *20.*
Tinée (cours d'eau et vallée de la) [Alpes-Maritimes], QYM 15, *20.*
Touët-sur-Var [Alpes-Maritimes], CV 17, *20.*
Toulon [Var], CM 18, **18,** *20.*
Tourette-sur-Loup [Alpes-Maritimes], CE **10, 11,** 13, 17, *20.*
Tour-Fondue (île de la), îles des Embiez, comm. de Six-Fours-la-Plage [Var], IM 20, *20.*
Tradelière (île de la), comm. de Cannes [Alpes-Maritimes], IM 16, *20.*
Trigance [Var], CV 13, *20.*
Trinité (chapelle de la), île Saint-Honorat, comm. de Cannes [Alpes-Maritimes], IM 19.
Turbie (La) [Alpes-Maritimes], RIV 15, 16, **16,** *20.*
Ubaye [Alpes-de-Haute-Provence], QYM 12, 19, 20, *20.*
Ubaye. Voir Lauzet-Ubaye (Le).
Utelle [Alpes-Maritimes], VA 18, **18,** *20.*
Vachères, comm. de La Cluse [Hautes-Alpes], QYM 14.
Valbonne [Alpes-Maritimes], CE 14, 20, *20.*
Val-des-Prés [Hautes-Alpes], QYM 18.
Valensole (plateau de) [Alpes-de-Haute-Provence], CV **8, 9, 12, 13,** *20.*
Vallauris [Alpes-Maritimes], CE 14, 15, **15,** 16, *20.*
Vallouise [Hautes-Alpes], QYM **8,** 18, *20.*
Valmasque (cours d'eau), VA 14.
Var (cours d'eau et vallée du), CV 16, 17, *20.* VA 16, *20.*
Vars [Hautes-Alpes], QYM 13, 20, *20.*
Vaumale (cirque de), comm. d'Aiguines [Var], CV 14, *20.*
Venanson [Alpes-Maritimes], VA 13, 19, *20.*
Vence [Alpes-Maritimes], CE 16, **16,** 17, **17,** *20.*
Verdaches [Alpes-de-Haute-Provence], CV 14, *20.*
Verdon (cours d'eau), CV **2, 4** à **7,** 12, 13, **13,** 18, 19, 20, *20.*
Verdon (gorges du), CV **1** à **7,** 12 à 16, *20.*
Verne (chartreuse de La), comm. de Collobrières [Var], CM 15, *20.*
Verte (île), comm. de La Ciotat [Bouches-du-Rhône], IM 16, 18, *20.*
Vésubie (cours d'eau et vallée de la), QYM 15. VA **9,** 12, 15, 17, 18, *20.*
Villefranche-sur-Mer [Alpes-Maritimes], RIV **3,** 16, **17,** *20.*
Vinaigre (mont), comm. de Fréjus [Var], CE 20, *20.*